모난돌역사논술모임 지음

저자의 글

역사는 오늘날을 이해하는 키워드입니다

지난 1997년 9월 28일 '98년 프랑스 월드컵 아시아 지역 최종예선전' 한국과 일본 경기가 일본 도쿄에서 치러졌습니다. 이 경기에서 한국은 2 : 1로 역전승을 거두었고, 한국 언론은 이를 두고 '도쿄대첩'이라 명명했습니다. 반면 일본 언론은 '후지산이 침몰하고 있다'라고 말하며 자기 나라 선수에 대한 반성과 앞으로 전략을 세울 것을 주문했습니다. 곧바로 일본대표팀 감독 경질로 이어졌습니다.

한국과 일본 국가대표팀이 1954년부터 현재까지 치른 경기 결과를 보면 70전 38승 20무 12패로 한국이 훨씬 앞서고 있습니다. 하지만 축구공은 둥글고 승패에 대해서는 장담하기 어렵습니다. 그런데도 유독 일본과 벌어진 경기에서 지면 감독은 물론이고 선수들 모두 죄인 취급을 당하는 이유는 과거 역사 사실이 두 나라 국민 사이에 깊게 자리 잡고 있기 때문입니다.

프랑스 사람들이 영국을 표현하는 말 중에 '영국 음식은 감자칩과 고기뿐이다'라는 말이 있습니다. 프랑스가 자기 나라 음식이 발달한 것에 대한 자부심을 세우고, 동시에 영국 음식이 별반 특별한 것이 없다는 내용을 비꼬고 있는 말입니다. 프랑스 사람들이 영국 음식 문화에 대해 혹평을 하는 것은 과거 영국과 프랑스 사이에 벌어진 역사 사건들이 밑바탕에 깔려 있기 때문입니다.

중세는 375년 경 게르만족들이 서서히 남쪽으로 이동하기 시작한 4세기 후반부터 르네상스가 시작된 14세기까지 지속된 약 천 년 동안을 말합니다. 새로운 경제 구조인 봉건제도가 자리 잡아 왕권이 약해졌으며, 교회가 중심이 되어 종교가 큰 영향력을 발휘하던 시대였습니다. 하지만 십자군 전쟁과 백년 전쟁 등 큰 전쟁들이 이어지면서 봉건제도가 서서히 몰락하고, 교회 세력이 약해지고 왕권이 강해지기 시작하는 등 사람들이 가진 사고방식과 사회구조에도 여러 가지 변화가 생겨났습니다. 또한 비잔틴 제국과 이슬람 제국, 몽골 제국 등이 전쟁과 교류를 통해 서로가 가진 문화를 주고 받으며 다양한 문화를 형성하였습니다.

근대 인문학자들이 근대를 인간 중심에 의한 새로운 시대로 규정하면서 중세는 모든 것을 종교가 중심이 되어 신이 지배한 암흑시대로 불렀습니다. 하지만 내면에서는 여러 방식으로 문제제기가 있었고, 그 시대를 지우지 않고, 그에 대한 개선작업을 진행하였기에 근대라는 새로운 시대가 올 수 있었습니다.

앞 시대를 부정하고 지우기에 열중해서는 새로운 시대를 열 수 없습니다. 현재는 과거라는 바탕 위에 세워지는 것이기 때문입니다. 또한 이것이 역사를 공부하는 까닭이기도 합니다. 과거를 통해 오늘날을 제대로 이해하고 미래를 준비할 때 개인뿐만 아니라 모든 것에서 진정한 발전을 이루어나갈 수 있는 것입니다.

2009년 1월 20일
모난돌역사논술모임 정상우

갈래별 글쓰기

1권		고대편(인류 등장에서 위진남북조 시대까지)		
단원	차시	학습 목표	학습 내용	쪽수
01	01	논술 개념 익히기 1	정의와 예시	20쪽
02	02	논술 개념 익히기 2	비교와 대조	30쪽
03	03	논술 개념 익히기 3	분류와 분석	40쪽
04	04	논술 개념 익히기 4	서사하기	50쪽
05	05	논술 개념 익히기 5	묘사하기	60쪽
06	06	논술 개념 익히기 6	이유와 근거 찾기	70쪽
07	07	논술 개념 익히기 7	주제문 찾기	80쪽
08	08	논술 개념 익히기 8	문제 제기 1	90쪽
09	09	논술 개념 익히기 9	문제 제기 2	100쪽
10	10	논술 개념 익히기 10	원인 분석 1	110쪽
11	11	논술 개념 익히기 11	원인 분석 2	120쪽
12	12	논술 개념 익히기 12	대안 제시 1	130쪽
13	13	논술 개념 익히기 13	대안 제시 2	140쪽
14	14	논술 개념 익히기 14	반대하기	150쪽
15	15	논술 개념 익히기 15	극복 방안	160쪽
16	16	논술 개념 익히기 16	최종 결론	170쪽
17	17	논술 개념 익히기 17	6단 논법으로 쓰기 1	180쪽
18	18	논술 개념 익히기 18	6단 논법으로 쓰기 2	190쪽

2권		중세편(게르만족 이동에서 중세 시대 몰락까지)		
단원	차시	학습 목표	학습 내용	쪽수
01	19	논리 펼치기 1	바람직한 민족 의식	20쪽
02	20	논리 펼치기 2	비잔티움 제국과 중세 서유럽 비교	30쪽
03	21	논리 펼치기 3	문화 차이 이해하기	40쪽
04	22	논리 펼치기 4	종교 문화 비교(이슬람교와 불교)	50쪽
05	23	논리 펼치기 5	상속 문화의 장단점	60쪽
06	24	논리 펼치기 6	중세 장원제 변화와 농노 지위 변화 비교	70쪽
07	25	논리 펼치기 7	권력 다툼의 문제점	80쪽
08	26	논리 펼치기 8	종교 갈등을 극복하는 방법	90쪽
09	27	논리 펼치기 9	환경 극복 방법	100쪽
10	28	논리 펼치기 10	바람직한 경쟁 의식	110쪽
11	29	논리 펼치기 11	게임 증후군 극복	120쪽
12	30	논리 펼치기 12	미모와 성격	130쪽
13	31	논리 펼치기 13	세 나라(중국·한국·일본) 도자기 비교	140쪽
14	32	논리 펼치기 14	서로 다른 문화에 대한 생각	150쪽
15	33	논리 펼치기 15	기술을 들여오는 올바른 방법	160쪽
16	34	논리 펼치기 16	항복과 저항에 대한 생각	170쪽
17	35	논리 펼치기 17	내 인생 계획표	180쪽
18	36	논리 펼치기 18	올바른 건강 관리	190쪽

이 책의 생김새와 쓰임새

단원별 구성

동양과 서양을 아울러 세계 역사에서 중요한 사건을 중심으로 한 단원을 구성하였습니다. 1권부터 4권까지 각 권당 18단원씩 모두 72단원으로 이루어졌습니다. 각 단원별 사건을 살피고 해석과 오늘날 세계 문제를 순서대로 읽어 나가다 보면 세계 역사가 어떻게 흘러 왔는지도 자연스럽게 알게 될 것입니다.

본문 구성

▶ 단원 시작

세계 지도를 보면서 역사적 사건을 미리 공부합니다.
▶ 역사 연대기
세계 곳곳에서 일어난 동시대의 중요한 사건을 비교
▶ 학습 목표
배울 내용 미리 알아보기
▶ 심화 학습
연계 학습이 이루어지도록 책이나 영상물 소개

▶ 역사 탐구

단원에서 배울 역사를 밝혀진 사실대로 쓴 단계입니다.
소리 내서 읽은 다음, 아래에 있는 질문에 대답을 쓰면 됩니다.

▶ 역사 해석

역사 탐구에서 다룬 역사 사건에 대한 해석을 어떻게 하는가를 밝힌 단계입니다.
해당 역사 사건이나 인물에 대한 이해를 더욱 높일 수 있고,
그 역사 사건이나 인물에 대한 가치를 알 수 있을 것입니다.

▶ 역사 토론

단원에서 다룬 사건에서 논쟁거리가 될 만한 것을 내세워
이 책을 읽는 이는 어떻게 생각하는지 묻는 단계입니다.
여러 가지 토론 내용 가운데 한 가지를 골라 의견을 쓰거나,
분명한 자기 생각을 밝히면 됩니다.

역사에 비추어 보는 세계
역사 사건에 비추어서 오늘날 세계 문제를 살펴보는 단계입니다. 역사는 과거 사실이지만 지금도 비슷한 모습으로 여전히 일어나고 있는 현재이기도 합니다. 역사에서 얻은 교훈을 바탕으로 오늘날 일어나는 문제들을 슬기롭게 해결해 가는 방법을 배우도록 하였습니다. 정해진 답이 있는 것은 아니므로 자기 생각을 편안하게 쓰면 됩니다.

논술 한 단계
역사가 품고 있는 논리를 배워서 현재 삶을 깨닫는 과정을 글로 써 보는 단계입니다. 단계별로 쓰기 과정을 따라가다 보면 자연스럽게 글을 쓰는 방법도 알 수 있게 됩니다. 먼저 이 책에서는 논술 개념을 익혀 봅시다.

논리 펼치기
개인 삶이나 사회문제를 글로 풀어 나가는 과정입니다. 논술 한 단계에서 다룬 글쓰기 이론이나 과정에 맞추어서 주어진 주제를 글로 풀어 나가면 됩니다. 논술 한 단계와 연습 문제를 단원별로 하나씩 해 나가다 보면 글쓰기 실력이 자연스럽게 만들어질 것입니다.

그 무렵 우리나라에서는
세계사와 우리 역사를 연결해 볼 수 있을 것입니다. 〈그 무렵 우리나라에서는〉은 역사 사건이 일어난 시기에 우리나라에는 어떤 일이 일어났는지 소개합니다. 그리고 〈우리나라에서는〉은 세계사에서 다룬 사건과 비슷한 우리 역사를 소개합니다.

첨삭 지도
'역사 탐구'와 '역사 해석'에서 묻는 질문들에 대한 정답과 '역사 토론'과 '역사에 비추어 보는 세계'에서 묻는 질문들, 그리고 '논술 한 단계'에서 써야 할 글들에 대한 모범 답안을 담고 있습니다. 이 책으로 공부를 하다가 생각이 열리지 않는 부분이 있을 때 펼쳐 보면 문제를 해결하는데 도움이 될 것입니다.

학습 브로마이드
각권마다 역사 공부에 도움이 될 자료들을 배치하였습니다. 2권에서는 세계 역사를 한눈에 보는 역사 연대표를 담았습니다.

차례

저자의 글 역사는 오늘날을 이해하는 키워드입니다 2
갈래별 글쓰기 3
이 책의 생김새와 쓰임새 4
세계지도 10

01 게르만족 이동과 중세 성립 12
역사 탐구 1 게르만족 이동과 서로마 제국 멸망
2 여러 나라로 나누어진 유럽, 그리고 중세
역사 해석 1 게르만족은 왜 서쪽으로 이동하였나?
2 게임으로 부활하는 북유럽 신화
역사 토론 게르만족 이동은 서구 유럽 문명에 도움이 되었을까?

02 비잔티움 제국과 유스티니아누스 황제 22
역사 탐구 1 천 년 제국 비잔티움
2 유스티니아누스 1세
3 웅장하고 찬란했던 비잔티움 문화
역사 해석 비잔티움 황제 레오 3세가 성상 숭배 금지령을 내린 까닭은?
역사 토론 비잔티움 제국이 천 년 이상을 멸망하지 않고 유지될 수 있었던 까닭은 무엇일까?

03 무함마드와 이슬람교 32
역사 탐구 1 무함마드(마호메트)
2 무슬림이 해야 하는 다섯 가지 의무
3 인샬라와 《꾸란》
역사 해석 무슬림들이 돼지고기를 먹지 않고 낙타를 중시하는 까닭
역사 토론 종교에서 먹지 말라고 하는 음식을 꼭 먹지 말아야 하는가?

04 팽창하는 이슬람 제국 42
역사 탐구 1 옴미아드 왕조(우마이야 왕조)
2 아바스 왕조
역사 해석 1 한 손에 칼, 한 손에 꾸란?
2 이슬람 제국이 빠르게 성장할 수 있었던 까닭은?
역사 토론 왜 이슬람교는 '한 손에 칼, 한 손에 꾸란'이라는 이미지로 우리에게 알려졌을까?

05 프랑크 왕국과 카롤루스 대제 52

역사 탐구 1 프랑크 왕국 성립
2 카롤링거 왕조
3 서로마 황제가 된 카롤루스 대제
역사 해석 프랑크 왕국이 분열하게 된 까닭은?
역사 토론 프랑크 왕국이 다른 게르만 국가와 달리 오래 발전할 수 있었던 가장 큰 까닭은 무엇일까?

06 중세 서유럽을 바라보는 눈, 봉건 사회 62

역사 탐구 1 중세 봉건 사회를 앞당긴 노르만족
2 봉건 사회
역사 해석 중세 유럽 시대에 기사는 누구나 될 수 있었을까?
역사 토론 노르만족인 바이킹은 해적이었을까?

07 교황권과 황제권 대립 72

역사 탐구 1 황제가 교황에게 무릎을 꿇다
2 임명권 다툼을 보름스 협약으로 끝맺다
3 아비뇽 유수
역사 해석 수도원 생활과 클뤼니 개혁 운동
역사 토론 성직자 임명권은 누가 가져야 옳은가?

08 신은 그것을 원하신다, 십자군 전쟁 82

역사 탐구 1 성지 예루살렘을 되찾기 위하여, 십자군 전쟁 시작
2 십자군 전쟁 전개 과정(제1차~제4차)
3 십자군 전쟁 결과
역사 해석 왜 많은 사람들이 십자군에 참여했을까?
역사 토론 십자군 전쟁은 유럽 사회에 좋은 영향을 끼쳤을까?

09 영국 대헌장과 양원제 92

역사 탐구 1 대헌장(마그나 카르타)
2 의회가 탄생하다
3 의회 민주주의가 발달하다
역사 해석 대헌장은 민주주의 시작을 알리는 문서일까?
역사 토론 의회 민주주의가 영국에서 가장 먼저 발달한 까닭은 무엇일까?

10 중앙 집권화를 위해, 백년 전쟁과 장미 전쟁 102

역사 탐구 1 백년 전쟁이 일어나다
2 잔 다르크 등장
3 장미 전쟁

역사 해석 신무기 대결장이었던 백년 전쟁

역사 토론 백년 전쟁에서 프랑스가 승리할 수 있었던 가장 큰 까닭은 무엇일까?

11 쇼토쿠 태자와 다이카 개신 112

역사 탐구 1 쇼토쿠 태자(574~622년)
2 다이카 개신

역사 해석 1 백제 성왕은 왜 일본에 많은 선진 문물을 전해주었을까?
2 덴노(天皇, 천황)·닛뽄(日本, 일본)·와(和, 화)·신토(神道, 신도)

역사 토론 일본 사람들이 주장하는 고대 일본 역사는 믿을 수 있을까?

12 수나라와 당 태종, 그리고 측천무후 122

역사 탐구 1 수나라 문제와 양제
2 당나라 건국과 성장
3 중국에서 유일한 여황제 측천무후

역사 해석 대운하 건설로 멸망한 수나라와 그 혜택을 받은 당나라

역사 토론 중국 역사가들은 왜 측천무후를 '여황제'라고 부르지 않는 것일까?

13 현종과 양귀비, 그리고 당나라 멸망 132

역사 탐구 1 현종과 양귀비
2 당나라 멸망
3 당나라 문화

역사 해석 당나라를 멸망시킨 절도사

역사 토론 당나라 수도인 장안이 국제 도시로 성장할 수 있었던 까닭은 무엇일까?

14 잉카 제국과 아스텍 142

역사 탐구 1 잉카 제국 탄생과 멸망
2 잉카 문화
3 아스텍 제국

역사 해석 신비롭고 불가사의한 문명

역사 토론 중남미 문명은 왜 세계 4대 문명 발생지에 포함되지 못했나?

15 5대 10국과 송나라 152

역사 탐구 1 절도사가 세운 나라 5대 10국
2 송나라 건국
3 화려하게 빛난 송나라 문화
역사 해석 왕안석 신법은 왜 실패하였나?
역사 토론 요나라와 금나라는 왜 송나라를 멸망시키지 않았을까?

16 칭기즈 칸, 가장 큰 나라를 세우다 162

역사 탐구 1 칭기즈 칸, 몽골 제국을 세우다
2 쿠빌라이 칸과 원나라
3 마르코 폴로
역사 해석 막강한 몽골 군대와 동과 서를 잇는 몽골 제국
역사 토론 몽골이 넓은 땅을 통치하는 강력한 제국이 될 수 있었던 까닭은 무엇일까?

17 중세 일본, 막부 시대 172

역사 탐구 1 나라(奈良) 시대, 헤이안(平安) 시대
2 가마쿠라(鎌倉) 막부, 무로마치(室町) 막부
3 전국 통일과 세 영웅
역사 해석 오다 노부나가, 도요토미 히데요시, 도쿠가와 이에야스 성격 비교
역사 토론 도요토미 히데요시는 왜 크리스트교 추방령을 내렸을까?

18 저무는 중세 시대 182

역사 탐구 중세가 몰락하다
역사 해석 왜 유럽에 흑사병이 널리 퍼졌나?
역사 토론 중세가 몰락한 가장 큰 원인은 무엇일까?

01 게르만족 이동과 중세성립

서로마 제국령
게르만족 원거주지
비잔티움 제국령

역사 연대기
375년 | 게르만족이 이동하기 시작함.
415년 | 서고트족이 서고트 왕국을 세움(~711년).
429년 | 반달족이 반달 왕국을 세움(~534년).
443년 | 부르군드족이 부르군드 왕국을 세움(~534년).
449년 | 앵글족과 색슨족이 앵글로 색슨 왕국을 세움
  (~829년).
493년 | 동고트족이 동고트 왕국을 세움(~555년).

학습 목표
1. 게르만족 이동과 서로마 제국 멸망에 대해서 알 수 있다.
2. 게르만족이 세운 여러 나라들에 대해서 알 수 있다.
3. 게르만족이 서쪽으로 이동한 까닭을 알 수 있다.
4. 북유럽 신화에 대해 알 수 있다.
5. 서로 다른 민족 의식에 대한 글을 읽고 비교·대조를 할 수 있다.

심화 학습
도서 읽기 • 중세의 역사(안드레아 바키니 지음/남경태 옮김/사계절출판사)

탐구 1 게르만족 이동과 서로마 제국 멸망

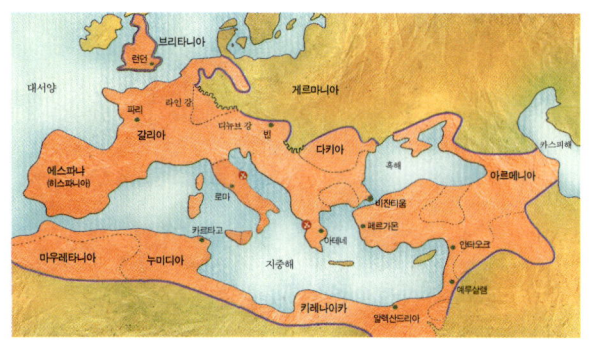

로마의 최대 영역

4세기까지만 해도 로마 제국은 오늘날 터키, 이스라엘, 이집트와 북아프리카를 포함한 지중해 둘레를 모두 차지하고 있었다. 갈리아라고 불렸던 프랑스와 이베리아 반도에 있던 에스파냐, 포르투갈도 로마 가톨릭을 받아들이고 있어서 로마 영역 안에 있었다. 로마 제국 북쪽 국경인 라인 강과 다뉴브 강 건너편에는 목축과 수렵으로 살아가는 50여 개 부족 집단이 있었는데, 로마인은 이들을 통틀어 '게르만족(게르마니아)'이라고 불렀다.

강 건너편에 살던 게르만족들은 로마 제국이 가진 경제적인 풍요를 부러워하며, 갈리아 지역으로 옮겨가서 살기를 바랐다. 그래서 조금씩 건너간 게르만족은 노예나 소작인으로 로마 가정에서 일하거나 농사를 짓기도 하였고, 로마로부터 돈을 받고 군인이 되었다. 당시 로마 제국 황제는 왕위를 차지하기 위해 군사력이 있어야 했기 때문에 게르만족들을 로마군에 받아들였는데, 400년 무렵에는 로마군 가운데 게르만 용병이 30~50퍼센트를 차지하게 되었다. 이들 가운데 서로마 제국 테오도시우스 황제 조카와 결혼한 반달족 스틸리코와 게르만 용병 대장 오도아케르처럼 로마를 쥐고 흔들만한 힘 있는 정치가도 나왔다.

그런데 중앙아시아 대초원 지대인 스텝에 살던 유목 부족이 중국, 인도, 페르시아 및 유럽으로 이동하기 시작하였다. 유목민 가운데 가장 큰 세력은 '흉노족'이었는데, 서양에서는 '훈족'이라고 불리었던 이들은 몸집이 작았으며, 조랑말을 타고 다녔다. 훈족은 이동하면서 마주치는 다른 민족에게서 물건을 빼앗고, 불을 지르는 공격을 하였다. 이들이 사납고 무자비하게 공격을 하자, 게르만족들은 공포에 떨었다. 훈족이 점점 서쪽으로 이동해 오자, 흑해 북서부에 살고 있던 고트족은 다뉴브 강 건너로 쫓기게 되었고, 이들이 강을 건너자 로마 군대가 방어에 나섰다. 그러나 로마 군대는 고트족을 공격하며 싸우려들지 않았다. 로마군에는 고트족과 같은 게르만족 용병이 많았기 때문이었다. 결국 고트족은 비잔틴 제국 황제가 통치하던 발칸 반도까지 이동하게 되었으며, 더 많은 훈족이 독일 평원으로 이동하자, 게르만족들은 라인 강 너머로 계속해서 밀려나게 되었다. 라인 강과 다뉴브 강 국경에 있던 군대는 해산되었고, 게르만족은 갈리아, 발칸 반도 및 이탈리아까지 이동하였다.

탐구하기 로마에서 게르만족을 용병으로 받아들인 까닭은 무엇일까요?

탐구 2 여러 나라로 나누어진 유럽, 그리고 중세

훈족이 서쪽 지역으로 이동하면서 시작된 게르만족 이동은 거대한 로마를 무너뜨리기 시작했다. 451년, 로마 장군인 아이티우스가 서고트족과 프랑크족 힘을 빌려 카탈라우눔 전투에서 아틸라가 이끄는 훈족을 물리쳤으나, 로마는 반달족에게 약탈당하였다. 476년 게르만족 출신 용병대장 오도아케르가 로물루스 아우구스툴루스 황제를 몰아내면서 서로마 제국은 멸망하였다. 결국 서로마는 로마 영내로 밀려들어온 게르만족을 막아내지 못해 분열되었고, 새로운 유럽이 만들어지게 되었다.

서고트족은 에스파냐와 포르투갈 지역, 동고트족은 북부 이탈리아·스위스·발칸 반도, 반달족은 아프리카 북부, 부르군드와 프랑크족은 현재 프랑스 대부분과 라인 강 둘레 독일 일부 지역, 색슨족과 롬바르드족은 독일 지역, 앵글로 색슨족은 영국에 각각 이동하여 나라를 세웠다.

게르만족 이동으로 유럽 영토가 새로운 모습으로 나뉘게 되면서 고대에서 중세로 변하게 되었다. 종교가 인간을 지배하고, 봉건 제도에 기반을 둔 기사 제도가 만들어진 것도 게르만족이 유럽을 지배하게 되면서부터였다.

영토를 차지한 게르만족들은 교황으로부터 왕권을 인정받기 위해 크리스트교로 개종하였고, 그러다보니 교황이 왕보다도 더욱 강한 힘을 가지게 되었다. 정복한 지역 왕들은 크리스트교를 중심으로 민중을 하나로 모아야 했기 때문에 다른 종교는 무조건 배척하게 되었다. 크리스트교를 전파한다는 목적으로 십자군 전쟁이 일어나게 되었고, 일반인을 이단이나 마녀로 몰아 화형시키는 일도 서슴지 않았다. 결국 크리스트교만을 종교로 인정하여 신에 의지한 종교 권위가 강해지면서 고대에 발달하던 철학·조각·자연과학·건축·법률 등 다양한 분야는 더 이상 발전이 없었고, 모든 학문은 신학을 위한 도구가 되어버렸다.

게르만족은 종사(從士) 제도를 가지고 있었다. 무장 전사들은 귀족에게 충성을 맹세하며 군인이 되어 주었고, 귀족은 전사들에게 무기·식량·의복 등을 주며, 전쟁에서 얻은 노획물을 나누어 주었다. 전사는 귀족을 위해 싸우고 귀족은 전사를 보호해주는 것이 종사 제도였다. 새로운 나라를 지배하면서 종사 제도는 봉건 영주제로 변하여, 전사는 기사가 되고 귀족은 영주가 되었다.

탐구하기 게르만족 이동이 유럽 역사에서 중요한 까닭은 무엇일까요?

해석 1 게르만족은 왜 서쪽으로 이동하였나?

게르만족은 다뉴브 강 건너에 있는 로마를 부러워했지만, 강을 건너가지는 않았다. 그러나 갑작스럽게 훈족이 밀려오면서 게르만족은 다뉴브 강을 건널 수밖에 없었다. 훈족은 왜 서쪽으로 몰려와 게르만족을 이동시켰을까?

훈족을 중국에서는 흉노족이라 불렀다. 흉노족은 오래 전부터 중국을 위협하는 강한 부족이었다. 그러나 갑작스럽게 기온이 떨어져 버려, 유목에만 의존했던 흉노족들은 살아가기가 힘들게 되었다. 초원 지대에 있는 얼음이 녹을 겨를도 없을 만큼 여름은 짧았고, 양식은 바닥이 났다. 혹독한 겨울 추위로 초원은

등자

황폐해졌고, 아무리 추위도 살아남을 수 있었던 들소조차도 얼어 죽는 일이 벌어졌다. 결국 어린 가축들까지 추위를 견디지 못하고 떼죽음을 당하게 되자, 흉노족은 이동을 하게 되었다.

그리하여 흉노족이 유럽 역사에 '훈족'이라는 이름으로 나타나게 되었다. 말을 타고 아시아로부터 온 야만스러운 사람들이 동쪽 국경으로 쳐들어와 사람들을 죽이고, 물건을 빼앗고, 집을 불태우는 등 만행을 저지른다는 소문이 퍼지자, 로마인들은 공포에 빠졌다. 훈족 기마병이 말과 한 몸이 되어 싸우는 모습은 로마인들을 놀라게 했다. 훈족에게는 로마인들이 상상도 못했던 기술이 있었다.

첫째, 나무 안장이 있었다. 당시 로마에도 말을 타는 기병이 있고 안장이 있었으나, 훈족이 타고 있던 안장에는 나무 버팀목이 있어서 말이 움직여도 사람은 균형을 잡기가 쉬웠다.

둘째, 등자를 사용하였다. 등자는 말을 탔을 때 발을 받쳐 주는 가죽 밴드로, 안장에 앉아 다리를 고정시킬 수 있어서 달리면서도 화살을 쏠 수 있었다.

셋째, 짧은 활을 사용하였다. 훈족이 사용했던 활은 길이가 짧아서 말 위에서 자유자재로 손을 놀릴 수 있게 해 주었다.

넷째, 삼각 철 화살이 있었다. 훈족은 화살 손잡이에 구멍을 뚫어 날아가면서 소리를 내게 하였다. 이 소리 때문에 유럽 병사들은 더욱 두려워했다. 훈족이 사용했던 활은 60미터 떨어진 목표물도 명중시킬 수 있을 정도로 성능이 뛰어났다. 그러므로 훈족은 칼, 창으로 싸우는 유럽 군인들에게서 멀찍이 떨어져서도 공격할 수 있었기 때문에 로마군과 직접 맞서지 않고도 이길 수 있었다.

해석하기 로마 제국이 훈족을 두려워했던 까닭은 무엇일까요?

해석 2 게임으로 부활하는 북유럽 신화

북유럽 신화(게르만 신화)는 그리스-로마 신화, 켈트 신화와 함께 전해 내려오는 서양 3대 신화이다. 북유럽 신화는 독일, 네덜란드, 덴마크, 노르웨이, 스웨덴, 핀란드, 아이슬란드, 영국 등에서 대대로 전해오는 신화이다.

그리스-로마 신화보다 잘 알려지지는 않았지만, 잘 살펴보면 북유럽 신화를 토대로 만든 작품들이 많이 있다. 주인공 프로도가 암흑군주 사우론이 만든 절대반지를 운반하는 과정을 흥미 있게 다룬 영화 〈반지의 제왕〉에 나오는 인간족과 호빗, 요정, 난쟁이, 오크 등은 북유럽 신화에서 가져온 캐릭터라고 한다.

영화 〈반지의 제왕〉 포스터

또한 우리나라 온라인 게임인 〈라그나로크〉와 〈리니지〉, 다른 나라에서 만든 〈발키리 프로파일〉, 〈에이지 오브 미솔로지〉와 같은 게임에도 북유럽 신화가 담겨 있다.

그리스-로마 신화는 영원한 삶을 사는 신들에 관한 이야기이다보니 신들이 멸망하는 이야기는 없다. 그러나 북유럽 신화에 나오는 신들은 임무를 수행해야 자기가 원하는 것을 얻을 수 있다. 심지어 수명이 다하면 죽기 때문에 '먹으면 죽지 않는 사과'를 따기 위해 온갖 고난을 헤쳐 나가기도 한다. 이러한 북유럽 신화가 가진 매력때문에 많은 소설이나 게임에서 모티브로 많이 사용하고 있다. 이밖에도 오페라 〈니벨룽겐의 반지〉도 북유럽 신화에서 가져온 내용이다.

해석하기 북유럽 신화가 영화나 게임으로 만들어지는 까닭은 무엇일까요?

우리나라에서는 말을 잘 다루고, 활을 잘 쏘았던 고구려

이탈리아 크리프다 아프레시 교회에 있는 프레스코화에 말을 탄 훈족이 그려져 있다. 그런데 그 모습이 고구려 '무용총' 벽화에 나오는, 말을 탄 채 활로 동물을 사냥하는 고구려 무사들과 같다. 고분벽화에 나오는 화살촉은 도끼날 화살촉인데, 이 화살촉은 날아가면서 회전하기 때문에 목표물에 꽂히는 순간 충격이 매우 컸다. 훈족도 바로 이 도끼날 화살촉을 사용했다.

역사토론

게르만족 이동은 서구 유럽 문명에 도움이 되었을까?

토론 내용 유럽은 게르만족이 이동하면서 새로운 모습으로 바뀌었다. 오늘날 유럽이 게르만족 이동으로 성립되었다면, 이것은 서구 유럽에 도움이 되었을까?

토론 1 도움이 되었다.

훈족이 사용하였던 등자가 전해짐으로써 말 타는 기술이 크게 발달하였다. 이후 많은 전쟁에서 말을 잘 다룰 수 있었던 것은 훈족이 전해준 등자 덕분이었다. 그러므로 훈족과 게르만족이 이동을 한 덕분에 서유럽이 발달할 수 있었다.

토론 2 도움이 되지 않았다.

'중세' 하면 '암흑시대'로 불린다. 게르만족이 로마를 지배하면서 많은 유물과 유적이 파괴되었고, 기록들도 사라져 버렸다. 게르만족은 야만스러운 약탈로 풍부했던 로마 문화를 쇠퇴시켰다.

토론 3 그래도 도움이 되었다.

게르만족은 중세를 지탱할 수 있게 했던 장원제도와 기사제도를 세울 수 있게 해주었다. 유럽은 이들이 가진 좋은 제도를 받아들여 힘센 국가로 성립할 수 있었고, 오늘날 유럽 모습을 만들었던 것도 게르만족이 이동했기 때문이다.

토론 4 아무리 그래도 도움이 되지 않았다.

게르만족이 닿지 않았던 동로마는 비잔틴 문화를 꽃피우며, 오랫동안 국가를 유지하고 있었다. 굳이 게르만족이 이동한 것이 국가 완성에 도움이 되었다고 볼 수는 없다. 또한 그때 나뉘어졌던 유럽은 지금 다시 화폐를 공동으로 쓰는 유럽 연합이라는 형태로 거대한 제국을 형성하고 있다.

토론하기

게르만족 이동으로 인해 서구 유럽에 도움이 되었을까요? 자기 생각을 밝히고, 그 까닭을 쓰세요.

역사에 비추어 보는 세계

🌸 다음 글을 읽고, 물음에 대한 생각을 써 보세요.

➡ 게르만족이 훈족에게 밀려 로마로 들어왔을 때, 로마는 이들에게 임시거처를 마련해 주었습니다. 오늘날에도 정치적인 이유나 경제적인 이유로 자기 나라를 떠나 난민이 되어 떠도는 사람들이 있는데, 이들은 국제 사회에 큰 문제가 되고 있습니다. 이들을 돕는 것에 대해 생각해 봅시다.

국제적인 무관심 속에 방치되고 있는 난민들

2008년 7월 연합뉴스는 전 세계 의료 및 구호 단체들이 '그리스 정부가 아시아와 아프리카 등지에서 몰려드는 난민을 더러운 환경 속에 방치'하고 있는 것을 비난하고 있다고 보도했다.

의료 자선단체인 '국경없는 의사회(MSF)'에 따르면, 그리스 정부가 지중해 레스보스 섬에 있는 불법 이민자 수백 명을 '인도주의적 위기' 상황으로 몰아넣고 있다고 했다. 레스보스 섬에는 아프리카 여러 나라와 아프가니스탄에서 건너온 난민 800여 명이 비좁고 열악한 수용소에서 필요한 위생 및 의료 시설도 없이 생활하고 있다며, 그리스 당국이 즉각 개선할 것을 촉구했다. MSF 관계자는 불법 이민자들이 이틀에 단 30분 만 바깥으로 나가는 것이 허용되며, 비위생적인 물이 고여 있는 방에서 하루 종일 고통을 겪고 있어 '의학적인 관점에서 볼 때 상황이 매우 심각하다'고 주장했다.

구호단체인 '세계의 의사들(MDM)'도 그리스 파트모스 섬에 불법으로 입국하려다가 거부당한 팔레스타인과 아프가니스탄, 소말리아 등 전쟁 난민 140여 명이 길거리에서 비참한 생활을 하고 있다며, 그리스 정부를 비난했다. 그러나 그리스 정부는 밀려드는 난민 수용을 위해 최선을 다하고 있다고 주장했다.

그리스는 긴 해안선과 수천 개에 달하는 섬들로 되어 있어서 유럽 연합국가로 들어가려는 밀입국자들이 끊임없이 적발되었다. 2007년 한 해 동안 총 9천 240명이 해안경비대에 의해 적발되었으며, 2008년 5월까지만 해도 이라크와 아프가니스탄 등에서 전쟁을 피해 오는 난민들을 포함하여 3천여 명이 넘는 불법 이민자들이 붙잡혔다.

그리스는 전국에 난민 수용 시설이 6개에 불과해 몰려드는 불법 이민자들을 수용하기에는 턱없이 부족한 실정이다. 그리스 정부는 불법 이민자 문제는 유럽 전체가 해결해야 할 문제임에도 불구하고 그리스에만 책임을 돌리고 있다며, 오히려 주변국들의 무관심을 비난하였다.

생각 열기

난민들은 지리적인 위치 때문에 그리스로 몰려오고, 그리스가 수용하기에는 이들 숫자가 너무나 많습니다. 그러나 국제 사회에서는 그리스만 비난합니다. 이에 대한 자기 생각을 쓰세요.

논술 한 단계

학습 목표 논리 펼치기 01
학습 내용 바람직한 민족 의식

🌀 **다음 두 예문은 로마가 게르만족에 대해 가졌던 생각입니다. 이를 비교·대조해 보고, 다른 민족에 대해 어떠한 자세를 가져야 하는지 자기 생각을 쓰세요.**

예문 1 고대 그리스인과 바바리안

고대 그리스인들은 자기들과 다른 언어를 사용하는 민족을 바르바로이(BARBAROI, 야만)라고 불렀다. 이후 바바리안이란 말은 '문화적으로 혹은 정신적으로 열등한 사람'이라는 의미로 사용하게 되었다. 로마인들에게 있어서 바바리안은 숲에서 사는 사람이고, 문명인은 도시에 살던 사람들이었다. 그래서 로마인은 켈트족, 게르만족, 훈족 등을 바바리안이라 불렀고, 바바리안은 땅을 가질 자격조차도 없기 때문에 그들 땅에 침략하여 약탈하는 것은 당연하다고 여겼다.

그러나 '야만적이고 폭력적이며 무지'한 것으로만 표현되는 것은 로마인들 입장이었고, 실제로 바바리안들은 훌륭한 사회문화 유산을 갖고 있었다.

예를 들면, 고트족이 세운 성 아폴리나레 교회에 있는 모자이크, 4세기 색슨족이 만든 니담 늪에서 발굴된 배, 앵글로색슨족이 만든 마을인 영국 웨스트 스토우 건축물, 영국 솔즈베리 평원에 있는 스톤헨지, 바이킹들이 가진 조선술과 스웨덴 고트란트에서 발견된 700점에 달하는 바이킹 시대 보물들은 폭력적이고 미개했다는 바바리안들도 로마 못지않은 훌륭한 사회문화를 갖고 있었다는 것을 보여주는 증거이다.

예문 2 로마인과 야만인

440년 무렵, 로마 크리스트교 성직자였던 살비아누스는 '어떤 점에서 로마 관습이 고트족이나 반달족 관습보다 낫다고 할 수 있는 것인가?'라고 반문하였다.

그는 "사랑과 자선에 대해 말하자면, 게르만족들은 같은 민족끼리 서로 사랑하지만, 로마인들은 서로를 처형한다. 로마에서는 소수에 의해 다수가 박해를 받는다. 그들은 세금이라는 명목으로 개인 욕심을 채운다. 그리하여 가난한 사람들은 착취를 당하고, 과부들은 한숨을 쉬며, 고아들은 학대받는다. 그 결과 교육을 받은 명문가 출신인 사람들마저도 박해를 피해 도망치고 있다. 로마인들이 저지르는 야만적인 비인간성을 견디지 못했기 때문에 로마에서 도망친 이들은, 야만인들 속에서 로마에서 찾고자하는 인간성을 찾는다. 비록 고트족이나 반달족이 언어와 예법이 로마와 다를지라도, 야만인들 옷과 몸에서 나는 악취가 견디기 어렵다 할지라도, 그들은 로마인들 사이에서 저지르는 잔혹함보다는 야만인이라는 이질적인 문명을 택한 것이다"라고 기록하였다.

1. 예문 1 과 예문 2 에 대한 비교와 대조

	예문 1	예문 2
대조	(1) 게르만족은 문화적으로 혹은 정신적으로 열등한 사람이다. (2)	(1) 게르만족들은 같은 민족끼리 서로 사랑 하지만, 로마인들은 서로를 처형한다. (2)
비교		

2. 자기와 다른 민족을 왜 열등한 민족이라고 생각하는지 쓰세요.

(1) 자기 민족이 가진 문화에 대한 자부심 때문이다.

(2)

(3)

3. 다른 민족은 무조건 열등할 것이라고 생각했을 때 생기는 문제점을 쓰세요.

(1) 자기 민족이 가진 문제점을 모른 채 오만해질 수 있다.

(2)

(3)

4. 바람직한 민족 의식에 대한 자기 생각을 쓰세요.

02

비잔티움 제국과 유스티니아누스 황제

역사 연대기
610년 | 무함마드가 이슬람을 창시함.
618년 | 당나라가 건국됨.
642년 | 사산왕조 페르시아가 멸망함.
1037년 | 셀주크투르크가 건국됨.

학습 목표
1. 비잔티움 제국에 대해 알 수 있다.
2. 유스티니아누스 대제에 대해 알 수 있다.
3. 비잔티움 문화에 대해 알 수 있다.
4. 성상 숭배 금지령에 대해 생각해 볼 수 있다.
5. 서유럽과 비잔티움 제국을 비교할 수 있다.

심화 학습
도서 읽기 • 이야기로 풀어 쓴 세계사 2
(김인기 지음/계림북스)

탐구 1 천 년 제국 비잔티움

비잔티움 제국은 로마 제국이 395년에 동로마와 서로마로 분열되면서 제국 동쪽을 차지했던 동로마 제국을 말한다. 서로마 제국이 멸망(476년)한 후에도 천년 가까이 더 유지되었던 비잔티움은 고대 로마에서 실시했던 이념과 제도를 이어받고, 헬레니즘 문화를 계승하며, 언어, 문화, 생활면에서는 그리스 전통을 따랐다.

중세 유럽에서 가장 막강한 전제 군주 국가였던 비잔티움 제국은 동양과 서양이 만나는 자리에 위치하고 있어, 정치, 경제, 문화에서 많은 발전을 할 수 있었다. 수도인 콘스탄티노플은 아시아와 유럽, 흑해, 에게해에 걸친 중심 무역로에 자리 잡고 있어서 실크로드와 지중해 상권을 이어주는 역할을 하였는데, 이는 유럽에 상업을 크게 부활시켰고, 오랫동안 비잔티움을 유럽에서 가장 부유한 국가로 만들어 주었다. 또 이런 지리적 여건은 끊임없이 공격하는 사산조 페르시아와 이슬람 세력으로부터 자연스럽게 유럽 사회와 크리스트교 문명 세계를 보호하는 역할까지 했다. 비잔티움은 서유럽과는 달리 황제가 정치·군사·종교 등에 대해 거의 무제한으로 강력한 권한을 휘둘렀는데, 이는 서유럽이 교황지상주의를 주창한 반면, 비잔티움은 정치 우두머리인 황제가 교회 우두머리 역할까지 겸하는 황제교황주의 정책을 썼기 때문이다.

로마교회는 성상 숭배 금지령을 계기로 로마 가톨릭(서유럽)과 그리스 정교(비잔티움)로 분리되었는데, 비잔티움은 슬라브 민족과 일부 중동 나라들에게 크리스트교 문화를 전파하면서 자연스럽게 정교회 중심지 역할을 했다. 이에 슬라브 민족은 동방정교회와 함께 키릴 문자와 동방정교회 교회헌법을 받아들였다.

그러나 그토록 오랫동안 강력했던 비잔티움 제국은 11세기 이후 서서히 힘을 잃어갔다. 계속되는 이민족 침입으로 많은 영토를 잃었고, 대토지 소유 증가로 자영농민이 몰락했으며, 상공업도 쇠퇴했다. 또 지방 권력이 강해져 황제권은 약해졌고, 군사력도 무너졌다. 13세기 초에는 같은 크리스트교도인 십자군에게 수도 콘스탄티노플이 점령당하는가 하면, 흑사병도 유행해 많은 국민을 잃었다. 결국 1453년에 오스만투르크에게 콘스탄티노플이 함락되면서 천여 년 동안 찬란하게 빛났던 비잔티움 제국은 멸망하고 말았다.

탐구하기 비잔티움 제국이 중세 유럽국가 중 가장 부유할 수 있었던 까닭은 무엇일까요?

탐구 2 유스티니아누스 1세

유스티니아누스 대제(527~565)는 유고슬라비아 타우레시움에서 태어났다. 숙부인 유스티누스 1세에게 양자로 들어가 군인으로써 부황제 자리까지 올라 실질적인 통치를 하다가 숙부가 죽은 뒤에 황제가 되었다. 황제가 된 후에는 능력을 중심으로 인물을 뽑아 황실과 귀족에게 널리 퍼져 있던 부정부패를 없앴고, 관리들을 엄격히 단속해 중앙집권화를 강화했다. 그는 평민 출신인 테오도라와 결혼했는데, 그녀는 황제 정책에 많은 도움을 주었다. 실제로 '니카의 반란'이 일어났을 때 혼란스러워 하던 황제를 도와 반란을 진압하기도 했다.

이탈리아 북부 성 비탈레 성당에 모자이크된 유스티니아누스 황제와 테오도라 황후

유스티니아누스는 황제가 교회 우두머리까지 겸하는 황제교황주의를 세우고는 막강한 전제 군주권을 휘둘렀다. 또 크리스트교 내에서 격렬하게 일어났던 정통과 이단 논쟁을 멈추고, 동·서 교회 화합을 위해 제 5차 '니케아 공의회'를 콘스탄티노플에서 개최하였다. 그리고 삼위일체를 반대하는 네스토리우스파를 이단으로 선포하여 몰아내고, 그리스 정교 교리를 바로 세웠다.

정복 사업도 활발히 했다. 우수한 장군들을 뽑아 게르만족 대이동으로 잃은 옛 로마 영토를 되찾기 위해 전쟁을 치렀다. 아프리카 북부에 있는 반달왕국과 이탈리아에 있는 동고트 왕국, 그리고 에스파냐에 있는 서고트 왕국 일부를 빼앗아 옛 로마 영토 대부분을 회복하여 지중해를 다시 차지하였다. 또 불가르족과 슬라브족 침입을 막아냈다. 그리고 중앙아시아로부터 비단 생산법을 들여와 국가가 관리하면서 콘스탄티노플을 견직물 공업 중심지로 만들었고, 무역을 장려해 동·서 무역 중심지로 자리 잡게 했다. 또 국가 행정 운영을 쉽게 하기 위해 그리스와 로마 법률을 수집하고 분석해서 법체계를 정비했다. 그리고 이것을 정리해 《로마법 대전》으로 완성했다. 이 법은 뒤에 서유럽 국가들이 법을 만드는 데 기준이 되었다.

음악과 미술, 건축 발전에도 힘을 기울였다. 벽화를 아름답게 채색하는 프레스코화와 모자이크를 발달시켜 교회를 아름답게 장식했고, 웅장한 돔과 아름다운 모자이크화로 장식된 '하기아 소피아 성당(성 소피아 성당)'을 지었다. 각종 수로와 교량을 건설하고, 지진으로 파괴된 도시를 위해 토목공사를 실시했다. 또한 수도원, 고아원 등도 많이 지었으며, 학교도 많이 만들어 아이들에게 공부도 가르쳤다.

탐구하기 유스티니아누스 대제가 세웠던 업적은 무엇일까요?

탐구 3 웅장하고 찬란했던 비잔티움 문화

비잔티움 문화는 그리스 정교를 바탕으로 그리스 철학과 문예, 로마법과 건축, 이슬람 미술과 자연과학, 페르시아 미술과 돔 건축양식이 모두 어우러져 독특한 문화를 발전시켰다.

이러한 문화는 주변 국가에 많은 영향을 주었다. 비잔티움은 그리스어를 공용어로 썼는데, 이 때문에 그리스 고전 문화가 잘 보존되어 이를 서유럽에 전해줄 수 있었다. 또 그리스 학자의 책들도 유럽 수도원에 전해져 스콜라 철학

성 소피아 성당 내부

형성에 영향을 주기도 했다. 이러한 것들은 르네상스 시기에 인문학이 발전하는 데 큰 역할을 하였다. 또한 동유럽에 있는 슬라브족에게 그리스 정교를 전해주었는데, 키예프 공국은 그리스 정교를 국교로 삼기도 하였다. 슬라브족은 비잔티움 문화를 적극적으로 받아들여 문자와 건축양식에 많은 영향을 받았다.

비잔티움 양식은 건축에 잘 나타나 있는데, 정사각형 벽 위에 원형 돔을 올려놓는 것으로서 로마 바실리카 양식과 페르시아 돔이 결합된 형태이다. 대표 건축물에는 '하기아 소피아 성당(성 소피아 성당)'이 있다. 성당 안은 화려한 대리석과 모자이크 벽화로 장식돼 있고, 아치형 천장에 그리스식 기둥이 세워져 있다. 또 돔 둘레에는 첨탑이 세워져 있다. 세계에서 가장 뛰어난 건축물이라는 이 성당은 뒤에 이슬람 세계에 영향을 주어 비잔티움과 이슬람 문화가 결합된 독특한 건축양식을 발전시켰다.

탐구하기 대표적인 비잔티움 양식 건축물에는 어떤 것이 있나요? 또 그 특징은 무엇일까요?

그 무렵 우리나라에서는 고구려가 중국 세력에 맞서 민족 방파제 역할을 하다

고구려는 한, 위, 전연, 후연, 수, 당 등으로부터 끊임없이 침략을 당했다. 자기들 마음대로 고구려를 움직여 보려 했던 중국은 틈만 나면 침략해 왔는데, 특히 세 차례에 걸친 수나라 침략과 두 차례에 걸친 당나라 침략은 고구려에게는 감당하기 힘든 것이었다. 하지만 고구려는 불리한 조건임에도 불구하고 꿋꿋하게 나라를 지켜냈다. 고구려가 한반도 위쪽에서 중국 세력을 막아내는 동안 아래쪽 나라들은 외세에 시달리지 않고 나라 발전에 힘을 기울일 수 있었다.

역사해석

해석 비잔티움 황제 레오 3세가 **성상 숭배 금지령**을 내린 까닭은?

성상은 예수나 성모마리아 조각상을 말한다. 유일신을 믿는 크리스트교는 우상숭배를 금지하고 있는데, 성상을 우상으로 여긴 비잔티움 제국 황제 레오 3세는 '진짜 하느님을 믿는 사람은 동상 같은 것은 필요 없으니 모두 파괴하라'며 성상 숭배 금지령을 내렸다.

유럽에는 예수나 성모 그리고 순교자들 성상을 숭배하는 풍습이 있었다. 서유럽에서는 선교 활동에 십자가보다 성상이 더 많이 이용되었다. 그러나 소아시아 지방이나 시리아 등지에서는 십자가 이외 성상을 숭배하는 행위는 이단이라고 비판했다. 하지만 서유럽 교회들은 게르만족 선교에 효과가 있다며 성상 숭배를 지지하였다. 당시 게르만족은 서유럽 사람들에게 야만스럽고 위협을 주는 존재였기 때문에 가톨릭으로 개종시키는 것이 필요했다. 그러려면 눈에 보이는 확실한 것이 필요했던 것이다.

반면에 비잔티움에서는 소아시아 지방에서 우상숭배를 금지하는 이슬람 사상이 퍼져 크리스트교인들에게 영향을 주고 있었다. 황제 레오 3세도 이 지역 출신이었기 때문에 그 자신이 이슬람 사상 영향을 받을 수밖에 없었다. 또 황제를 지지하는 세력들이 성상 파괴를 강력하게 주장하고 있었다. 당시 성상을 가지고 선교를 하는 서유럽 교황이 세력을 빠르게 늘려 나가고 있어서 황제는 그 세력을 억누르고 수도원이 토지를 많이 가지게 되는 것도 막아야 했다. 그래서 황제는 성상 숭배를 금지하였다. 그리고 반발하는 교회를 보호해주지 않기로 하고, 토지도 빼앗으려 하였다.

하지만 서로마 교회는 비잔티움 황제가 간섭하는 것에서 벗어날 수 있는 좋은 기회라 여기고 성상 숭배를 강력하게 주장하고 나섰다.

두 세력은 성상 숭배파와 성상 숭배 반대파로 나뉘어 끊임없이 다투었다. 교회에서 대분열이 일어나면서 교회는 성상 숭배를 찬성하는 로마 가톨릭(서로마 교회)과 반대하는 그리스 정교(비잔티움 제국)로 분리되었고, 비잔티움 제국은 더 이상 서로마 교회를 정치적으로 보호해 주지 않았다. 서로마 교회(로마 가톨릭)는 프랑크 왕국과 손을 잡고 서유럽 사회를 이끌어 나가게 되었다.

해석하기 레오 3세가 성상 숭배 금지령을 내린 이유는 무엇일까요?

역사토론

비잔티움 제국이 천 년 이상 멸망하지 않고 유지될 수 있었던 까닭은 무엇일까?

토론 내용 비잔티움 제국은 동양과 서양이 만나는 자리에 위치하고 있어서 끊임없이 외세 침략을 받았다. 사산 왕조 페르시아, 슬라브족, 불가르족, 이슬람족, 게르만족 등 수없이 많은 이민족으로부터 침략을 당했지만 멸망하지 않고 천 년 넘게 이어갔다. 서로마 제국이 일찍 멸망한데 비해 동로마인 비잔티움 제국이 오랫동안 멸망하지 않고 유지될 수 있었던 까닭은 무엇일까?

토론 1 충분한 군사와 경제력이 있었다.

비잔티움은 농업이 발전했고, 상공업과 무역이 발달해 번영을 이루고 있었다. 자연히 자영농과 중산층 상인, 장인층이 안정되게 발전하였다. 그들은 적이 침입했을 때 물리칠 수 있는 충분한 군사와 경제력을 제공해 주었다.

토론 2 유리한 위치 때문이었다.

수도인 콘스탄티노플은 3면이 바다로 둘러싸여 있고, 육지와 접한 면이 적어서 적이 쳐들어 오기 어려웠다. 육지 쪽으로는 다뉴브 강과 험난한 발칸 산맥이 훌륭한 요새 역할을 해주었다. 그리고 성 둘레에 도랑처럼 땅을 파서 물이 흐르게 한 해자와 넓고 높은 삼중벽이 있어서 적들이 쉽게 침략할 수 없었다.

토론 3 도시가 발달하고, 그에 맞게 인구가 집중되어 있었다.

비잔티움 제국은 산업이 발전되어 인구가 밀집된 도시들이 많이 생겨났다. 농업, 상업, 공업이 골고루 안정되게 발전했기 때문에 사람들이 모여 들었다. 사람이 많았으므로 적이 쳐들어오면 막아내기가 훨씬 쉬웠다.

토론하기

비잔티움 제국이 오랫동안 멸망하지 않고 유지될 수 있었던 까닭은 무엇일까요? 자기 생각을 밝히고, 그 까닭을 쓰세요.

역사에 비추어 보는 세계

🍭 **다음 글을 읽고, 물음에 대한 생각을 써 보세요.**

➡ 비잔티움 제국과 서유럽은 성상 숭배 금지 문제로 서로 종교 갈등을 빚다가 로마 가톨릭과 그리스 정교로 분리되었습니다. 비잔티움 내에서는 이 문제로 의견이 분분해 많은 혼란이 있었습니다. 그런데 이런 문제는 오늘날에도 일어나고 있습니다. 한 나라 안에서 다른 종교 때문에 분쟁을 하는 일들이 종종 일어나고 있습니다. 다른 종교와 갈등을 넘어서 분쟁으로까지 이어지는 것에 대해 생각해 봅시다.

종교 분쟁이 가져온 비극

동인도 오리사 주에서 폭동으로 27명이 사망하는 사건이 일어났다. 죽은 이들은 모두 크리스트교인들로 이 지역 주민인 힌두교도들이 공격한 것으로 알려졌다. 교회는 약탈당하고 파괴되었으며, 많은 가정이 피해를 입었다.

이들은 크리스트교인들을 찾아다니며 힌두교 지도자 초상화에 절을 하도록 하고, 성경, 찬송가와 예수 그리스도 초상화가 그려진 달력들을 불태우며 그것을 지켜보게 했다.

또 "힌두교를 받아들여라. 그러면 너희 집은 보전될 것이다. 그렇지 않으면 너는 죽임을 당하거나 이 마을에서 떠나라"며 개종을 강요하고 있다.

이 박해는 최근 한 힌두교 지도자가 크리스트교로 개종한 인도인들을 다시 힌두교로 개종시키는 과정에서 살해당한 것이 발단이었다. 과격한 힌두교도들은 크리스트교인 소행이라며 보복에 나섰고, 대규모로 크리스트교를 박해하게 된 것이다. 그 뒷면에는 인도인들을 크리스트교인으로 개종하는 것에 대한 분노가 깔려 있다.

주로 가난한 인도인들이 크리스트교로 개종하고 있었는데, 오리사 주에서도 크리스트교 교인이 점점 늘어나고 있었다. 과격한 힌두교도들은 외국 선교사와 교회가 현금으로 인도 영혼을 훔치고 인도 문화를 파괴하고 있다며 크리스트교에 대한 온갖 박해를 하고 있었던 것으로 알려졌다. 인도 정부도 심각성을 깨닫고 크리스트교 박해 중지 명령을 내리고 박해를 중지시키는 법률을 만들었다.

생각 열기

한 나라 안에서도 사람들은 다양한 종교를 믿으며 살고 있습니다. 그런데 왜 어떤 나라에서는 종교 분쟁이 일어나고, 어떤 나라에서는 종교 분쟁이 일어나지 않을까요?

논술 한 단계

학습 목표 논리 펼치기 02
학습 내용 비잔티움 제국과 중세 서유럽 비교

> 다음은 비잔티움 제국과 중세 서유럽 각국을 정치·경제·사회·문화면에서 설명한 것입니다. **예문 1**과 **예문 2**를 읽고 두 사회가 어떻게 다른지 비교해 봅시다.

예문 1 비잔티움 제국

비잔티움 제국은 황제가 정치와 교회 권한을 모두 가지는 황제 교황주의였다. 총주교도 황제가 임명하고 동방에서 영향을 받아 강력한 왕권을 가진 오리엔트식 전제군주 정치를 하였으며, 중앙집권적 관료제를 실시했다. 둔전병제를 실시해 병농일치에 의한 자영농을 늘리고, 군사를 확보했다. 또한 국가 보호 아래 상공업을 발달시켜 나라를 부유하게 만들었다. 수도 콘스탄티노플을 동·서 중계를 통한 무역 중심지로 만들어 많은 사람과 돈이 모이게 했다. 도시인구가 백만 명에 달할 정도였다. 공용어로는 그리스어를 사용하였으며, 종교는 그리스 정교였다. 그리스와 로마 문화를 기반으로 동방 문화를 받아들여서 독특한 비잔티움 양식을 만들어 냈다. 비잔티움 양식으로 대표적인 건축물이 성 소피아 성당이다. 또 로마와 그리스 법을 정리하여 집대성한 《로마법 대전》을 만들어 행정을 쉽게 할 수 있도록 하였다.

예문 2 중세 서유럽

서유럽은 황제나 국왕이 교회 권력을 갖지 않고 정치와 종교가 분리되는 교황 지상주의를 추구했다. 비잔티움이 중앙집권적 관료제임에 반해, 서유럽 각국은 세속 권력이 지방으로 나뉘어져 있었다. 봉건제도가 성립되었으며, 농노제를 바탕으로 한 장원제가 발달하였다. 공용어로는 라틴어를 썼으며, 종교는 로마 가톨릭이었다. 크리스트교에 게르만과 그리스·로마 문화가 합쳐져 중세 서유럽 세계를 형성했다. 스콜라 철학이 발달했으며, 높은 건물과 뾰족한 첨탑, 첨두아치, 좁고 긴 창문, 스테인드글라스, 수직적 모양 등이 특징인 고딕 양식이 유행했다. 대표적인 고딕 양식 건축물에는 노트르담 성당과 쾰른 성당이 있다.

1. 예문 1 과 예문 2 에 대한 비교

구분	비교
예문 1	(1) 황제가 교회 권한까지 갖는 황제 교황주의였다. (2) 오리엔트적 전제군주 정치를 하였다. (3) 중앙집권적 관료제를 실시했다. (4) 둔전병제를 실시해 자영농을 늘렸다. (5) (6) (7) (8)
예문 2	(1) (2) (3) 봉건제가 성립되었다. (4) (5) (6)

2. 비잔티움 제국은 중세 서유럽 국가들보다 훨씬 발달한 선진국이었습니다. 어떤 점이 비잔티움 제국을 발달한 선진국으로 만들 수 있었는지 예문에서 찾아보고, 왜 그렇게 생각하는지 자기 생각을 쓰세요.

03

무함마드와 이슬람교

무함마드의 가계도

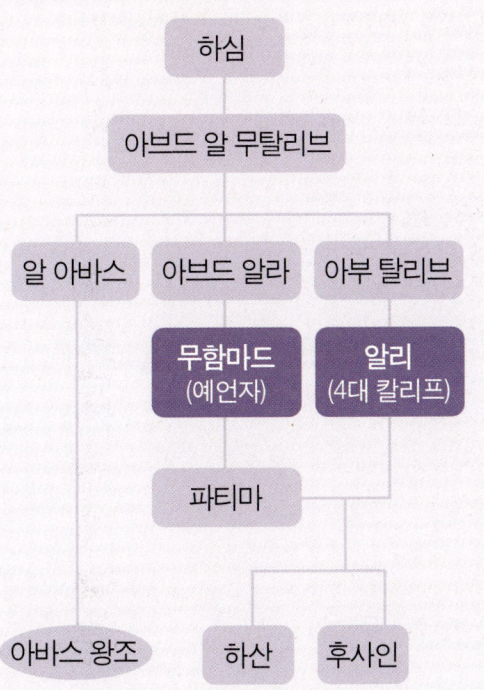

역사 연대기
610년 | 무함마드가 이슬람교를 만듦.
618년 | 이연이 수나라를 없애고 당나라를 세움.
645년 | 일본이 다이카 개혁을 함.
658년 | 당나라가 서역원정을 함.

학습 목표
1. 무함마드에 대해 알 수 있다.
2. 무슬림이 지켜야 하는 의무에 대해 알 수 있다.
3. 무슬림들이 돼지고기를 먹지 않는 까닭에 대해 알 수 있다.
4. 문화 차이에 대한 글을 읽고 비교·대조를 할 수 있다.

심화 학습
도서 읽기 • 어린이 이슬람 바로알기(이희수 지음 /청솔)

탐구 1 무함마드(마호메트)

이슬람교를 믿는 사람들을 무슬림이라고 한다. 무슬림들은 무함마드를 '예언자 무함마드' 또는 '라술 알라(Rasul Allah, 신의 사도)'라고 부른다.

무함마드는 570년, 메카에서 태어났다. 이름난 귀족 가문이었으나 어릴 때 부모가 죽자, 가난한 숙부 밑에서 자라 글을 배우지 못하고, 일찍부터 숙부를 따라 장사를 하게 되었다.

메카에서 장사를 하던 무함마드는 마흔 살이 되자, 히라산에 있는 동굴에서 명상을 하기 시작했다. 그 동굴에서 가브리엘 천사로부터 알라가 내린 계시를 받았다. 그 뒤에도 여러 차례 알라가 내린 계시를 받았다. 그래서 '알라 외에는 신이 없다'는 유일신 신앙을 가지고 알라로부터 받은 계시를 전하는 사도가 되어 610년에 이슬람교를 만들었다. 부인이 첫 신자가 되었고, 점차 믿는 사람들이 늘어났다. 이슬람교는 그때까지 있던 다신교들을 부정하고 유일신인 알라 앞에서 모든 인간은 평등하다는 것을 주장했다.

> **이슬람력** 회교력, 또는 무함마드력이라고도 한다. 1년은 12달이며 태음력을 기준으로 하여 긴 달은 30일, 짧은 달은 29일이다. 그래서 1년은 354일 혹은 355일이다. 무함마드가 박해를 피해서 메카에서 메디나로 옮겨간 622년 7월 16일을 기준으로 삼고 있다.

처음에는 메카에서 가난한 사람들과 중소상인들만이 그가 전하는 내용을 믿고 따랐다. 그를 따르는 사람들이 많지 않았을 때에는 부유한 상인들은 물론이고 지배층들조차 관심이 없었으나, 점점 신도 수가 늘어나자 박해를 하기 시작했다.

그러자 무함마드는 622년, 신도 70여 명과 함께 메카를 탈출하여 메디나로 갔다. 그때 메디나는 내분으로 혼란스러웠으나 기다리던 무함마드가 오자, 모두 무함마드를 따랐다. 무함마드는 혼란을 수습하고, 메카와 맞설 수 있는 군대를 키웠다. 그리고 정치와 종교가 하나로 된 이슬람 공동체 '움마'를 만들었다. 메카에서 메디나로 옮기고 난 뒤부터 이슬람 세력이 커지기 시작했기 때문에 '성스러운 옮김'이라는 뜻으로 헤지라(聖遷, 성천)라고 한다. 그리고 622년인 이 해를 이슬람력이 시작된 해인 기원년으로 삼게 되었다.

630년 무함마드는 메카를 공격해서 정복했다. 무함마드가 메카를 정복하고 난 뒤 아라비아 반도에 있던 각 부족들은 이슬람교를 받아들여 이슬람 공동체가 형성되었다. 하지만 건강은 갈수록 나빠져 632년 6월에 사망하였다.

탐구하기 무함마드가 메카에서 메디나로 옮겨간 까닭은 무엇인가요?

탐구 2 무슬림이 해야 하는 다섯 가지 의무

이슬람이라는 말은 아랍어로 순종과 평화라는 뜻이다. 따라서 이슬람교를 믿는 사람은 알라에게 절대 순종해야 하기 때문에 순종자라는 뜻으로 무슬림이라고 한다. 이 무슬림들은 다섯 가지 의무를 다해야 한다.

첫째는 신앙 고백인 '샤하다'이다. "알라 외에는 신이 없고, 무함마드는 알라가 보낸 사자임을 증언한다"를 소리 내어 말하는 것이다. 이 말은 이슬람교 근본 교리로 크게 두 가지 내용을 담고 있다. 하나는 이 세상에 알라만이 유일신으로 다른 신은 물론 우상에 대한 숭배도 있을 수 없다는 것이다. 또 이슬람교를 만든 사람인 무함마드만이 알라가 인간에게 보낸 사람이라는 것을 고백하고 증언함으로써 예언자 무함마드를 통해 인간에게 내린 계시를 그대로 믿고 따라야 한다는 것이다.

둘째는 예배인 '살라트'이다. 새벽, 정오, 오후, 저녁, 밤 예배 등으로 하루 다섯 번 예배를 하는 것이다. 시간은 대략 10분 가량이며, 예배 전에는 반드시 몸 일부분이나 전체를 씻고 깨끗한 몸과 마음으로 해야 한다. 다른 종교들은 신에게 은혜나 구원을 바라지만, 이슬람에서는 나쁜 마음을 버리고 참고 견디는 성격을 키우는 자기 수련을 강조한다.

셋째는 돈을 내는 '자카트'이다. 일 년에 한 번씩 수입에서 2.5퍼센트씩 내는 것으로 주로 가난한 사람들을 도와주는 데 쓰였다. 지금도 가난한 순례자나 끼니를 거르는 사람, 가난한 여행자 등을 도와주는 일에 쓰인다.

넷째는 금식인 '쏴움'이다. 해마다 이슬람력으로 아홉 번째 달인 라마단이 되면 한 달 동안 해 뜰 때부터 해질 때까지 먹거나 마시는 것이 금지된다. 부자이건, 가난한 사람이건, 지위가 높은 사람이건, 낮은 사람이건 모두 다 같이 참여한다. 다만 노약자나 어린이, 임산부, 여행자 등은 예외이다. 그래서 이 기간을 통해 자연스럽게 무슬림들은 하나가 된다. 또한 굶주림과 목마름 등을 이겨내면서 의지와 자제력도 키운다. 그리고 신성한 기간이므로 전쟁을 멈추고 말다툼도 줄이며 서로 좋은 이야기만 주고받는다.

다섯째는 성지순례인 '핫즈'이다. 무슬림이라면 평생에 한 번은 성지인 메카에 다녀와야 한다는 것이다. 지금도 매년 2백만 명 이상이 메카로 성지 순례를 오고, 이를 통해서 무슬림끼리 하나라는 생각을 더 크게 키운다. 다만 건강과 형편에 따라 여러 번 하거나 하지 않아도 된다.

탐구하기 무슬림이 지켜야 하는 다섯 가지 의무는 무엇인가요?

탐구 3 인샬라와 《꾸란》

인샬라

무슬림들이 자주 쓰는 인사말로 '신의 뜻대로, 신이 원하신다면'이라는 뜻이다. 이들은 이 말을 앞으로 일어날 일에 대해 자주 사용한다. '내일 두시에 영화 보자. 인샬라'라고 하면 영화를 볼 수도 있고, 보지 못할 수도 있지만, 하나님이 원하신다면 이루어진다고 믿는 것이다. 그것은 자신들이 살아가면서 부딪히게 될 삶 자체를 오직 알라만이 알고 있다고 믿기 때문이다.

《꾸란(코란)》

읽어야 하는 것이란 뜻을 가진 《꾸란》은 이슬람교 최고 경전으로 무함마드가 610년부터 632년까지 계시 받은 내용들을 기록한 것이다. 114장으로 이루어져 있으며, 아랍어로 기록되어 있다. 무함마드 자신은 글을 몰랐기 때문에 직접 기록하지는 않았다. 무함마드가 계시 받은 내용을 말하면 따르는 사람들이 그 내용을 외우거나 기록해 두었다가 사망하고 난 뒤에 모아서 한권으로 정리한 책이다. 지금까지도 원전 그대로 전해져 내려오고 있으며, 다른 언어로 번역하지 못하도록 하고 있다. 그것은 번역 과정에서 의미 전달을 제대로 하지 못할 것을 우려했기 때문이다. 그래서 아랍어를 사용하지 않는 나라에서는 꾸란 해설서라는 이름으로 번역, 출판하고 있다.

> **탐구하기** 이슬람교 경전인 《꾸란》을 다른 언어로 번역하지 못하도록 한 까닭은 무엇인가요?

우리나라에서는 — 아라비아 무슬림들과 교역한 신라

신라와 아라비아가 교역을 하였다는 것은 아라비아 사람이 쓴 책에 기록되어 있다. 아라비아 무슬림들이 신라를 오고 갔다는 기록 가운데 가장 오래된 것은 지리학자 이븐 쿠르다지바가 쓴 《제도로 및 제왕국지》이다. 이 책은 845년에 쓰여졌으며 신라가 어디에 있는지 신라에서 수입한 물건은 어떤 것들인지가 나와 있다. 비단, 칼, 사향, 말안장 등을 신라에서 수입하였고, 아라비아에서 만들어진 향료나 유리 그릇, 구슬 등을 수출하였다. 이것으로 보아 오래 전부터 아라비아와 신라가 무역을 했다는 것을 알 수 있다. 원성왕 무덤인 경주 괘릉에는 아라비아 사람 얼굴이 조각된 무신석이 있는데, 이것은 8세기 무렵에 아라비아 사람이 신라에 와서 벼슬을 했다는 증거가 된다.

역사해석

해석 무슬림들이 돼지고기를 먹지 않고 낙타를 중시하는 까닭

이슬람교 경전인 《꾸란》에는 음식 중 먹을 수 없는 고기에 대해, "죽은 고기와 피와 돼지고기를 먹지 말라. 그러나 어쩔 수 없이 먹을 경우는 죄가 아니다"라고 설명하고 있다. 왜 그랬을까?

첫째, 돼지는 아무거나 잘 먹는 잡식성이라 몸속에 여러 가지 해충이 많다. 돼지가 게으른 동물이라고 생각했던 사람들은 돼지 몸속에 있는 해충으로 인해 인간 또한 게을러질 수 있다고 생각했기 때문이다.

둘째, 사막에 사는 유목민들은 동물을 잡으면 몇 달 동안 두고 식량으로 먹어야 하는데, 돼지고기는 마르지 않고 썩어버린다. 그래서 보관하기가 어렵고 쓸모가 없다고 여겼기 때문이다. 또한 돼지가 사람에게 주는 것은 고기뿐이다. 젖도 먹을 수 없고, 가죽도 활용할 수 없어서 이용가치가 떨어졌기 때문이다.

셋째, 돼지는 물을 많이 먹고 더위를 잘 탄다. 물이 귀하고 더운 지역이어서 돼지를 기르는 것 자체가 어려웠기 때문이다. 또한 한 곳에 정착하는 것이 아니라, 여러 곳을 옮겨 다니면서 사는 유목민들은 돼지를 기르기가 어려웠다.

낙타를 귀하게 여긴 까닭

첫째, 낙타는 사람이 타고 다닐 수 있는 교통수단이자, 물건을 운반할 수 있는 운송 수단도 되었기 때문이다.

둘째, 낙타는 고기를 말려서 오랫동안 보관할 수 있으므로 유목 생활을 하는 사람들에게는 중요한 식량이 되기 때문이다.

셋째, 고기뿐만 아니라 젖은 마시거나 술로 만들기도 하고, 가죽은 천막이나 옷을 만드는 데 쓰기도 한다. 그리고 낙타 똥은 연료로 쓰고, 오줌은 약을 만들거나 머리를 감을 때 물 대신 쓸 수도 있었기 때문이다.

넷째, 낙타는 한 번 물을 먹으면 4백 킬로미터를 이동할 수 있다. 따라서 물이 귀한 지역에서 기르기 좋은 동물이었기 때문이다.

낙타는 이렇게 장사나 유목 생활을 하는 지역에서 기르기에 적당한 동물이었다.

해석하기 무슬림들이 돼지에 비해 낙타를 소중하게 여긴 까닭은 무엇인가요?

역사토론

종교에서 먹지 말라고 하는 음식을 꼭 먹지 말아야 하는가?

토론 내용 이슬람교 경전인 《꾸란》에는 돼지고기를 먹지 말라는 내용이 있어서 무슬림들은 돼지고기를 먹지 않는다. 힌두교도가 많은 인도에서는 소를 신들이 타고 다니는 동물로 신성하게 여겨 소고기를 먹지 않는다. 또 불교에서는 육식을 금하고 있다. 이와 같이 종교에서 먹지 말라고 하는 음식을 꼭 먹지 말아야 할까?

토론 1 먹지 말아야 한다.

종교는 개인이 가진 믿음에서 비롯되는 것이다. 그렇기 때문에 종교에서 하지 말라고 하는 것을 지키는 것은 당연한 것이다.

토론 2 먹어도 된다.

종교는 사람이 살아가는 데 도움을 주고자 하는 것이다. 원칙을 지키는 것도 중요하지만, 상황에 따라서는 유연성도 발휘할 수 있어야 한다.

토론 3 아니다. 먹지 말아야 한다.

어떤 것을 믿고 지키는 것은 자기 자신과 싸우는 것이다. 욕심을 금하고, 자신을 통제하는 법을 배우는 것도 종교가 가진 좋은 점 가운데 하나다. 그런데 상황에 따라 입장을 바꾸게 되면 그것은 진실한 믿음이라고 보기 어렵다.

토론 4 아무리 그래도 먹어도 된다.

같은 종교일지라도 지역에 따라 다르게 나타난다. 그것은 종교가 사람들 생활과 밀접한 관계를 가지고 있는 것이기에 사람들 생활 속으로 들어가면서 일부 바뀐 것이다. 먹는 음식도 마찬가지이다. 주변 조건이 바뀌면 그에 맞게 융통성을 발휘할 필요가 있다. 그래야 종교가 더 오랫동안 자리 잡고 발전해 나갈 수 있다.

> **토론하기**

종교에서 먹지 말라고 하는 음식은 꼭 먹지 말아야 할까요? 자기 생각을 밝히고, 그 까닭을 쓰세요.

역사에 비추어 보는 세계

🌀 다음 글을 읽고, 물음에 대한 생각을 써 보세요.

➜ 종교가 가진 기본 바탕은 사랑과 상대방에 대한 존중입니다. 이슬람이라는 말 자체가 평화라는 뜻을 가지고 있듯이 종교는 평화를 유지하는 데 목적이 있습니다. 하지만 현실은 정반대인 경우가 많습니다. 종교로 인한 갈등과 전쟁 등이 끊임없이 일어나고 있습니다. 그 까닭에 대해 고민해 봅시다.

종교 차이가 만든 비극, 영화 〈살육의 시간〉

2008 부산 국제 영화제에서 주목받는 작품 가운데 하나로 소개된 인도 영화가 있다. 난디타 다스 감독이 만든 〈살육의 시간〉이다.

이 영화가 다루고 있는 문제는 영토 분쟁으로 대립하거나, 사상이 다른 것 때문에 서로 총을 겨누는 것이 아니다. 같은 나라 안에서 이슬람교와 힌두교라는 종교 차이 때문에 생겨난 문제를 다룬 것이다. 이러한 문제는 국가가 나서서 해결할 수 없다는 점에서 나라 사이에서 일어나는 전쟁보다 더 끔찍하다. 번갈아가며 이루어지는 상대방에 대한 살인과 복수는 도시 전체에 공포와 불안감을 전염병처럼 퍼뜨리고, 생존 문제는 상대방에 대한 무자비한 폭력을 정당화시킨다. 감독은 여러 인물을 등장시켜 불안과 공포가 어떻게 사람 사이에 관계를 무너뜨리고, 삶에 영향을 미치는지 그려내었다. '사랑과 인간을 구원하는 것에 목적을 둔 종교가 현실을 지옥으로 만든다면, 그들은 어디에서 희망을 찾아야 하는 것일까?'라고 감독은 질문하고 있다. 영화는 2002년 인도 서북부에서 종교 분쟁으로 2000여 명이 죽은 실제로 일어난 일을 배경으로 해서 제작된 것이다.

이 영화처럼 인도네시아, 나이지리아, 인도와 파키스탄, 스리랑카, 북아일랜드, 스페인, 아제르바이잔, 이라크, 중국 등 종교간 대립으로 분쟁이 일어났거나 현재 진행 중인 곳도 있다. 인도, 파키스탄, 방글라데시 등처럼 처음에는 한 나라였다가 종교 분쟁 때문에 여러 나라로 분리 독립된 나라도 있다. 종교로 인한 분쟁은 지금도 끊이질 않고 있다.

🏷 생각 열기

종교는 사랑과 평화에 바탕을 두고 생겨났습니다. 하지만 현실은 종교 때문에 여러 가지 분쟁과 전쟁들이 생겨나고 있습니다. 왜 종교가 분쟁이나 전쟁이 일어나는 원인이 될까요? 자기 생각을 밝히고, 그 원인이 무엇이라고 생각하는지 써 보세요.

논술 한 단계

학습 목표 논리 펼치기 03
학습 내용 문화 차이 이해하기

🍬 **예문 1** 과 **예문 2** 는 종교에 따라 여성들이 외출할 때 해야 하는 의무에 관한 것입니다. 비교·대조해 보고 이런 문화가 왜 생겨났을지 자기 생각을 써 보세요.

예문 1 이슬람 여성들이 착용하는 '히잡'

이슬람교를 믿는 무슬림 여성들을 생각하면 가장 먼저 떠오르는 것은 '히잡'을 착용한 모습이다. '히잡'은 아랍어로 가리개라는 뜻을 지니고 있다. 이란에서는 '차도르'라고 한다. 히잡은 사용하는 지역이나 착용하는 나이에 따라 모양과 색깔 등이 다르다. 모양은 크게 두 가지로, 얼굴과 가슴까지 가리는 것과 얼굴을 드러내는 두건 형태가 있다. 색깔은 사우디아라비아를 중심으로 한 서아시아 지역에서는 검은색을 주로 착용하고, 북아프리카 지역에서는 푸른색을 주로 착용한다. 또한 젊은 층에서는 여러 가지 색상이 섞인 화려한 것을 좋아하는 반면, 중·장년층에서는 한 가지 색이 들어간 히잡을 좋아한다.

여성들은 외출할 때에는 꼭 히잡을 착용한다. 이것은 꾸란에 '여성은 남편이나 아들 등 친족 외에는 여자다운 부위를 남에게 보여서는 안 된다'고 명시하고 있기 때문에 종교 의무로 받아들여져 지켜지고 있다. 다른 남성들과 무분별한 접촉이나 성희롱 등을 당하지 않도록 여성을 보호하기 위해 착용하도록 했다는 측면이 강하다고 한다.

예문 2 조선 시대 여성들이 착용한 겉옷 '장옷과 쓰개치마'

조선 시대 여성들이 사용한 겉옷에는 장옷과 쓰개치마가 있었다. 장옷은 장의라고도 하는 겉옷인데 조선 전기에는 남자들도 장옷을 입었다. 머리부터 내려쓰는 옷으로 초록바탕에 흰색 끝동을 달았다. 남성들이 주로 입는 두루마기와 비슷한 모양새다. 조선 후기로 가면서 유교 사상에 바탕을 둔 생활양식이 자리 잡아 남성과 여성 역할 구분이 생기면서 여성들만 착용하는 옷으로 변한 것 같다.

조선 3대 임금 태종 12년에 '아녀자들이 외출할 때에는 얼굴을 가리도록 하라'는 명을 내려 여성들은 외출할 때 장옷이나 쓰개치마 차림을 해야 했다. 신분에 따라 모양에 차이가 있어 양반 여성들은 주로 장옷을, 서민 여성은 쓰개치마를 입었다.

신윤복이 그린 풍속화에 장옷을 착용한 여성들 모습이 있고, 공주나 옹주를 시집보낼 때 반드시 장옷을 보냈다는 기록이 있다. 순조와 순원황후 김씨 사이에서 태어난 덕온 공주가 남긴 유품 가운데 장옷이 남아 있다.

1. 예문 1 과 예문 2 에 대한 비교와 대조

	예문 1	예문 2
대조	(1) 히잡은 여성들이 외출할 때 얼굴을 가리기 위해 사용하는 것이다. (2) (3)	(1) 조선 시대에 사용한 장옷은 처음에는 남성과 여성 구분이 없다가 나중에는 여성들이 외출할 때 사용하는 것으로 바뀌었다. (2) (3)
비교	(1) 이슬람교를 믿는 무슬림 여성들과 유교가 지배한 조선 여성들 모두 외출할 때 얼굴을 가려야 했다. (2)	

2. 여성들이 외출할 때 히잡이나 겉옷을 사용하도록 한 문화는 왜 생겨났을까요? 자기 생각을 쓰세요.

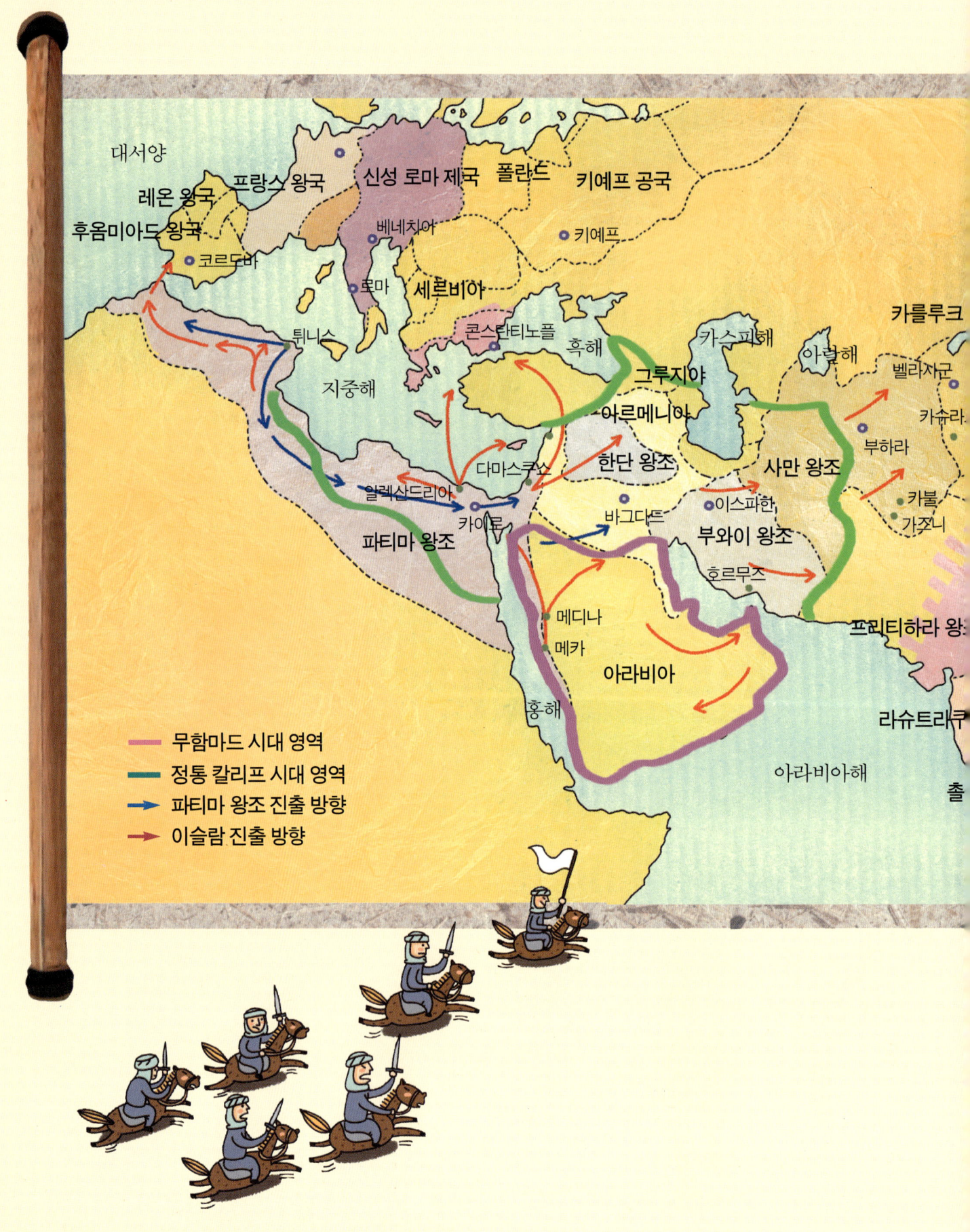

04

팽창하는 이슬람 제국

역사 연대기
632년 | 무함마드가 사망함.
661년 | 옴미아드 왕조가 세워짐.
750년 | 아바스 왕조가 세워짐.
751년 | 탈라스 전투에서 이슬람 제국이 승리함.
1055년 | 셀주크 투르크 왕조가 세워짐.

학습 목표
1. 옴미아드 왕조에 대해 알 수 있다.
2. 아바스 왕조에 대해 알 수 있다.
3. 이슬람교가 퍼져 나간 까닭을 알 수 있다.
4. 예배 방법에 대한 글을 비교·대조할 수 있다.

심화 학습
도서 읽기 • 어린이 이슬람 바로알기(이희수 지음/청솔)

역사탐구

탐구 1 옴미아드 왕조(우마이야 왕조)

메카에서 메디나로 옮긴 뒤, 이슬람 공동체인 움마를 건설하고 세력을 키운 무함마드는 630년 메카를 정복하고 밖으로 뻗어 나갔다. 그래서 메카와 메디나를 중심으로 국가를 건설하였다. 하지만 632년 무함마드가 사망하고 나자, 후계자 자리를 놓고 다툼이 생기며 혼란해졌다. 이 위기를 극복하기 위해 사람들은 칼리프를 뽑았다. 칼리프는 무함마드를 이은 종교 지도자를 말하는 것으로, 이슬람 공동체에서 정치와 군사 지배권을 가졌다. 원로들이 합의해 처음으로 선출된 사람은 무함마드와 오랫동안 함께 한 동료이자 장인인 아부 바크르였다. 아부 바크르, 우마르, 오스만, 알리에 이르는 4대 칼리프까지를 정통 칼리프 시대라고 한다. 이들은 합의에 의해 추대되었고, 이슬람 공동체를 지도하면서 팽창정책을 실시하여 페르시아, 시리아, 이집트에 이르는 커다란 이슬람 세계를 건설하였다.

하지만 3대 칼리프 오스만이 정복한 지역에 친인척을 총독으로 임명하자, 반대 세력들이 오스만을 내쫓고, 무함마드 사위인 알리를 4대 칼리프로 추대했다. 그러자 오스만 지지자였던 무아위야가 세력을 모아 알리를 물리치고 칼리프 자리에 올랐다. 그 뒤 칼리프 자리가 세습되면서 '세습 칼리프 시대'라고 한다. 무아위야를 비롯하여 이후 14명이 모두 옴미아드 가문 출신이었기 때문에 옴미아드 왕조라고 부른다.

세습 왕조 형태로 나라가 바뀌자, 정치 지도자로서 역할이 커지게 된 칼리프들은 국가 유지에 필요한 돈을 마련하기 위해 활발한 정복 활동을 펼쳤다. 기존 백성들에게 세금을 늘리면 저항이 일어날 것을 우려해 전쟁을 통해 얻는 전리품과 넓어진 영토에서 거두어들이는 세금을 통해 문제를 해결하려고 했던 것이다. 그래서 8세기 초에는 중앙아시아와 서아시아, 인도, 북아프리카와 이베리아 반도에까지 이르는 대제국을 만들게 되었다. 초기 중심지였던 메카와 메디나를 벗어나 수도를 시리아 다마스쿠스에 정하였기 때문에 정치와 문화에서 비잔틴 제국 영향을 많이 받았다.

하지만 아랍인들이 높은 자리를 다 차지하고 이슬람교로 개종한 다른 민족들과 이슬람교로 개종하지 않은 사람들은 차별대우를 해 불만들을 가지게 되었다. 또한 칼리프 자리를 놓고 내부적으로 갈등도 생겨, 750년 아바스 가문에게 왕조 자리를 넘겨주게 되었다.

탐구하기 옴미아드 왕조가 활발한 정복 활동을 펼친 까닭은 무엇인가요?

탐구 2 아바스 왕조

750년, 칼리프 계승 문제로 내분을 겪던 옴미아드 왕조를 물리치고 아불 아바스가 중심이 된 아바스 가문이 이슬람 제국의 새로운 지배자로 등장했다. 하지만 아바스 왕조는 8~9세기 전성기를 거쳐 10세기에 군사 노예(맘루크) 출신들이 중심이 된 셀주크 투르크에게 정치 지배자 자리를 내주고, 종교 지도자 자리만 지키다가 1258년 몽골군에게 멸망했다.

옴미아드 왕조가 아랍 출신 이슬람교도 위주로 정책을 세우고 많은 특권을 부여했으나, 아바스 왕조는 아랍인들이 가진 특권들을 모두 폐지하고 모든 무슬림들은 평등하다는 것을 공표했다. 아랍인들에게만 특권을 부여한 것은 평등을 주장하는 이슬람 교리에도 어긋나는 것이었고, 이슬람 세계 내부를 하나로 통합하는 데도 도움이 되지 않았기 때문이다.

> **군사 노예(맘루크)** 맘루크는 아랍어로 노예를 뜻한다. 9세기 초부터 군사 대부분이 이들로 채워지면서 군사력을 장악한 이들 세력이 커졌다. 이들은 칼리프를 좌지우지하였고, 이집트와 인도 등에 직접 왕조를 세우기도 하였다.

페르시아계 무슬림과 시아파 무슬림 등 아바스 왕조를 세우는 데 도움을 준 사람들을 관직에 등용하고, 그들이 가진 문화나 제도도 많이 받아들였다. 모든 무슬림을 차별 없이 대하고, 관리가 될 기회를 주면서 이슬람법에 의해 통치를 하자 여러 민족이 함께 어우러진 이슬람 공동체가 되었다.

옴미아드 왕조는 4대 칼리프 알리를 살해하고 세워졌기 때문에 계속해서 정통성 문제가 거론되었다. 하지만 아바스 가문은 무함마드 숙부 가문이어서 정통성을 인정받았다. 그래서 칼리프 권위도 더 강해졌다.

시리아 다마스쿠스에 있던 수도를 이라크 바그다드로 옮기고 유럽 쪽이 아닌 동아시아 쪽으로 관심을 가지고 팽창해나갔다. 그래서 당나라와 탈라스 전투를 치르고 승리하여 비단길을 장악하였다. 또 이 전투에서 종이 만드는 기술자를 포로로 데려가 제지술이 이슬람 세계에 전해지게 되었다. 하지만 칼리프제가 자리 잡는 가운데 이슬람교는 크게 시아파와 수니파로 나뉘어졌다. 시아파는 '시앗 드 알리, 알리를 따르는 사람들'이란 말에서 나왔다. 시아파는 약 10퍼센트를 차지하고 있다. 수니파는 정통파로 무함마드가 한 말과 행동을 따르는 사람들이란 뜻으로 전체 무슬림에서 약 90퍼센트를 차지하고 있다. 시아파와 수니파로 나뉜 가장 큰 이유는 무함마드가 죽은 뒤 칼리프 계승 문제 때문이었다. 시아파는 무함마드가 죽기 전 자기 사위인 알리를 후계자로 지목했다고 말한다. 그래서 4대 칼리프인 알리 이전 3명을 인정하지 않지만, 수니파에서는 모두 인정한다.

탐구하기 아바스 왕조가 옴미아드 왕조와 달랐던 점은 무엇인가요?

역사해석

해석 1 한 손에 칼, 한 손에 꾸란?

이슬람교는 7세기 초에 만들어진 후 8세기까지 엄청난 팽창 정책을 실시했고, 넓은 영토를 차지하며 성공했다. 이 과정에서 우리들에게 잘 알려져 있는 내용이 '한 손에 칼, 한 손에 꾸란'이었다. 이 말이 나오게 된 것은 19세기 영국 역사학자 칼라일이 8세기에 이슬람이 급성장한 것은 '한 손에 칼, 한 손에 꾸란'을 들고 다른 민족들에게 강제로 믿게 하였기 때문이라고 주장하면서부터이다. 이로 인해 이슬람이 급성장하게 된 것이 무력을 앞세운 강제 선교 활동 때문이라는 이미지가 자리 잡게 되었다.

하지만 무슬림들은 오히려 유럽 크리스트교인들이 십자군 전쟁 때부터 전 세계를 상대로 다른 종교인들에게 훨씬 잔인하게 대했다고 주장한다. 이슬람교에서는 아랍인 우월주의가 강했던 옴미아드 왕조에서도 무력으로 종교를 강요하지는 않았다고 하면서 이슬람교가 내세우는 중요한 것이 관용이라고 말했다.

무슬림들이 주변 지역을 정복하면서 내세운 것은 '이슬람인가, 더 많은 세금인가, 칼인가' 가운데에서 선택하라는 것이었다. 이슬람으로 개종을 하거나 아니면 조공을 바칠 것인지를 결정하라는 의미였다. 무력을 통해 해결하는 것은 가장 나중 수단이었던 것이다. 이슬람교가 내세운 이러한 방식에 대부분이 조공을 바치기로 하고 자신들이 가진 종교와 자유를 보장받았다고 한다. 또한 비잔틴 제국과 페르시아 제국 사이에 벌어진 끊임없는 전쟁으로 세금 부담이 늘어난 지역은 오히려 이슬람이 제시한 적은 세금을 원했다고 한다.

실제와는 다른 내용이 일반적인 사실로 많은 사람들에게 알려졌던 것은 이슬람교 국가보다 크리스트교 국가들이 세계에서 더 큰 영향력을 행사하며, 자신들 영향력이 미치는 국가들에는 자신들 입장만을 내세워 전달했기 때문이다.

해석하기 '한 손에 칼, 한 손에 꾸란'이라는 말이 널리 알려지게 된 까닭은 무엇일까요?

해석 2 이슬람 제국이 빠르게 성장할 수 있었던 까닭은?

이슬람교는 만들어진지 약 100여 년 만에 중앙아시아와 서아시아, 북부아프리카, 인도, 이베리아 반도 등에 이르는 대제국을 건설하였다. 그들이 짧은 시간 안에 빠르게 성장할 수 있었던 까닭은 무엇일까?

첫째, 비잔틴 제국과 페르시아 제국 등이 오랜 전쟁으로 약해졌기 때문이다. 비잔틴과 페르시아가 약해진 틈을 타 세력을 키울 수 있었고, 상인들이 안전한 교역로를 원해서 이들을 후원했기 때문이다.

둘째, 이슬람교가 가지고 있는 종교 특징 때문이다. 이슬람교는 인종, 신분, 계급 등에 관계없이 모든 무슬림은 알라 앞에 평등하다는 것이 기본 교리이다. 그래서 정복한 지역 주민들에게도 이슬람교를 믿을 수 있도록 허용했고, 아바스 왕조에 와서는 아랍인이 아니어도 무슬림이면 관리가 될 수 있는 길을 열어주었다. 그래서 이슬람이라는 이름 아래 모두가 모일 수 있었기 때문이다.

셋째, 세금 제도 때문이다. 이슬람 제국이 정복한 지역에 부과한 세금은 이전에 부담하는 세금보다 가벼웠다. 이슬람이 오기 전 그 지역을 다스리던 사람들은 자신들이 필요할 때에 마음대로 세금을 매기고 걷었지만, 이슬람 제국에서는 정해진 원칙에 따라 세금을 걷었다. 그래서 정복 지역 주민들로부터 오히려 환영을 받았다.

해석하기 이슬람 제국이 빠르게 성장할 수 있었던 까닭은 무엇일까요?

그 무렵 우리나라에서는 **698년 발해가 건국되다**

고구려가 멸망하고 난 뒤, 만주 지역에 흩어져 있던 고구려 유민들이 대조영을 중심으로 뭉쳐 발해를 건국했다. 만주와 한반도 북부를 중심으로 세워진 발해는 당나라가 내분으로 혼란한 것을 이용하여 말갈족과 힘을 합쳐 나라를 세운 것이다. 당나라는 어렵게 고구려를 무너뜨리고 차지한 지역에 다시 고구려 유민들이 나라를 세우자, 인정하지 않다가 발해가 힘이 점점 강해지는 것을 보고 사절을 보내 정식 국가로 인정하였다. 당나라와 고구려 문화를 동시에 받아들였으며, 고구려를 이어 만주 지역에서 우리 역사를 이어갔다.

역사토론

왜 이슬람교는 '한 손에 칼, 한 손에 꾸란'이라는 이미지로 우리에게 알려졌을까?

토론 내용 이슬람교가 가진 보통 이미지로 알려진 '한 손에 칼, 한 손에 꾸란' 이라는 말은 사실이 아니라는 것이 드러났다. 왜 우리나라에는 이슬람이 이런 이미지로 알려지게 되었을까?

토론 1 이슬람 국가들과 교류가 없었기 때문이다.

삼국 시대부터 조선 시대까지 이슬람 상인들과 교역이 있었으나, 일제강점기에서 해방을 하고나서부터는 이 지역 사람들과 거의 교류가 없었기 때문에 이슬람교에 대해 알 수 있는 기회가 부족했다.

토론 2 미국이나 유럽 국가들 입장만 받아들였기 때문이다.

해방이 되고 대한민국 정부가 수립되고 나서 미국이나 유럽 국가들 영향을 많이 받았다. 그들을 배우고 따라잡으려는 노력이 앞서면서 다른 지역에 대한 관심이 별로 없었고, 미국이나 유럽 국가들이 내세우는 관점은 대부분 옳은 것이라 여기고 받아들였기 때문이다.

토론 3 이슬람교 신자가 거의 없기 때문이다.

현재 우리나라에 이슬람교를 믿는 사람은 3만 5천 명 정도 된다고 한다. 이 숫자는 크리스트교나 불교에 비해 적은 숫자이기 때문에 많은 사람이 관심을 가지지 않고 있다. 그래서 다른 종교에서 이슬람교를 평가한 것을 사실처럼 받아들였기 때문이다.

토론 4 이슬람을 공부하는 사람이 거의 없기 때문이다.

대학에 개설된 이슬람 관련 학과도 별로 없고, 미국이나 유럽으로 유학 가는 사람들에 비해 이 지역으로 공부하러 가는 사람은 별로 없다. 그래서 잘못된 내용으로 책을 내더라도 잘못 되었는지 알기가 쉽지 않았기 때문이다.

토론하기

왜 이슬람교가 '한 손에 칼, 한 손에 꾸란'이라는 이미지로 알려지게 되었을까요? 자기 생각을 밝히고, 그 까닭을 쓰세요.

역사에 비추어 보는 세계

🍀 **다음 글을 읽고, 물음에 대한 생각을 써 보세요.**

➡ 이슬람 제국으로 하나가 되었던 나라들이 지금은 각각 다른 나라가 되었지만, 그러한 전통들을 어떻게 이어가고 있는지를 생각해 봅시다.

나라 이름과 국기에 담긴 이슬람 전통

나라 이름이 '~스탄'으로 끝나는 국가는 모두 이슬람교를 나라 종교로 삼고 있는 국가들이다. 파키스탄, 카자흐스탄, 우즈베키스탄, 아프가니스탄, 키르기스스탄 등이다. '~스탄'은 누구누구의 땅이라는 뜻으로 '투르크인의 땅'이라는 투르키스탄에서 나온 이름들이다.

그리고 우즈베키스탄, 파키스탄, 터키, 알제리, 말레이시아 등 이슬람 국가에는 이들이 사용하는 국기에 별을 안고 있는 초승달 모양이 있다. 이 초승달은 무함마드가 메카를 떠나 메디나로 옮겨가던 헤지라 때 밤하늘에 뜬 초승달을 상징한다. 서기 622년 7월 16일에 일어난 일이다. 이슬람교에서는 이날을 이슬람력 1월 1일로 삼았는데, 이슬람력은 태음력을 기준으로 하고 있기 때문에 새로운 달이 시작될 때에는 초승달이 뜬다. 이것이 바탕이 되어 국기에 초승달 모양이 들어가게 되었다.

우즈베키스탄　　파키스탄　　터키　　알제리　　말레이시아

초승달을 국기에 사용하지 않는 이슬람 국가에도 초록색, 흰색, 붉은색, 검은색 등 네 가지 색에서만 선택해 국기를 만든다고 한다. 초록색은 번영을, 흰색은 정통 칼리프 시대를, 검은색은 아바스 왕조를, 붉은색은 아랍 민족 사이 혈연을 상징한다고 한다. 사우디아라비아, 이라크, 인도네시아, 아프가니스탄 국기 등에서 이러한 특징을 확인할 수 있다.

사우디아라비아　　이라크　　인도네시아　　아프가니스탄

나라 이름과 국기 등에서도 오늘날까지 이슬람교 국가들 사이에 유대감이 형성되어 이어져 오고 있다는 것을 알 수 있다.

생각 열기

이슬람교 국가들이 오늘날까지 유대 관계를 이어오고 있다는 것을 어떤 식으로 표현하고 있나요?

논술 한 단계

학습 목표 논리 펼치기 04
학습 내용 종교 문화 비교

> 예문 1 과 예문 2 는 이슬람교와 불교에서 행하는 예배 방법입니다. 예문을 읽고 두 종교가 하는 예배에 대해 비교·대조해 보고, 이를 통해 사람들이 얻고자 하는 것이 무엇인지 자기 생각을 쓰세요.

예문 1 이슬람교 예배

이슬람교 예배는 아랍어로 '살라트'라고 부른다. 예배는 인간이 신을 직접 만나는 시간으로 새벽, 정오, 오후, 저녁, 밤 예배 등 하루 다섯 번으로 메카를 향해 기도한다. 시간은 대략 10분 가량이며 예배 전에는 반드시 몸 일부분이나 전체를 씻고 깨끗한 몸과 마음으로 해야 한다.

매주 금요일은 무슬림들이 한 자리에 모여 합동예배를 한다. 모든 무슬림들이 모스크에 모여 신분이나 지위, 재산 정도에 차이를 두지 않는 예배를 통해 평등과 우애와 사랑이 진정한 행복임을 깨닫는다.

크리스트교에서 행하는 안식일처럼 특별한 날이 정해져 있지 않고, 목사와 같이 예배를 이끄는 사람도 없다. 똑바로 서서 두 팔을 배꼽 위에 포개고 《꾸란》에 나오는 주기도문을 외운 다음 바닥에 엎드려 이마와 코를 땅에 닿게 하는 절을 반복한다.

예문 2 불교 예배

불교에서 하는 예배는 '예불'과 '법회'로 나뉘어진다. 예불은 스님들이 매일 새벽과 저녁에 올리는 것이다. 물론 일반 신자들도 자유롭게 참여할 수 있다. 하지만 새벽 예불은 보통 4시에 이루어지기 때문에 일반 신자들은 신자들이 정기적으로 모이는 법회에 주로 참석한다. 법회는 매일 아침 9시에서 11시 사이에 이루어지며, 매주 수요일 9시부터 11시는 주간 정기법회이다.

매월 음력 1일과 15일에 이루어지는 인등법회, 지장법회 등이 있다. 그리고 '부처님 오신 날'이나 특별한 행사를 앞두고 기도를 시작하는 입재일, 기도가 끝나는 회향일 등이 있다.

큰스님들이 이야기 하는 법문을 듣고 불상을 보고 절을 하는데, 절을 하는 횟수는 날짜에 따라 다르다. 고민, 번뇌, 욕망 등을 다스리고, 편한 마음을 찾고 바른 덕을 쌓고 무엇인가가 이루어지기를 기원한다.

1. 예문 1과 예문 2에 대한 비교와 대조

	예문 1	예문 2
대조	(1) 하루에 다섯 번 예배를 드린다. (2) (3)	(1) 하루에 한 번 내지 두 번 드린다. (2) (3)
비교	(1) 이슬람교와 불교 모두 일정한 시간을 정해 예배를 드린다. (2)	

2. 이슬람교나 불교 모두 예배가 행해집니다. 크리스트교 역시 마찬가지입니다. 사람들이 예배를 통해 얻고자 하는 것이 무엇인지 자기 생각을 쓰세요.

05

프랑크 왕국과 카롤루스 대제

역사 연대기
486년 | 메로빙거 왕조가 건국됨.
732년 | 카롤루스 마르텔이 푸아티에 전투에서 이슬람 세력을 물리침.
751년 | 카롤링거 왕조가 시작됨.
756년 | 교황이 지배하는 교황령이 탄생함.
843년 | 프랑크 왕국이 세 나라로 분열됨.

학습 목표
1. 프랑크 왕국 성립 과정을 알 수 있다.
2. 프랑크 왕국이 발전한 까닭을 알 수 있다.
3. 카롤루스 대제가 했던 일에 대해 알 수 있다.
4. 종교가 프랑크 왕국에 준 영향을 알 수 있다.
5. 프랑크 왕국이 분열한 까닭에 대해 알 수 있다.
6. 상속 문화에 대한 글을 요약할 수 있다.

심화 학습
도서 읽기 • 얼굴 없는 수도사
 (파비안 렝크 지음/창해미스토리문고)
• 카롤루스 대제는 유명한 학자
 (나디아 웨트리/이경혜 옮김/문학과 지성사)

베르됭 조약에 의한 프랑크 왕국의 분열

― 메르센 조약에 의한 경계
- - 베르됭 조약에 의한 경계

역사탐구

탐구 1 프랑크 왕국 성립

게르만 민족 가운데 가장 강력했던 프랑크족은 오늘날 벨기에와 프랑스 북부에 자리를 잡았다. '프랑크'란 말은 원래 '강인한 사람'을 뜻했는데, 나중에는 '자유로운 사람'이란 뜻으로도 사용되었고, 프랑스라는 나라 이름도 프랑크에서 비롯되었다.

486년, 지도자 클로비스는 할아버지 이름인 '메로비치'를 따서 메로빙거 왕조를 세우고 나라 기틀을 다지기 시작했다. 그는 주변에 10여 개로 나뉘어져 있던 영토와 부족들을 모두 정복하고, 갈리아 남부에 있는 서고트족 왕국까지 차지하면서 프랑크 왕국을 통일시켰다.

497년, 클로비스는 게르만족들 가운데에서 처음으로 크리스트교로 종교를 바꾼 왕이 되었다. 그 첫 번째 이유는 정복한 갈리아 지역 사람들이 크리스트교를 믿고 있었으므로 같은 크리스트교인이 되면 그들을 자기편으로 끌어들일 수 있기 때문이었다. 두 번째 이유는 아내인 클로틸데가 크리스트교를 믿으면서 그에게 항상 크리스트교인이 될 것을 권했기 때문이었다. 클로비스는 아내에게 '하나님이 나를 전투에서 승리하게 한다면 크리스트교를 믿겠다'라고 말했다. 그가 바라던 대로 톨비악 전투에서 승리하면서 라인 강 유역을 새로 얻게 되자 그는 감사하는 표시로 크리스트교를 믿고 세례도 받게 되었다. 그 뒤 계속되는 전쟁에서 이기자 신이 도와서 그렇게 되었다고 여긴 부하들도 크리스트교를 믿기 시작하였다. 그러자 갈리아 주민들도 크리스트교를 믿는 프랑크 왕국을 적극 도와주었다. 이렇게 게르만 전통을 지닌 프랑크족과 로마 문화가 남아 있는 갈리아 사람들이 함께 살기 시작하면서 두 문화가 합쳐지게 되었다.

> **궁재** 프랑크 왕국 최고 지위이며 왕궁 관리자를 말한다.

클로비스가 죽은 뒤, 왕국은 프랑크족이 지닌 오랜 관습, 즉 나라 땅을 아들들에게 분배하는 방법인 '분할 상속제'에 따라 네 아들에게 나뉘어졌다. 얼마 동안은 왕국에 안정이 지속되는 듯했지만, 어린 국왕이 나라를 다스리게 되자 왕실은 힘이 점점 약해져갔다. 강력한 힘을 쥐지 못하였던 메로빙거 왕조 왕들은 신하들이 시키는 대로만 하는 이름뿐인 왕이었다. 나라를 실제로 다스렸던 사람은 귀족 세력으로 왕실 최고 권력을 가지고 있는 궁재들이었다. 그들은 왕과 같은 권력을 휘둘렀다. 특히 궁재가 여러 차례 나왔던 카롤루스 가문이 강력한 군사력을 바탕으로 세력을 키워나갔다. 결국 밖으로는 전쟁을 치르고, 안으로는 왕위 계승을 둘러싼 다툼으로 프랑크 왕국은 나라를 세우지 못했다.

탐구하기 메로빙거 왕조를 시작한 클로비스 왕이 크리스트교를 받아들였던 배경은 무엇일까요?

탐구 2 카롤링거 왕조

732년, 카롤루스 마르텔은 피레네 산맥을 넘어 프랑크 왕국을 공격해 오던 이슬람 군을 투르 푸아티에 전투에서 크게 물리쳤다. 그 결과 이슬람 세력으로부터 프랑크 왕국과 크리스트교를 지켜낼 수 있었다. 그는 승리를 이끈 군사들에게 땅을 나누어 주고 충성을 맹세하는 기사단을 만들었으며, 이는 훗날 중세 '봉건 제도'가 만들어지는 바탕이 되기도 하였다.

크리스트교 세력 가운데 가장 큰 힘을 얻은 카롤루스 마르텔은 메로빙거 왕조가 막을 내리고 카롤링거 왕조가 시작되는 계기를 마련하였다.

751년, 카롤루스 마르텔이 죽은 후, 아들 피핀은 최고 권력을 가진 궁재 자리를 이어받아 흐트러진 교회 조직을 정리하고, 성직자 규율도 엄격하게 관리하는 등 정치에 참여해 나갔다. 하지만 시간이 지나자, 피핀은 이름뿐인 메로빙거 왕조를 위해 더 이상 일하고 싶지 않았다. 그래서 로마 교황에게 보내는 편지에 "왕관만 썼을 뿐, 힘이 없는 왕을 계속 모시는 일이 과연 현명한 일입니까?"라고 질문하였다. 이에 교황은 힘없는 사람보다는 힘 있는 사람이 왕이 되는 것이 자신에게 더 이익이 될 것이라는 생각에 왕위를 허락하는 대답을 보냈다.

결국 피핀은 귀족들을 설득해 메로빙거 왕조 마지막 왕인 힐데리히 3세를 수도원에 가두고 로마 교황청 대주교와 성직자 몇 명을 모아놓고 왕이 되었음을 알리는 대관식을 치렀다. 이로써 카롤링거 왕조가 시작되었다.

왕이 된 피핀은 크리스트교가 널리 보급될 수 있는 기초를 준비하였고, 이교도들을 상대로 더 활발한 정복 전쟁을 해나갔다. 그 무렵 로마는 북부 이탈리아를 지배하던 롬바르드족이 로마 교회를 위협하고 있었다. 이에 교황은 롬바르드족을 막아내고, 비잔티움으로부터 벗어나기 위해 피핀이 가지고 있는 강력한 군사력을 요청하였다.

756년, 피핀은 지난 날 교황 은혜에 보답하기 위하여 군사를 보내 롬바르드족을 쫓아낸 뒤 정복한 땅 가운데 이탈리아 중부 지방을 교황에게 바쳤다. 이렇게 해서 교황이 다스리는 땅인 교황령이 생겨나게 되었다. 결국 교황은 프랑크 왕으로부터 도움을 받아 동로마 황제로부터 독립할 수 있었다. 그리고 프랑크 왕국은 크리스트교가 지중해와 남부 유럽을 넘어, 지금에 폴란드와 헝가리가 있는 동유럽 지역까지 퍼져 나가는 기틀을 마련하였다.

탐구하기 피핀이 왕위에 오르고 교황 은혜에 보답하기 위해 한 일은 무엇인가요?

탐구 3 서로마 황제가 된 카롤루스 대제

피핀이 죽고, 카롤루스 대제가 프랑크 국왕이 되었다. 카롤루스 대제는 지혜와 용기를 갖추었으며, 프랑스 나머지 지방을 정복하고, 오늘날 독일, 이탈리아, 네덜란드에 해당하는 지역을 차지하였다. 카롤루스는 정복한 지역 사람들에게 크리스트교를 믿게 하였다. 그리고 프랑크 왕국에 법률을 널리 알리면서 질서를 바로 잡고 농업을 장려하여 가난한 사람들이 잘 살 수 있도록 만들어 나갔다.

영토를 넓혀가고 있을 무렵, 로마 교황이었던 레오 3세는 로마 귀족 가문들과 심한 갈등을 겪고 있었고, 비잔티움 제국과도 사이가 좋지 않았다. 위기에 빠진 로마교황은 800년, 카롤루스 대제에게 도움을 요청했다. 카롤루스 대제는 군대를 보내 교황을 도왔으며, 이탈리아 지역 질서를 되찾기 위해 직접 로마를 방문했다. 크리스마스 날, 교황은 성 베드로 성당에서 카롤루스 대제에게 황제가 되는 의식을 치루고, 그에게 황제 관을 씌워 주면서 백성들과 함께 신이 임명한 서로마 제국 황제로 인정하였다. 이로써 로마 교회와 게르만족이 서유럽 사회를 이끌어가는 중심이 되었다. 그리고 로마 문화와 크리스트교 속에 게르만 문화가 어우러진 새로운 세계가 생겨나게 되었다.

카롤루스 대제는 강력한 제국을 만들기 위해 법전과 재판 제도를 정비하였다. 그리고 문화와 교육을 발전시키기 위해서 궁정 학교를 세워, 라틴어와 그리스·로마 문화를 익히게 하는 한편 왕실 도서관을 만들기도 했다. 또 궁정을 정치와 행정 중심지뿐만 아니라 교육 중심지로 만들겠다는 생각으로 해외에서 유명한 학자들을 불러들였다. 메로빙거 사회에서 머리와 수염을 기르는 게 유행이었으나, 카롤루스가 단발머리를 하고 수염을 단정하게 하자, 사람들은 모두 그를 따라했다. 카롤루스 대제 영향이 점차 사회에 퍼져 나갔다. 이 시기를 '카롤링거 르네상스' 시대라 부르며, 프랑크 왕국 최대 전성기라고 한다.

탐구하기

카롤루스 대제가 부흥시킨 '카롤링거 르네상스' 시기에 프랑크 왕국은 어떻게 변화되었을까요?

그 무렵 우리나라에서는 신라, 삼국을 통일하다

한반도에 세워진 고구려, 신라, 백제는 저마다 영토를 넓히기 위해 전쟁을 벌였고, 6세기 후반에는 신라가 한강 유역을 차지하였다. 신라는 백제가 쳐들어 올 것에 대비해 고구려에게 도와 달라고 했지만 죽령 이북 땅을 돌려 달라며 거절하였다. 그러자 신라는 당나라와 손을 잡고 백제를 멸망시킨 다음 고구려도 무너뜨렸다. 그런 다음 당나라 군대를 몰아내고 삼국 통일을 이루었다.

해석 프랑크 왕국이 분열하게 된 까닭은?

프랑크 왕국은 게르만족들이 세운 여러 나라들 가운데 가장 오랫동안 유지되었던 나라였다. 카롤루스 대제 때에는 서유럽 땅을 거의 차지하면서 전성기를 누리기도 하였다. 하지만 814년, 그가 죽자 왕국은 분열되었다.

프랑크 왕국이 분열하게 된 이유

첫째, '분할 상속제'로 인한 혼란 때문이었다.

분할 상속은 부족 단위였을 때에는 알맞았지만, 왕국일 경우에는 나라가 나누어지고 왕권도 같이 약해진다. 카롤루스 대제가 죽은 뒤로 왕국은 분할 상속제에 따라 손자 세 명에게 나누어졌다. 권력이 갈라지자 서로 불만을 품고 싸우는 일이 계속되었고, 843년에는 베르됭 조약에 의해 동프랑크, 중프랑크, 서프랑크로 나누었다. 그러다가 중프랑크를 다스렸던 맏형이 죽은 뒤, 두 동생은 더 많은 땅을 가지려고 다투었다. 870년에는 메르센 조약을 맺어 맏형이 차지했던 땅을 조금씩 나누어가졌는데, 이렇게 나뉜 영토는 오늘날 프랑스, 이탈리아, 독일을 이루는 바탕이 되었다. 분할 상속제는 프랑크 왕국이 분열되는 가장 큰 원인이 되었다.

둘째, 프랑크 왕국은 나라 이름도 없었고, 여러 부족으로 구성되어 있었다.

프랑크 왕국은 프랑크 족이 세운 왕국이라는 뜻으로 나중에 붙여진 이름이다. 그 때에는 나라를 다스렸던 왕 이름을 따서 메로빙거 왕조나 카롤루스 왕조라고 하였다. 또한 프랑크 제국 자체가 여러 부족으로 구성되어 있었기 때문에 강력한 왕, 카롤루스가 살아있을 때에는 모두 충성하였지만, 카롤루스가 죽자 각 부족들은 그 중심적 역할을 하는 사람을 잃게 되어 분열하게 되었다.

셋째, 프랑크 주변 나라가 자주 침입해 왔다.

카롤루스 대제가 죽고 프랑크 왕국이 혼란스러워지자 북쪽에서는 노르만족이, 동쪽에서는 마자르 족이, 서남쪽에서는 이슬람 인들이 침입하였다. 결국 나라 안과 밖에서 일어난 혼란 때문에 분열이 일어나기 시작하였다. 이렇게 해서 카롤루스 대제가 이루어 놓은 프랑크 왕국 전성기는 끝나고 말았다.

해석하기 프랑크 왕국이 분열하게 된 원인은 무엇일까요?

역사토론

프랑크 왕국이 다른 게르만 국가와 달리 오래 발전할 수 있었던 가장 큰 까닭은 무엇일까?

토론 내용 4세기 말에 게르만족이 대이동을 시작하면서 로마 영토 안에 게르만 왕국들이 세워졌다. 그 중에서 프랑크족이 세운 프랑크 왕국은 서유럽에서 가장 강력한 힘을 가진 나라로 발전해 나갔다. 다른 왕국들이 잦은 내란과 침략으로 멸망해 갈 때 프랑크 왕국이 오랫동안 발전할 수 있었던 까닭은 무엇일까?

토론 1 프랑크 왕국이 로마 사람들을 융합하고 통치했기 때문이다.

프랑크 왕국은 로마 제국 땅이었던 갈리아 지방에서 라틴 문화를 쉽게 받아들일 수 있었다. 다른 지역에서 온 동고트족이나 반달족은 로마 시민과 싸우고 약탈하였다. 그러나 프랑크족이 살았던 갈리아 지방은 로마 제국 이전부터 같이 섞여 살았기 때문에 자연스럽게 로마 사람들과 하나가 될 수 있었다.

토론 2 프랑크 왕국은 짧은 거리를 움직여서 건설했기 때문이다.

4세기 이후 게르만족은 대부분 멀리 이동을 하였다. 서고트, 동고트, 반달 왕국은 멀리 떨어진 곳으로 이동하여 국가를 세웠다. 그리고 그곳에 살던 원주민들과 끝없는 다툼을 계속해야 했다. 그러나 프랑크 왕국은 유럽 중심지인 갈리아 지방에서 이동하지 않고, 그곳을 중심으로 영토를 넓혀가며 발전했다.

토론 3 종교를 바꾸면서 로마와 융합해 나갔기 때문이다.

원시 종교를 믿었던 프랑크 왕국이 크리스트교로 종교를 바꾼 것은 세력을 키워나가는 데 가장 큰 힘이 되었다. 크리스트교로 바꾸자 정복한 땅에 사는 사람들과 종교 때문에 다투는 일이 없었다. 교황은 로마 교회를 지켜줄 수 있는 강력한 실력자가 필요했다. 그래서 카롤루스를 서로마 황제로 인정하는 대관식을 가졌다. 그 힘으로 카롤루스 대제는 더 강력한 나라를 만들 수 있었다.

토론하기

프랑크 왕국이 빠르게 세력을 키워나가면서 발전할 수 있었던 까닭은 무엇일까요? 자기 생각을 밝히고 그 까닭을 쓰세요.

역사에 비추어 보는 세계

🌸 **다음 글을 읽고, 물음에 대한 생각을 써 보세요.**

➡ 카롤루스가 막강한 권력으로 대제국을 이룩했지만, 프랑크 왕국 문화 수준은 낮은 상태였고, 카롤루스 대제 또한 글자를 모르는 문맹이었습니다. 그는 읽기를 가르치기 위한 학교를 설립하고, 라틴어를 서유럽 전체 공용어 및 외교 언어로 정착시켰습니다. 요즘 중국에서도 문맹퇴치 운동을 벌이고 있는데, 중국이 문맹퇴치를 위해 어떤 노력을 했는지 다음 글을 읽고 생각해 봅시다.

중국 '문맹퇴치 운동'

2000년 중국이 발표한 인구조사에 따르면 15세 이상 문맹 인구는 6.7퍼센트이었다고 한다. 그나마 1990년도 보다 많이 낮아진 수치라고 했다.

중국 문맹 인구 특징은 90퍼센트가 농촌이고, 그 중에 여성이 대부분이라고 한다. 특히 중국 서부 내륙지역은 기초 교육이 없는 상태이며, 가난에서 벗어나지 못하고 배움을 포기하는 학생들이 늘어나고 있다고 했다. 인구 정책 이후 자녀 교육에 관심이 늘어나고 있지만, 가난한 지역은 여전히 기본 교육조차도 받기 어려운 현실이었다. 그래서 중국 정부는 국가 경쟁력을 높이기 위해 '문맹퇴치 운동'을 확대 실시했다.

주요 정책은 9년 의무교육 제도를 적극적으로 지원하고 농촌지역에는 성인들을 대상으로 기술교육을 실시하며, 특히 소수민족이 살고 있는 지역은 '문맹퇴치'를 한층 강화하였다.

그 성과로 유엔 교육 과학 문화 기구는 중국 윈난성이 문맹률을 줄인 것을 표창하기 위해 2006년 국제 문맹퇴치 상을 수여했다. 윈난성 교육청장은 수상 소감에서 "다민족이 모여 사는 가난한 지역이지만 문맹퇴치를 통해서 생활에 잘못된 것이나 부족한 것을 바로 잡아, 발전할 수 있었다."고 말했다. 또, 2008년 9월 중국 전국인민대표대회 상임위원회 부위원장 천즈리는 뉴욕에서 열린 '백악관 세계 문맹퇴치 회의'에 참석해 중국 초등학교 취학연령 아동 입학률은 99퍼센트 이상이며 중학교 진학률도 97퍼센트에 달한다고 밝혔다. 천즈리는 "문맹퇴치는 교육에서만 중요한 것이 아니라 국민 생활을 개선하고 공평한 사회를 이루는 중요한 수단이 된다."고 말했다.

중국 정부는 계속해서 문맹퇴치를 국가 기초 정책 목표로 여기고 끝까지 노력하여 문맹인구를 낮추겠다고 했다.

생각 열기

문맹은 일상생활에서 필요한 문장을 읽지 못하거나 쓰지 못하는 상태를 말합니다. 중국이 문맹퇴치 운동을 위해 어떻게 노력했는지 알아보고, 문맹퇴치가 나라 발전에 어떤 영향을 주었는지 써 보세요.

논술 한 단계

학습 목표 논리 펼치기 05
학습 내용 상속 문화의 장단점

예문 1 은 민담에 나오는 이야기로 아버지가 물려준 유물을 잘 활용하여 부자가 된 내용입니다. **예문 2** 는 프랑크 왕국이 '분할 상속제'로 인해 나라가 분열하는 과정입니다. 유산 상속에 따른 결과에 대해 자기 생각을 쓰세요.

예문 1 아버지가 남긴 유물

옛날 가난한 아버지가 숨을 거두면서 세 아들에게 보잘 것 없는 유물을 남겨주었다. 큰아들에게는 맷돌을, 둘째 아들에게는 표주박과 대나무 지팡이, 그리고 막내아들한테는 장구를 물려주었다. 아버지 장례를 치른 뒤 세 형제는 다시 만날 것을 약속하고 각각 헤어졌다. 어느 날 밤, 큰아들은 산속에서 도둑을 만났다. 그는 나무 위로 올라가 맷돌로 천둥소리를 내어 도둑이 놀라 달아나게 했다. 놀란 도둑들은 보물과 돈을 놓고 달아났고, 큰아들은 맷돌 덕분에 부자가 되었다. 한편 둘째 아들도 캄캄한 밤에 도깨비를 만났다. 둘째는 대나무 지팡이와 표주박으로 도깨비를 속여서 부잣집 딸과 결혼을 하였다. 막내는 산속에서 장구를 치면 소리에 맞추어 춤을 추는 호랑이를 만났다. 그 호랑이와 함께 다니면서 돈을 벌었고, 얼마 후 임금님에게 호랑이를 팔아서 더 큰 부자가 되었다. 이렇게 해서 세 아들은 모두 부자가 되어 다시 만났다. 그리고 아버지 유물이 보잘 것 없는 물건이었지만, 소중하다는 것을 깨달았다.

— 민담 '아버지의 유물' 중에서

예문 2 분할 상속제

게르만 종족은 전통적으로 자신이 죽을 때 가지고 있는 땅을 자녀들에게 분배해 주는 '분할 상속제'가 있다. 이는 부족 단위일 때는 가지고 있는 땅을 기반으로 주변 지역을 넓게 확장시킬 수 있지만, 왕국이 성립되는 시기일 때는 권력을 차지하기 위한 전쟁이 일어나기도 한다.

클로비스가 죽은 후 통일되었던 왕국이 네 아들에 의해 분열된 것도 이 때문이다. 카롤루스 대제 또한 그 아들에게 영토를 물려주었고, 그 아들은 또 자기 아들 세 명에게 영토를 분할해 주었다. 장남은 황제권과 함께 이탈리아를 포함하는 프랑크 중부를 상속 받았고, 두 형제는 제국에 동부와 서부를 각각 상속받았다. 하지만 얼마 지나지 않아 아들들은 분할 받은 영토에 만족하지 않고 불만을 드러내기 시작했다. 그 무렵 장남이 죽자, 두 형제는 영토를 차지하기 위한 전쟁을 하기 시작했다. 결국 프랑크 중부를 동·서로 나누어 차지하였다. 이렇게 분열된 영토는 결국 카롤루스 손자들 세 명에 의해 독일, 프랑스, 이탈리아로 갈라지고 말았다.

1. 예문 1 과 예문 2 를 요약하여 빈 칸을 채워 보세요.

	예문 1	예문 2
요약	(1) 가난한 아버지는 죽으면서 세 아들에게 분수껏 살아야 한다는 유언과 보잘 것 없는 유물을 나누어 주었다. (2) (3)	(1) 게르만족은 자신이 죽을 때 분할 상속제에 따라서 자녀들에게 영토를 나누어 준다. (2) (3)

2. 예문 1 에서 아버지 유물이 주는 장점을 생각하고 찾아 쓰세요.

3. 예문 2 에서 아버지가 남긴 분할 상속이 주는 단점은 무엇인지 찾아 쓰세요.

4. 예문 1 과 예문 2 에서 우리에게 주는 교훈은 무엇인지 쓰세요.

06

중세 서유럽을 바라보는 눈, 봉건 사회

역사 연대기
9세기 말 | 프랑크 왕국이 분열되고 이민족들 침입이 잦아짐. 노르만족 침입으로 봉건 사회 촉진됨.
10~13세기 | 봉건 사회가 전성기를 누림.
1000년 | 송나라에서 나침반과 화약이 발명됨.
1096년 | 십자군 원정이 시작됨.
1206년 | 칭기즈 칸이 몽골 부족을 통일함.
1299년 | 원나라가 세워짐.

학습 목표
1. 노르만족 침입으로 봉건 사회가 촉진된 것을 알 수 있다.
2. 봉건 제도를 이루는 주종 관계와 장원제에 대해 알 수 있다.
3. 바이킹에 대한 평가를 내릴 수 있다.
4. 오늘날 민족 이동이 일어나는 까닭을 생각해 볼 수 있다.
5. 장원제 변화를 비교해 볼 수 있다.

심화 학습
도서 읽기 • 중세의 성과 봉건주의(고수현 편저/아이세움)
영화 보기 • 기사 윌리엄(2001)

탐구 1 중세 봉건 사회를 앞당긴 노르만족

9세기 말에 카롤루스 대제가 죽자, 프랑크 왕국은 세 나라로 갈라지고 유럽은 점점 약해져갔다. 그런 틈을 타서 북쪽에서는 노르만족, 남쪽으로는 이슬람 세력, 동쪽으로부터는 마자르족 등이 쳐들어 와, 이들에 둘러싸인 서유럽 사회는 큰 위기를 겪게 되었다.

서유럽 사람들에게 가장 큰 피해를 끼친 것은 노르만족이었다. 이들은 영국, 프랑스, 지중해, 러시아를 비롯한 유럽 여러 나라들을 침입하면서 약탈을 하였다. 그리고 유럽 땅을 빼앗아 10~11세기 무렵에는 노르만 왕국, 노르망디 공국, 키예프 공국 같은 새로운 나라를 세우기도 하였다. 이 나라들은 오늘날 영국, 프랑스, 러시아를 이루는 바탕이 되었다.

노르만족은 북부 유럽, 스칸디나비아 반도 쪽에서 살았던 사람들로서 바이킹이라고도 불렸다. 바이킹은 좁은 강을 뜻하는 '바이크'에서 비롯된 말이다. 처음 그들은 농사를 짓고 살았다. 하지만 그들이 살았던 곳은 북쪽이었기 때문에 날씨가 추워서 땅이 거칠었고, 농사짓기가 어려웠다. 인구가 늘고, 먹고 살기 힘들어지자, 따뜻한 땅을 찾아 남쪽에 있는 유럽으로 내려오기 시작하였다.

바이킹은 배를 만들고 조종하는 기술이 뛰어났다. 그 배는 머리와 꼬리 쪽이 높이 휘어 올라가 거친 파도에 잘 견딜 수 있었고, 배 밑이 낮고 매끈했기 때문에 얕은 강에서도 잘 나갈 수 있었다. 그렇기 때문에 바다는 물론 강을 따라 들어가 땅 깊숙한 곳까지 거슬러 올라갈 수 있었다. 그들은 배를 타고 물건을 사고파는 무역을 하기도 했다. 하지만 벌이가 없을 때에는 물건이나 먹을 것을 강제로 빼앗기도 해서 유럽 사람들은 이들을 해적으로 여기며 무서워했다.

이들이 서유럽으로 쳐들어 오기 시작한 것은 8세기 말, 프랑크 왕국 전성기였던 카롤루스 대제 때부터였다. 그 때까지만 해도 그들은 그다지 두려운 존재가 아니었다. 그런데 프랑크 왕국이 분열되고 유럽 여러 나라들이 약해지자, 자주 쳐들어 와 값나가는 물건들을 빼앗고, 사람들을 해치거나 끌고 가서 노예로 팔았다. 그러자 유럽 사람들은 두려움에 떨었고, 사회는 점점 혼란스러워졌다.

강한 군사력을 가지고 있었던 비잔티움 제국은 그들을 물리칠 수 있었지만, 다른 여러 나라들은 그렇지 못했다. 힘 있는 사람들은 성을 쌓고 무기를 갖추어 자기를 보호할 수 있었다. 그러나 힘이 없는 사람들은 힘센 사람들에게 의지하면서 그들 지배 아래 들어갔다. 그러면서 중세 서유럽 사회에 봉건 사회가 시작되었다.

탐구하기 노르만족이 이동을 하자 유럽에는 어떤 일이 일어났나요?

탐구 2 봉건 사회

노르만족 침입으로 시작된 봉건 사회는 8~9세기 무렵 서유럽에서 생겨나, 10~13세기에 전성기를 누렸다. 봉건국가를 대표하는 나라들로는 프랑스, 신성 로마 제국, 영국을 들 수 있다. 중세 봉건 사회에서 세상을 이끌어갔던 것은 봉건 제도였으며, 정신을 다스리는 것은 크리스트교였다. 그리고 사람들은 크게 세 가지 신분으로 나누어졌다. 기도하는 사람인 성직자, 싸우는 사람인 기사, 일하는 사람인 농노였다.

주종 관계로 다스린 봉건 제도

중세에는 왕과 제후를 비롯한 귀족 대부분이 기사였다. 이들은 누가 더 많은 힘과 땅을 가지고 있느냐에 따라 주군인 왕과 제후, 그리고 기사로 나뉘었다. 왕은 제후에게, 제후는 기사에게 땅을 주며 가신으로 삼았다. 그리고 가신들은 자기보다 힘이 약한 기사들을 또 가신으로 삼아 땅을 나누어주기도 하였다. 이렇게 지배층들 사이에 땅을 주고 받으면서 위아래로 신분을 나누어 맺은 것을 주종 관계라고 한다. 여기에서 말하는 주종 관계는 주인과 종으로 이루어진 것이 아니라 같은 귀족들 사이에 신분을 나누어 놓은 것에 지나지 않았다. 가장 높은 자리에는 왕이 있었고, 힘이 강한 기사와 약한 기사들이 주군과 가신이 되어 그 위아래로 이어졌다.

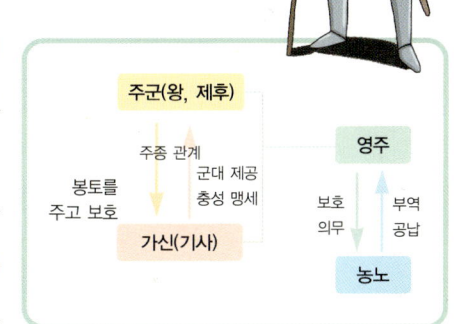

주군과 가신은 서로 의무를 지는 계약 관계였다. 주군은 가신에게 땅을 주고, 그들을 보호하며 생활을 돌보아 줄 책임이 있었다. 그리고 가신은 주군에게 충성을 맹세하고, 전쟁이 일어나면 군대를 보내 주군을 지켜주어야 했다. 그 밖에도 주군이 적에게 잡혔을 때에는 풀려날 수 있도록 몸값을 내야 했고, 주군 큰아들이 기사로 임명될 때나 주군에게 돈이 필요하면 대주어야 했다. 이것을 쌍방이 서로 계약을 맺는다는 뜻으로 쌍무 계약 관계라고 한다. 계약은 어느 한 쪽이 의무를 지키지 않으면 언제든지 깰 수 있었다.

같은 봉건제도라도 중국 주나라 봉건 제도는 왕과 혈연관계에 있는 사람을 제후로 삼아 땅을 주었다. 하지만 중세 유럽 봉건 제도는 계약 관계라는 점이 달랐다. 주나라 제후들은 주군에게 무조건 충성을 바쳐야 했지만, 중세 유럽 제후들은 계약 관계였기 때문에 약속이 깨지면 주군으로부터 언제라도 돌아설 수 있었다.

봉건 사회 살림을 이끌어 간 장원제

장원은 제후들이 지닌 땅으로, 하나 또는 여러 마을로 이루어졌다. 장원에서 일하는 농노들은 땅 주인인 제후를 영주라고 불렀다. 영주는 장원에서 군대를 모을 수 있는 권리, 농노들에 대한 재판이나 세금을 거둬들일 수 있는 권리와 더불어 그 안에서 일어나는 모든 일들을 자기 마음대로 처리할 수 있는 힘을 가졌다. 아무리 나라를 다스리는 왕이라 해도 장원에서 일어나는 일에 대해서는 간섭할 수가 없었다. 그랬기 때문에 중세 봉건 사회는 왕이 강한 힘을 가진 중앙 집권 체제가 아니라 지방에 권력이 나누어졌던 지방 분권 체제였다.

장원은 봉건 사회 살림을 이끌어가는 중요한 역할을 하였다. 그 안에서 사람들은 자신들이 필요한 것을 직접 만들어 쓰는 자급자족 생활을 하였다. 장원에는 영주가 사는 성을 중심으로 교회와 농노들이 사는 집과 방앗간, 대장간 등이 있었다. 그리고 농사짓는 땅, 가축에게 먹일 풀을 키우는 목초지, 숲, 황무지 등이 있었는데, 모두 울타리가 없이 열려있는 것이 특징이었다.

농사 기술이 발달하지 않았던 중세에는 땅을 기름지게 하기 위해 동물로부터 나오는 대소변을 밭에 뿌렸다. 하지만 드넓은 밭에 모두 뿌리기에는 대소변이 턱없이 모자랐다. 그래서 땅을 세 개로 나누어 봄에 농사짓는 춘경지, 가을에 농사짓는 추경지, 그리고 땅을 일구지 않고 한 해를 쉬는 휴경지로 돌려가면서 농사를 지었다. 이런 방법으로 땅기운을 살아나게 하였는데, 이를 삼포제라고 한다.

장원에서 일하던 농노는 자유로운 농민이지만 때로는 주인에게 지배당하는 노예이기도 하였다. 그들은 영주에게 땅을 빌리는 대가로 일주일에 3일은 영주 밭에서 일해야 했고, 닭, 돼지 같은 가축과 버터, 치즈, 옷감 등을 바쳐야 했다. 그리고 장원 안에 있는 방앗간이나 제빵소, 대장간 등을 이용할 때에도 시설 사용료를 냈으며, 그 밖에 결혼할 때는 혼인세, 재산을 물려줄 때는 상속세, 가족 수에 따라 내는 인두세, 죽으면 내는 사망세 같은 많은 세금을 바쳐야했다. 게다가 교회에도 거두어들인 농작물 가운데 1/10을 내야 했기 때문에 농노들은 몹시 어려운 생활을 했다. 하지만 다른 곳으로 이사를 간다거나 직업을 바꿀 수 있는 자유가 없어서 죽을 때까지 힘들게 일해야 했다. 그래서 그들을 '뿔 없는 소'라고 부르기도 하였다.

농노는 집과 농사에 필요한 도구, 겨우 가축 몇 마리 정도에 불과했지만 적은 재산을 가질 수 있었다. 또 결혼을 해서 가정을 꾸릴 수도 있다는 자유가 있었다. 하지만 자신이 살 곳이나 하고 싶은 일을 마음대로 정할 수 없었다는 점에서는 노예와 같았다.

탐구하기 　중세 봉건 제도를 이루는 바탕은 무엇이었을까요?

역사해석

해석 중세 유럽 시대에 기사는 누구나 될 수 있었을까?

'중세의 꽃'이라 불리는 기사는 누구나 될 수 있는 것이 아니었다. 기사들을 상징하는 빠르고 힘찬 말과 갑옷, 그리고 값비싼 칼과 창은 그들이 특별한 계층임을 나타내는 것이었다.

기사는 여러 단계를 거쳐야 될 수 있었다. 귀족 신분으로 태어난 소년들은 일곱 살이 되면 지위가 높은 영주나 친척 영주와 같이 살면서 말을 다루는 기초 훈련을 익혔고, 사람들과 잘 어울릴 수 있는 사교술을 배웠다. 그리고 열네 살이 되면 수습 기사인 종사가 되어 다른 기사에게 무술을 배웠다. 주군이 싸움터에 나갈 때에는 따라가서 녹슬기 쉬운 갑옷이나 무기를 닦았고, 기사가 갑옷을 입거나 벗는 것을 도와주었으며, 주군과 함께 싸우기도 했다. 스물한 살에 이르러서야 비로소 종사에서 정식 기사가 될 수 있었다. 기사가 될 사람들은 영주나 신분이 높은 기사로부터 기사 작위를 받았는데, 보통 칼등으로 어깨를 세 번 두드린 다음 검 띠를 허리에 채워 주었다.

기사가 되면 '주군에게 충성을 다하고 싸움터에서는 용감하게 싸울 것, 나라를 사랑할 것, 목숨을 걸고 교회를 지킬 것, 올바르지 않은 일이나 악에 맞서 싸워 정의를 지킬 것. 여성과 약한 사람을 지킬 것' 등으로 대표되는 기사도를 지켜야 했다.

기사들이 하는 주된 임무는 전쟁이었다. 전쟁이 없을 때에는 사냥이나 '마상 창 경기'를 즐겼다. 마상 창 경기는 갑옷으로 몸을 감싼 기사들이 말을 타고 상대방을 긴 창으로 찔러 떨어뜨릴 때까지 하는 경기였다. 경기에서 이긴 사람은 상대방이 가진 말과 무기, 돈 등을 빼앗아올 수 있었는데, 진 사람이 자기 것을 되찾아오기 위해서는 배상금을 내야 했다. 1대 1로 경기를 하면서 마지막 남은 두 사람이 서로 겨루는 이 시합을 '토너먼트 경기'라고 불렀는데, 오늘날 운동경기에서 하고 있는 토너먼트식 경기는 여기에서 비롯되었다.

해석하기 중세 시대에 기사가 된다는 것은 무엇을 뜻하는 것일까요?

그 무렵 우리나라에서는 고려 시대 신분 제도

고려 시대 신분은 크게 귀족, 중인, 양민, 천민으로 나누어졌다. 귀족은 왕족을 비롯한 5품 이상 지위가 높은 관료들이었고, 중인층은 고려 시대에 새로 생긴 신분이었다. 이들은 대부분 신라 말기와 고려 초기에 지방에서 힘을 키운 호족들로 6품 이하에 해당하는 하급관리나 군인들로 이루어졌다. 양인은 대부분 농사를 짓거나 상공업에 종사하였는데, 흔히 백정이라고 불리었다. 끝으로 가장 신분이 낮은 계층은 천민으로, 노비를 들 수 있다. 노비는 공노비와 사노비로 나누어졌다.

역사토론

노르만족인 바이킹은 해적이었을까?

토론 내용 '해적'이란 배를 타고 다니면서 다른 배나 바닷가에 있는 지역에 쳐들어가서 물건을 빼앗거나 사람에게 피해를 주는 강도를 말한다. 그런데 바이킹이란 말을 들으면 곧 해적이란 말이 떠오를 정도로 둘은 같은 뜻으로 쓰이기도 한다. 오랜 시간에 걸쳐 유럽을 휩쓸고 다녔던 바이킹은 진짜 해적이었을까?

토론 1 그들이 한 행동으로 보아 해적이었다.

배를 만들고 조종하는 기술이 뛰어난 바이킹은 배를 타고 바다는 물론 강을 따라 들어가 땅 깊숙한 곳까지 거슬러 올라갈 수 있었다. 그들은 뛰어난 기술을 이용해 해안선을 따라다니며 바닷가에 있는 집들을 침입해 값나가는 물건들을 빼앗거나 사람들을 다치게 하였고, 때로는 죽이거나 끌고 가서 노예로 팔았다.

토론 2 아니다. 해적이 아니었다.

시간이 지나면서 가족들을 데리고 와 한 곳에 머물며 정착생활을 하면서 장사를 하기도 했다. 그러면서 그곳에 사는 사람들과 어울리며 같이 살았다.

토론 3 아무리 그래도 해적이었다.

이들은 유럽에 있던 수많은 도시들을 약탈했고, 농사지을 땅들을 못쓰게 만들어 사람들이 살아가는 데 많은 어려움을 겪었다. 그렇기 때문에 유럽 사람들은 바이킹이라는 소리만 들어도 두려움에 떨어야했다.

토론 4 그들이 역사에 남긴 발자취를 보면 해적이 아니라는 것을 알 수 있다.

바이킹은 오늘날 영국인 노르만 왕국, 프랑스로 발전하는 노르망디 공국, 러시아를 이루는 발판인 키예프 공국과 노브고로트 공국과 같은 새로운 나라를 세웠다. 그리고 고향인 스칸디나비아 반도를 떠나지 않은 바이킹도 노르웨이, 스웨덴, 덴마크라는 나라를 세웠다. 그렇게 함으로써 유럽은 오늘날과 같은 모습을 갖추게 되었다.

토론하기 바이킹은 해적이었을까요? 자기 생각을 밝히고, 그 까닭을 쓰세요.

역사에 비추어 보는 세계

다음 글을 읽고, 물음에 대한 생각을 써 보세요.

➔ 서양 중세 시대에 민족 대이동을 했던 노르만족처럼 오늘날에도 자기가 살던 나라를 떠나 새로운 곳을 찾아가는 사람들이 있습니다. 물론 중세 사람들처럼 전쟁이나 싸움을 하면서 새로운 땅에 머물게 되는 것은 아닙니다. 오늘날 민족 이동이 일어나는 까닭에 대해 생각해 봅시다.

바다에 잠기는 섬 투발루

투발루는 남태평양 적도 가까이에 있는 작은 섬나라이다. 이 나라는 아홉 개로 이루어진 작은 섬이 좁고 긴 활모양을 하고 있는 아름다운 곳이었다. 그런데 언제부터인가 섬에 바닷물이 차오르면서 조금씩 잠기기 시작하였다. 커다란 파도가 일거나 밀물일 때에는 바닷물이 섬에 들어와, 도로와 건물이 물에 잠기고, 우물과 땅에는 소금기가 스며들었다. 섬에 있는 물이 모두 소금물로 바뀌었고, 밭은 소금밭으로 변하였으며, 사람들은 빗물을 받아먹으면서 생활해야 했다. 그러면서 하나, 둘씩 사람들이 섬을 떠나기 시작하였다. 그러더니 2001년, 투발루 정부는 국토를 포기하겠다고 선언했다.

투발루 섬에 이런 변화가 일어난 까닭은 지구 겉 표면 온도가 점점 올라가는 '지구 온난화' 때문이다. 극지방에 있는 빙하가 녹아 바닷물 높이가 올라가면서 높은 산이 거의 없고, 평지가 많은 투발루는 바닷물에 서서히 잠기고 있다. 아홉 개 섬 가운데 두 개는 이미 물에 잠겨버렸다. 이 상태가 계속되면 수십 년 안에 바다 속으로 사라지게 될 것이라고 한다.

그 때문에 투발루 정부에서는 국민 모두를 가까운 나라로 옮기려는 노력이 한창이다. 투발루 총리는 주변에서 가장 잘 사는 나라인 오스트레일리아에게 더 많은 사람들을 받아달라고 부탁하였다. 하지만 오스트레일리아에서는 단체 이민을 받아들일 수 없다고 하였고, 뉴질랜드에서는 1년에 75명만 이민을 허락했다.

투발루 섬뿐만 아니라 주위에 있는 섬나라인 키리바시, 바누아트, 그리고 인도양에서 이름난 휴양지인 몰디브도 바닷물에 잠기게 될 것이라고 한다. 이 나라 사람들은 어디로 가야 할까?

생각 열기

투발루 사람들이 자기 나라를 떠나야 하는 까닭은 무엇인가요? 투발루에서 일어난 일은 과연 그 나라 사람들만이 고민해야 할 문제일까요?

논술 한 단계

학습 목표 논리 펼치기 06
학습 내용 중세 장원제 변화와 농노 지위 변화 비교

🍭 다음은 중세 장원제에서 농노가 영주에게 바쳤던 지대 변화에 대한 글입니다. 지대란 남이 가진 땅을 빌려서 이용하는 사람이 땅주인에게 내는 대가를 말합니다. 다음 예문을 읽고 지대 종류가 바뀜에 따라 농노에게 어떤 변화가 일어났는지를 비교해 보고 자기 생각을 쓰세요.

예문 1   노동 지대

장원제 초기에는 노동력을 지대로 바쳤다. 농노들은 보통 일주일에 3일 정도는 영주 땅에서 일해야 했고, 다리를 세우거나 길을 만드는 것을 비롯해 영주가 시키는 일을 도맡아 해야 했다. 그랬기 때문에 힘들고 어렵게 살면서도 겨우 먹고 살 정도에 지나지 않은 곡식이나 농사 도구, 가축 몇 마리와 같은 적은 것들만 얻었을 뿐 나머지는 모두 영주 것으로 돌아갔다. 그렇다고 해서 다른 곳으로 이사를 간다거나 하는 일을 바꿀 수 있는 자유도 없어 마치 노예와 같은 생활을 해야 했다.

예문 2   현물 지대

현물 지대란 농노가 영주에게 빌린 땅에서 생산한 농작물이나 가축과 버터, 치즈, 옷감 등을 바치는 방법으로 생산물 지대라고도 한다. 12세기 무렵에는 많은 땅을 새로 개간하여 농사를 지었고, 삼포제와 쟁기를 이용해 땅을 깊게 가는 방법으로 농업 생산력이 늘어났다. 넓어진 땅에서 일할 사람이 부족해지자 영주는 농노들을 함부로 대할 수 없게 되었고, 생산되는 농산물 가운데 정해진 양을 지대로 내게 하였다. 농노는 거둬들인 농산물 가운데 영주에게 내고 남은 것은 자기가 가질 수 있었다. 그러면서 이전보다 나은 생활을 하게 되었고, 또 좀 더 많은 농산물을 가지기 위해 노동 지대를 바칠 때보다 더 열심히 일하였다.

예문 3   화폐 지대

14세기 무렵, 도시에서 상업과 공업이 발달하고 화폐를 사용하는 사람들이 늘어나면서 지대나 세금을 정해진 돈으로 내는 화폐 지대가 나타났다. 화폐가 필요해진 영주는 노동력이나 현물로 받았던 지대를 화폐로 바꾸어 낼 것을 요구하였다. 예를 들면, 호밀 한 가마니를 20만 원이라는 화폐로 바꾸어 내는 것이었는데, 시간이 흘러 호밀 값이 30만 원으로 올라가면 농노는 영주에게 20만 원은 지대로 내고 나머지 10만 원은 자기가 가질 수 있게 되었다. 그러자 농노들도 많은 재산을 모을 수 있게 되었고, 그에 따라 옛날보다 더 나은 대우를 받았다. 어떤 영주들은 화폐를 얻기 위해 돈을 받고 농노를 자유로운 신분으로 풀어주기도 하였다. 이러한 지대 변화로 농노는 더 이상 영주에게 지배당하면서 노동을 하지 않아도 되었고, 자영 농민으로 발전할 수 있는 기회를 가지게 되었다.

1. 예문1 과 예문2 , 예문3 을 비교해 보세요.

구 분	비 교
예문 1	(1) 노동 지대였다. (2) (3)
예문 2	(1) 현물 지대였다. (2) (3)
예문 3	(1) 화폐 지대였다. (2) (3)

2. 장원제는 중세 시대에 살림을 이끌어 나갔던 자급자족 공동체입니다. 예문1 과 같이 영주 땅에서 지배당하면서 일하는 것과 예문2 , 예문3 과 같이 자기 것을 가질 수 있다는 희망을 가지고 일하는 것에는 많은 차이가 있습니다. 농업 중심 사회였던 중세 시대에 예문1 에 해당하는 농노와 예문2 , 예문3 에 해당하는 농노가 땅을 바라보는 마음에는 어떤 차이가 있을까요? 농도의 마음을 표현해 보세요.

예문 1

예문 2

예문 3

3. 여러분이 만약 중세 농노라면 노동 지대, 현물 지대, 화폐 지대 가운데 어느 것을 고를 것인지 쓰고, 왜 그런 선택을 하게 되었는지 자기 생각을 밝히세요.

07 교황권과 황제권 대립

역사 연대기
1077년 | 하인리히 4세가 카노사 성문 앞에서 그레고리우스 7세에게 용서를 구함.
1122년 | 교황 칼릭스투스 2세와 황제 하인리히 5세가 보름스 협약을 맺음.
1309년 무렵 | 로마 교황청을 프랑스 아비뇽으로 이전함.
1378년 무렵 | 두 교황이 로마와 아비뇽에 거주하면서 대분리가 시작됨.
908년 무렵 | 클뤼니 수도원 개혁 운동이 시작됨.

학습 목표
1. 교황과 황제의 권력 다툼에 대해 알 수 있다.
2. 카노사의 굴욕에 대해 알 수 있다.
3. 클뤼닌 수도원 생활과 개혁 운동에 대해 알 수 있다.
4. 아비뇽 유수에 대해 알 수 있다.
5. 교황 선출 과정에 대해 알 수 있다.
6. 권력 다툼에 대해 논리를 펼칠 수 있다.

심화 학습
도서 읽기 • 교황 요한 바오로 2세
(최건호 지음/랜덤하우스코리아)

― 클뤼니 개혁 운동 지역
▇ 로마 가톨릭교의 확대
▨ 그리스 정교의 확대
▇ 이슬람교의 확대
● 대주교구
● 수도원

탐구 1 황제가 교황에게 무릎을 꿇다

9세기 이후에 이민족들이 자주 쳐들어 오자, 힘이 없었던 교회는 강력한 힘을 가진 왕이나 제후들에게 보호를 받았다. 이 무렵 성직자를 임명할 수 있었던 것은 왕이나 제후였는데, 그들은 자기에게 도움을 주는 사람을 임명하였다. 그로 인해 자격이 없는 성직자가 늘어나는 등 교회가 점점 타락해 갔다. 1073년, 클뤼니 수도원 출신 그레고리우스 7세가 교황으로 선출되면서 교회 개혁이 시작되었다. 성직을 사고팔거나 성직자가 결혼하는 것을 금지시키는 등 수도원을 중심으로 교회를 바로잡고, 올바른 신앙생활을 추진해 나갔다. 또한 국왕이 성직자를 임명하기 때문에 교회가 부패하고 타락한다고 주장하면서 앞으로는 교황이 모든 성직자를 임명해야 한다고 선언했다. 이것은 이제까지 성직 임명권을 행사하던 왕에 대한 도전이었다.

신성 로마 제국 황제 하인리히 4세는 그러한 교회 움직임에 강력하게 반발했다. 그는 서유럽을 침략한 마자르족을 물리쳐서 큰 공을 세웠고, 그 힘은 이탈리아 교황도 쉽게 바꿀 수 있을 정도였다. 하인리히 4세는 '왕권도 신이 내린 것이므로 교황에게는 권한이 없다'고 대들면서 오히려 교황을 폐위시켜야 한다고 주장했다. 이에 교황은 하인리히 4세를 파문하고 신하들과 제후들에게도 더 이상 황제에게 충성을 바치지 말라고 명령하였다. 이 사실이 알려지자, 신성 로마 제국 영주들은 바로 교황 편에 서서 교황을 적극 지지하고 나섰다. 왜냐하면 황제 권력이 커지는 것을 원하지 않았기 때문이었다.

파문 가톨릭교도의 자격을 빼앗고 교회에서 추방하는 것을 말한다.

하인리히 4세는 자신을 따르던 제후들과 성직자들이 배신하자 크게 당황하였다. 크리스트교 세계에서 파문을 당한다는 것은 곧 황제 자리는 물론 모든 권한을 잃는 것을 뜻하기 때문이었다. 결국 1077년 겨울, 하인리히 4세는 쫓겨나지 않으려고 추운 겨울 알프스를 넘어 북이탈리아 카노사 성으로 교황을 찾아갔다. 그리고 카노사 성문 앞에서 허름한 옷차림에 맨발로 3일 동안 용서를 빌었다. 교황은 마지못해 하인리히 4세를 용서하고 파문을 풀어주었다. 이 사건을 '카노사의 굴욕'이라고 한다. 이 사건을 계기로 황제는 힘이 크게 떨어지게 되었다.

한편 하인리히 4세는 왕위를 되찾았지만, 제후들은 황제로 인정하지 않고 다른 사람을 황제로 뽑았다. 그러자 화가 난 하인리히 4세는 군사를 동원해 반대 세력들을 무찌르고, 그레고리우스를 반대하는 추기경들을 모아 종교회의를 열어 클레멘트 3세를 새로운 교황으로 선출했다. 그리고 로마를 점령한 후 그레고리우스 7세를 내쫓고 자신은 다시 황제 자리를 되찾았다.

탐구하기 교황과 황제가 서로 다투게 된 까닭은 무엇일까요?

탐구 2 임명권 다툼을 보름스 협약으로 끝맺다

교황 그레고리우스 7세가 죽고 난 뒤에도 여전히 각 나라에 왕들은 교황과 성직임명권을 놓고 밀고 당기는 싸움을 계속하였다. 특히 프랑스 왕 필리프는 성직을 돈을 받고 판매하는 것으로 악명이 높았다. 그는 주교직을 팔아 돈을 받고는 당사자를 성직을 돈 주고 샀다고 고발하여 내쫓고, 다시 다른 사람에게 성직을 팔았다. 사실을 알게 된 교황은 필리프 왕을 파문시켰다.

황제와 교황은 해결할 수 있는 방법을 찾다가 결국 1122년, 독일 보름스 세인트피터 성당에서 보름스 협약을 맺어 이 문제를 타협하게 되었다. 결국 성직자에 대한 임명권은 교황이 차지했고, 교회에 대한 황제 권한도 제한하였다. 이로써 주교 선출 기준이 그전보다 훨씬 강화되었고, 교황권 또한 크게 강화되었다.

11세기에서 13세기는 교황이 전성기를 누렸던 시기이다. 특히 13세기에는 교황이 종교뿐만 아니라 나랏일에도 간섭을 하게 되었다. 그래서 인노켄티우스 3세는 '교황은 태양이고, 황제는 그 빛을 받아 반짝이는 달이다' 라는 말까지 했다. 하지만 이탈리아 도시 국가 세력들은 교황을 절대 권력으로 인정하지 않았고, 독일 제후들 또한 국왕 말을 제대로 듣지 않았다. 이 혼란스러운 역사는 독일과 이탈리아를 더욱 분열된 상태로 만들었다.

보름스 협약 주교는 교회 안에서 뽑아야 하며, 주교로 취임하기 전에 먼저 왕에게 신하 서약을 해야 한다. 또 주교에게 내리는 땅은 왕이 직접 한다. 또한 왕은 교회가 주교를 선출할 때 자기 의견을 말할 수 있고 신하 서약을 거부할 수도 있다.

탐구하기

교황과 황제가 임명권 문제로 대립 끝에 해결책으로 맺은 보름스 협약은 어떤 내용인가요?

그 무렵 우리나라에서는 광종, 개혁 정책 펼치다

고려 4대 왕인 광종은 중앙에 집권된 호족들 세력을 약하게 하고, 왕권 강화를 목적으로 노비안검법을 만들었다. 이것은 원래 양민 신분이었지만 전쟁에서 포로가 되거나 빚을 갚지 못해 억울하게 노비가 된 사람들을 다시 양민으로 해방시켜 주는 법이었다. 이 법으로 호족들은 노비를 잃게 되었고, 경제력까지 약해졌다. 또 지방에 인재들을 등용하기 위해 과거제를 시행하여 젊고 능력 있는 관리를 뽑아 국왕에게 충성하게 했다. 왕권에 도전하는 호족이나 공신들은 강력한 벌을 주어 왕권을 강화하였다.

탐구 3 아비뇽 유수

아비뇽 유수란 1309년부터 70여 년 동안 로마 교황청을 프랑스에 있는 도시인 아비뇽으로 옮긴 사건을 말한다. 당시 아비뇽은 프랑스 땅은 아니었지만 프랑스 왕이 세력권을 가지고 있는 도시였다.

이 무렵에 유럽 사회는 십자군 전쟁으로 교황 권한이 땅에 떨어지고 국왕이 큰 힘을 가지고 있었다. 그 힘을 믿고 프랑스 왕 필리프 4세는 교회 재산에 세금을 부과했다. 교황 보니파키우스 8세가 반발하자, 화가 난 필리프 4세는 교황이 가지고 있는 재산과 권한을 모두 빼앗고, 성직자에게 주는 봉급도 정부에서 정해야 한다고 주장했다. 또한 로마 교황 보니파키우스 8세는 이단자이며, 범죄자라면서 교황 자리에서 내쫓아야 한다고 선언하였다. 그리고 교황이 있는 이탈리아 남쪽 아나니로 군대를 보내서 교황을 별장에 3일 동안 가두어 버렸다. 이 사건을 '아나니 사건'이라고 한다.

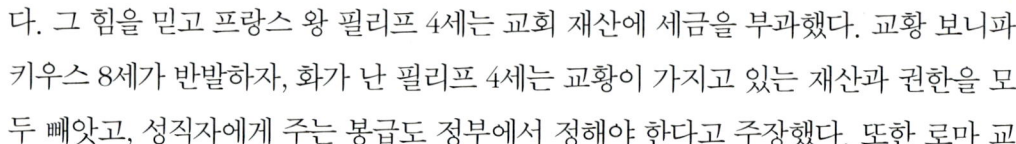
유수 사람을 잡아서 가두다

필리프 4세는 다음 교황으로 클레멘스 5세를 뽑고, 추기경 28명을 대부분 프랑스 사람들로 선출했다. 그리고 로마 가톨릭 교황청을 아비뇽으로 옮겨놓고 간섭하기 시작했다. 클레멘스 5세는 아비뇽 지역을 사들여 파리 왕궁을 모방한 호화스런 교황청을 세웠다. 또 성직자와 백성들에게 무거운 세금을 걷어 들였다. 세금을 내지 못하면 성직자 자격을 뺏고 내쫓았다. 이런 일들은 주교권을 하락시켰고, 교황청에 대한 감정 또한 악화시켰다.

1377년, 그레고리우스 11세 때 교황청이 로마로 돌아오게 되면서 아비뇽 유수는 끝이 났다. 이로써 교황청이 제대로 자리를 잡는 듯했지만, 그레고리우스 11세가 갑자기 죽자, 이탈리아 대주교 우르바누스가 교황으로 선출되었다. 신임 교황 우르바누스는 괴팍한 성품을 가진 인물이었다. 그는 개혁을 한다면서 추기경들을 비난하고 쫓아내기 시작했다. 이러한 태도는 교회를 혼란에 빠트렸다. 위협을 느낀 추기경들은 교황 선거가 공포 분위기에서 치러졌으므로 무효라며 우르바누스는 교황직을 내놓아야 한다고 주장했다. 결국 추기경들은 재선거를 실시하여 프랑스 출신 클레멘스 7세를 교황으로 선출했다. 새 교황 클레멘스 7세는 아비뇽으로 부임했고, 우르바누스는 계속 로마에 남으면서 이때부터 40년간 아비뇽과 로마에 교황 두 명이 동시에 존재하게 되었다. 이들은 서로 자기가 진짜 교황이라고 주장하고, 각자 주교들을 임명하였다. 이로써 가톨릭 교회는 프랑스 세력과 로마 세력으로 나누어지고, 유럽 여러 나라들은 어느 한 쪽을 선택해야 했다. 그 결과 교황권은 몰락하고 교회 권위도 크게 떨어졌다.

탐구하기 교황권이 몰락하고 교회가 분열된 원인은 무엇인가요?

해석 수도원 생활과 클뤼니 개혁 운동

수도원은 수도사나 수녀들이 생활하는 집을 의미한다. 중세 봉건 사회에서 수도원은 병자들을 치료하는 병원이 되었고, 가난하고 장애를 가진 사람들을 돌봐주는 곳이기도 했다. 또 순례자들이 여행하는 도중에 머물러 갈 수 있는 숙소도 되었고, 중요한 수공예품이나 책을 소중히 보관하는 곳이기도 했다.

클뤼니 개혁 908년 경 있었던 최초의 수도원 개혁 운동을 말한다.

수도사들은 성경을 공부하고 기도하는 생활뿐만 아니라, 농사를 짓고, 기술과 지식을 사람들에게 전했다. 농촌은 점차 힘을 얻어 활발해지고 농사와 수공업이 발전해 나갔다. 또 사람들을 가르치기도 하고, 학문을 연구하는 수도사들도 있었다. 이때 기록들은 '성서'로 옮겨 썼는데, 1년이 걸렸지만, 수도사가 해야 할 임무였다. 그 전통은 오늘날까지 이어져 내려온다.

빌헬름 공작은 프랑스 중남부 클뤼니에 수도원을 세우고, 당시에 유명하던 브르노 수도원장을 초빙하였다. 그리고 교황 이외는 누구도 간섭할 수 없도록 했다. 그는 수도사들이 원장을 선출하는 자유를 주었고, 자신이 설립자로서 누릴 수 있었던 권리는 모두 포기하였다. 이 무렵 교회는 부패와 타락으로 혼란스러운 시기였다. 교황권은 떨어졌고, 영주들은 수도원을 이용해 재산을 불리고 권력을 키우고 있었다. 이런 수도원을 개혁하기 위해 베네딕트 수도 규칙을 그대로 지키자는 주장이 나왔다.

베네딕트 수도 규칙은 '성품을 깨끗하게 하여 수도원장 명령이나 의사를 그대로 따르고, 재물에 대한 욕심이 없어야 하며, 수녀들은 여자로서 행실이 곧고, 마음씨가 맑고, 고와야 한다'는 내용이었다. 이 규칙들은 잘 지켜졌고, 개혁이 성공하였다. 이렇게 성공할 수 있었던 까닭은 능력 있는 수도원장들이 부임하였고, 로마 교황이나 봉건 제후에게 믿음을 얻었기 때문이다. 또, 불안한 시대에 사는 사람들이 수도원에 관심을 갖게 되었고, 농민들과 상류계급까지 개혁 운동을 지지하였다. 그 결과 각 지역에 수도원이 세워지면서, 개혁 운동은 점점 확대되어 나가기 시작했다.

클뤼니 수도원은 설립 당시부터 귀족과 대주교 감독에서 벗어나 그들 만의 세계를 쌓아 올렸다. 그레고리우스 7세를 비롯하여 개혁에 열의를 보인 교황이나 주교들 가운데는 이 수도원 출신이 많았다. 그리고 이에 속한 수도원은 급속도로 증가하여 12세기 무렵에는 약 1,500개가 넘었다.

해석하기 클뤼니 수도원이 개혁에 성공할 수 있었던 까닭은 무엇인가요?

역사토론

성직자 임명권은 누가 가져야 옳은가?

토론 내용 '카노사 굴욕' 이후, 성직자 임명권이 교황에게 돌아오게 되었다. 하지만 그 이후에도 교회 지도자 임명권을 둘러싼 교황과 황제 간에 다툼은 끝나지 않았다. 교황과 황제가 그토록 오랫동안 대립했던 성직자 임명권은 누가 가져야 할까?

토론 1 황제가 가져야 한다.

황제에게는 국가를 다스리는 통치권이 중요하다. 황제가 나라를 잘 다스리려면 교회 조직을 잘 이용해야 했다. 왜냐하면 교회 조직은 계급에 따라 질서가 잘 잡혀 있기 때문이었다. 특히 행정 체계가 허술하고 유능한 관리가 없는 나라를 다스리기 위해서는 주교와 수도원장을 임명하는 권한이 황제에게 있어야 한다.

토론 2 교황이 가져야 한다.

황제가 주교와 수도원장을 임명했을 당시는 황제에게 잘 보여서 교회 지도자가 되려는 성직자들이 하느님을 생각하기보다는 황제에게 더 잘 보이려고 애쓰다 보니 교회가 부패했다. 교황이 임명권을 가져야 부패를 막을 수 있다. 또, 성직자는 중요한 직업이었기 때문에 이들을 임명하는 사람은 교황이어야 한다.

토론 3 그래도 황제가 가져야 한다.

그 당시 유럽은 다른 민족들로부터 잦은 침입을 받았다. 힘이 없었던 교황과 성직자들은 황제와 제후들로부터 보호를 받았다. 교회를 보호할 수 있는 힘을 가진 황제에게 당연히 임명권을 주어야 한다.

토론 4 아무리 그래도 교황이 가져야 한다.

만일 왕이나 제후가 법을 어긴다면 심판을 받기 위해 재판정에 서게 될 것이다. 하지만 그 사람이 계속 죄를 짓고 속죄하지 않는다면 신으로부터 심판을 받아야 한다. 교회 지도자 임명권을 황제에게 준다는 것은 교회 자체를 황제에게 맡기는 것과 같고 교황 또한 황제 신하가 되는 것이다. 그렇기 때문에 임명권은 교황이 가져야 한다.

토론하기

교황과 황제 중에서 누가 교회 성직자 임명권을 갖는 게 옳을까요? 자기 생각을 밝히고, 그 까닭을 쓰세요.

역사에 비추어 보는 세계

🌸 **다음 글을 읽고, 물음에 대한 생각을 써 보세요.**

➡ 중세 시대 교황을 선출했던 방식과 오늘날 교황을 선출하는 방법은 어떻게 다를까요? 비교해 보고, 교황이 된 후에 생활 모습에 대해서도 생각해 봅시다.

새 교황이 선출되다

2005년 4월, 로마 교황청 시스티나 성당 굴뚝에서는 새 교황이 선출되었음을 알리는 흰 연기가 피어올랐다. 제265대 교황은 요한 바오로 2세 뒤를 이어 독일 출신 요세프 라징거 추기경이 선출되었고, 베네딕트 16세로 이름을 정했다. 선출된 교황은 전 세계 가톨릭 교회를 대표하여, 세계 평화와 화해를 위해 일한다. 그리고 세계 가톨릭 중심이 되는 나라인 바티칸을 다스리기도 한다.

바티칸 대성당

교황 선출에는 세 가지 방법이 있었다. 첫째 방법은 추기경들이 의견을 모아 새로 교황이 될 사람 이름을 동시에 불렀을 때 교황으로 인정하는 것이고, 둘째 방법은 추기경들 중에서 선거위원을 뽑아 교황 선출을 주도하는 것이다. 셋째 방법은 투표에 의한 결정으로 오늘날에 교황 선거로 이어지고 있으며, 모든 추기경이 비밀회의를 열어 익명으로 투표를 반복하여 3분의 2 이상 찬성표를 얻은 사람을 교황으로 선출하는 것이다.

오늘날 교황 선출은 전임 교황이 스스로 사임하거나 죽었을 때 20일 이내에 선출하게 되며, 이 사실을 전 세계 알린다. 이때 선거 장소는 시스틴 경당으로 하고, 선거 시작부터 교황이 당선되어 공고할 때까지 시스틴 경당은 폐쇄된다. 교황에 지원하는 추기경들은 로마에 도착해 모이는 순간 보이지 않는 선거 운동을 시작한다. 국적이나 출신 등에 관계없이 80살 이하 전 세계 모든 추기경들이 투표에 참석한다. 외부와는 소통이 단절된 채 매일 두 번씩 비공개 투표를 하며, 무조건 추기경 3분의 2 이상 지지를 받아야 한다. 교황이 되면 이름과 국적 및 시민권을 버려야 한다. 일상생활에서 때로는 아주 사소한 것까지 규제를 받으며, 일주일에 한 번씩은 신부에게 자신이 지은 죄를 고백해야 한다. 그러나 가톨릭 교회 전체를 통솔하는 절대 권력을 갖게 된다.

생각 열기

중세와 오늘날 교황 선출 방법에 대해 생각해 보고 또 선출된 교황이 일상 생활에서 규제를 받는 것에 대해 자기 생각을 써 보세요.

논술 한 단계

학습 목표 논리 펼치기 07
학습 내용 권력 다툼의 문제점

🌀 **예문 1** 과 **예문 2** 는 서로 권력을 차지하려는 다툼에 대한 이야기입니다. 권력 다툼에 대해 생각해 보고 자기 생각을 쓰세요.

예문 1 교황과 황제가 다투다

청년으로 성장한 하인리히 4세는 독일 주교 회의에서 교황을 폐위한다고 선언했다. 그동안 성직자 임명권과 수도원 운영을 통해 수입이 있었는데, 그레고리우스 7세가 교황이 되자, '성직자 임명권은 교황에게 있다'고 선언했기 때문이다. 그러자 교황은 황제를 파문하고 퇴위를 선언함으로써 이와 맞섰다. 당시로서는 교황이 파문을 취소하지 않는 한, 황제는 폐위당할 수밖에 없었다. 이에 독일 제후들은 1년 안에 교황에게 파문 취소를 받아내지 못하면 새 황제를 선출하겠다고 통보했다. 졸지에 위기에 처한 하인리히 4세는 교황을 만나기 위해 카노사로 향했다. 그 당시 그레고리우스 7세는 황제 폐위를 선언하기 위해 독일 제후들 회의에 참석하러 가는 길에 친구인 토스카나 백작이 살던 카노사에 머물고 있었다. 하인리히 4세는 알프스 산을 넘어 3일 밤낮을 교황 숙소 앞에서 파문을 철회해 달라고 매달렸다. 결국 황제는 사면 조치를 받았으나, 두 사람의 대립은 끝날 줄 몰랐다.

예문 2 나를 이길 자는 없다

"반장이 그렇게 대단한 거니? 반장이 시키면 무조건 해야 하는 거야?"
나는 서울내기다운 강단으로 힘껏 저항해 보았다. 하지만 반장인 이강해는 내 행동을 무시한 채 아이들을 향해 소리쳤다. "애들아, 너희들이 나세찬한테 말해줄래? 내 말에 복종하지 않으면 무슨 일이 생기는지 말이야." 모든 아이들은 강해 말이라면 꼼짝하지 못하고 절대 복종했다. 강해는 선생님을 대신하여 숙제 검사, 청소 검사는 물론 체벌권도 가지고 있었다. 나는 전학 오기 전, 학교에서 볼 수 없었던 불합리와 폭력에 적응하지 못하고 강해에게 저항했다. 그리고 강해가 가지고 있는 권력에 맞서서, 아이들을 내 편으로 만들어 보려고 떡볶이를 사주고 비싼 학용품을 선물했다. 하지만 강해가 보여준 권력과 폭력 앞에서 아이들은 곧바로 굴복하고 강해 편으로 돌아섰다. 나는 아이들과 점점 어울리지 못하고 온갖 불이익을 당해야 했다. 결국 나는 괴롭고 고단한 생활에서 벗어나기 위해 강해에게 저항을 포기하고 말았다. 그리고 강해 마음에 들기 위해 내가 가장 아끼는 게임기를 선물했고, 그 후로 나는 편안한 학교생활을 할 수 있었다.

1. 예문1 과 예문2 를 요약 정리해 보고, 문제점에 대한 자기 생각을 쓰세요.

	예문 1	예문 2
요약	(1) 그레고리우스 7세가 교황이 되자 '성직자 임명권은 교황에게 있다'고 선언했다. 그러자, 성직자 임명권을 뺏기지 않으려는 하인리히 4세는 독일 주교 회의에서 교황을 폐위한다고 선언했다. (2) (3)	(1) 반장인 이강해는 선생님을 대신해서 숙제 검사, 청소 검사는 물론 체벌권까지 가지고 있다. 아이들은 반장 말이라면 절대 복종했다. (2) (3)

2. 예문1 과 예문2 에서 권력에 맞서기 위해 저항하는 행동은 어떻게 다른가요?

예문 1 _____

예문 2 _____

3. 예문1 과 예문2 에서 권력 다툼 끝에 굴복하는 모습과 그에 따라 얻어지는 것은 무엇이 있나요?

예문 1 _____

예문 2 _____

4. 현재 우리 주변에서 볼 수 있는 권력 다툼은 무엇이 있는지 생각해 보고 써 보세요.

_____

08
신은 그것을 원하신다, 십자군 전쟁

역사 연대기
1037년 | 셀주크투르크가 세워짐.
1096년 | 십자군 전쟁이 일어남.
1115년 | 여진족이 금나라를 세움.
1215년 | 영국에서 대헌장이 제정됨.

학습 목표
1. 십자군 전쟁이 일어나게 된 배경을 알 수 있다.
2. 십자군 전쟁이 어떻게 진행되었는지 알 수 있다.
3. 십자군 전쟁 결과에 대해 알 수 있다.
4. 많은 사람들이 십자군에 참여한 까닭을 알 수 있다.
5. 십자군 전쟁이 유럽 사회에 미친 영향에 대해 생각해 볼 수 있다.
6. 종교 갈등을 해결하는 방법을 쓸 수 있다.

심화 학습
도서 읽기 • 십자군을 물리친 이슬람의 위대한 왕, 살라딘 (다이앤 스탠리 글·그림/ 미래아이)
영화 보기 • 킹덤 오브 헤븐 (리들리 스콧 감독)

→ 1회(1096~1099년)
→ 4회(1202~1204년)
→ 7회(1270년)

■ 로마 가톨릭교 세력권
■ 그리스 정교 세력권
■ 이슬람교 세력권

 역사탐구

탐구 1 성지 예루살렘을 되찾기 위하여, 십자군 전쟁 시작

11세기에 들어서면서 유럽 사회는 점차 안정을 되찾았다. 인구가 증가하고, 밭을 깊게 가는 심경법이 개발되면서 농업 생산량이 늘어났다. 남는 생산물을 내다 파는 상업도 발달하였고, 그 주위로 도시들도 생겨났다. 이를 바탕으로 유럽인들은 그 힘을 밖으로 뻗기 시작하였다. 그러나 이슬람 세력에게 가로막혔다. 이슬람 세계에서는 셀주크투르크라는 투르크족 나라가 새롭게 등장했다. 비잔티움 제국 수도인 콘스탄티노플을 위협할 정도로 막강한 세력이었다. 그러자 비잔티움 제국 황제인 알렉시우스 1세는 로마 교황인 우르바누스 2세에게 도움을 청했다. 크리스트교 신자들이 성지인 예루살렘을 순례하는 것을 셀주크투르크가 막는다는 것이었다.

이스라엘 수도인 예루살렘은 유대교뿐만 아니라 크리스트교와 이슬람교가 저마다 성지로 삼고 있는 도시였다. 그곳에 가면 이슬람교 성자 무하마드가 메카에서 말을 타고 와, 거대한 바위 위에 올라서서 하늘로 올라갔다는 '반석 위의 돔'이 있다. 또한 유대인 왕국 국왕이었던 다윗이 세운 도시였고, 로마군이 파괴한 유대교 성전 자리에 남은 '통곡의 벽'도 있다. 예수가 십자가를 지고 올랐던 '골고다 언덕'도 자리 잡고 있기 때문에 예루살렘은 크리스트교에게도 성지였다.

따라서 예루살렘은 오랜 옛날부터 세 종교를 믿는 신도들이 끊임없이 찾아오던 곳이었다. 처음 이슬람 제국이 예루살렘을 손에 넣었을 때는 유대교도와 크리스트교인들도 예전처럼 그곳을 방문할 수 있었다. 그런데 셀주크투르크족이 이 지역을 차지하면서부터 크리스트교인들이 성지를 순례하는 것을 좋아하지 않았다.

우르바누스 2세는 황제 요청을 받아들여 1095년 11월 클레르몽에 유럽 각국 왕과 영주들을 불러 모았다. 이 회의에서 '셀주크투르크에게 짓밟힌 예루살렘을 되찾자'면서 성지를 되찾기 위해 십자군을 보내자고 제안하였다. '이 전쟁은 성스러운 전쟁이며, 싸우다 죽은 자는 천국으로 갈 수 있다'는 호소가 큰 지지를 얻어 '신은 그것을 원하신다(God wills it!)'라는 말이 퍼져 나갔다. 성지를 되찾기 위해서 싸우러 가는 군대라는 뜻으로 가슴과 어깨에 십자가 표시를 달았다. 이렇게 해서 시작된 십자군 전쟁은 일곱 번에 걸쳐, 2백여 년 동안 계속되었다.

탐구하기 십자군을 만든 까닭은 무엇인가요?

탐구 2 십자군 전쟁 전개 과정(제1차~제4차)

1096년 제1차 십자군이 예루살렘을 향해 출발했다. 국왕을 비롯한 많은 귀족과 기사, 농민이 참여한 십자군 부대는 1099년, 드디어 성지 예루살렘에 도착하였다. 이들은 남녀노소를 가리지 않고 닥치는 대로 죽였다. 성 안은 이슬람 사람들 시체로 뒤덮여 산을 이루었다. 또 이슬람 사람들이 약탈을 피하기 위해 황금을 삼킨다고 여긴 십자군들은 사람 시체를 가르거나 요리해 먹기도 하였다. 다른 종교를 믿는 사람을 죽이고 약탈하는 것은 하느님께서 주신 정당한 심판이요, 영광으로 여겼다.

제1차 십자군은 예루살렘을 점령하고 소아시아에서 이스라엘에 이르는 지역에 십자군 왕국을 세움으로써 십자군 원정 목적을 이루었다. 당시 이슬람 세력 통치자들은 제각각 분열되어 있어 단결하지 못했고, 유능한 지도자도 없었기 때문에 십자군 공격에 제대로 맞서지 못하였다. 하지만 그 뒤 살라딘이 등장하면서 세력을 모아, 반격을 시도하여 시리아 북부를 되찾고, 예루살렘을 공격하였다.

위기를 느낀 서유럽은 제2차 십자군을 조직하였다. 그러나 살라딘이 이끄는 이슬람군은 십자군과 맞붙은 하틴 전투에서 승리하였고, 그 여세를 몰아 예루살렘을 되찾았다. 십자군이 이스라엘을 정복했을 때와는 달리 살라딘은 포로가 된 십자군을 죽이지 않고 모두 유럽으로 돌려보내 주었다. 또한 예루살렘에 살던 크리스트교인들도 재산을 가지고 떠날 수 있게 해주었다.

예루살렘을 다시 빼앗겼다는 소식에 신성 로마 제국 프리드리히 1세, 프랑스 왕 필리프 2세, 영국 왕 리처드 1세가 참가하여 제3차 십자군이 조직되었다. 그러나 프리드리히 1세가 소아시아에서 전사하고, 프랑스 왕도 도중에 철수해서 돌아가는 바람에 영국 왕만 살라딘과 싸웠다. 영국 왕은 살라딘과 협상을 벌여, 크리스트교인들이 자유롭게 성지 순례를 할 수 있도록 약속받고 돌아갔다.

그러나 십자군 전쟁은 처음과는 달리 점차 정치나 경제 이익에 따라 움직였다. 십자군을 일으켰던 교황은 권위가 흔들리고 있었고, 십자군은 돈에 눈이 먼 상태였다. 제4차 십자군은 동방 무역 패권을 차지하려는 베네치아 상인들에게 속아, 같은 크리스트교 국가인 비잔티움 제국을 공격하고 라틴 제국을 세웠다.

십자군 열풍은 어린이들에게까지 퍼져서 프랑스에 사는 스테판이라는 열두 살짜리 양치기가 '소년 십자군' 수천 명을 일으켰다. 소년 십자군은 예루살렘으로 배를 타고 가다가 폭풍을 만나 일부는 죽고, 일부는 예루살렘까지 태워준다는 유럽 상인들에게 속아 이슬람교도들에게 노예로 팔려갔다. 그러나 살라딘은 이들을 보호하고 모두 풀어주었다.

탐구하기 십자군들이 이슬람교도들을 무참히 살해하고 약탈한 까닭은 무엇인가요?

탐구 3 십자군 전쟁 결과

십자군 전쟁은 7차에 걸쳐, 2백여 년 동안 계속되었다. 그 중 성지 탈환이라는 본래 목적을 달성한 것은 제1차 원정 때 뿐이었고, 전쟁이 계속될수록 약탈, 살인, 사기를 일삼으면서도 그것을 신을 섬기는 일이라고 했다. 그러나 제1차 십자군 원정 뒤에는 이슬람 세계가 통일하여 맞서게 되자, 십자군은 갈수록 약해졌다. 또 십자군끼리도 영토나 이익을 둘러싸고 다툼이 끊이질 않았다. 십자군 원정은 서유럽 세계를 열광으로 몰아넣었지만, 결국에는 실패로 끝이 났다. 하지만 십자군 전쟁은 유럽 사회를 크게 변화시켰다.

우선 교황이 부추겨서 십자군 전쟁을 벌였지만, 실패했기 때문에 교황에 대한 믿음이 약해졌고, 교회도 권위가 약해지게 되었다. 뿐만 아니라 영주와 기사들이 전쟁 동안 자기 영토와 장원을 돌보지 않은 탓에 수입이 줄고, 전쟁 준비를 위해 재산을 모두 써버려서 빈털터리가 되었다.

십자군 원정을 통해서 경제와 정치에서 가장 이익을 많이 본 것은 왕과 이탈리아 도시국가들이었다. 왕은 전쟁 중에 죽은 영주들 땅을 모두 차지할 수 있었고, 많은 영주들과 기사들이 가난해지자, 권력을 키울 수 있었다. 십자군을 실어 날랐던 베네치아, 제노바 같은 이탈리아 도시국가들은 동방 무역을 독차지하여 유럽에 철, 모피, 향료 등 동방에 있는 진귀한 물건들을 팔아서 많은 돈을 벌었다. 이들이 얻은 이익은 경제를 일으켜 상업과 공업을 크게 발달시켰다. 금융업과 화폐 경제도 더욱 발달하여 자급자족이었던 장원 경제가 무너지고, 봉건 사회도 덩달아 무너지기 시작하였다.

결국 십자군 전쟁은 교황 권위와 장원 제도를 뒤흔들어 중세 봉건 시대가 몰락하는 원인이 되었다. 또한 서유럽보다 훨씬 앞선 문화를 자랑하던 비잔틴 세계와 이슬람 세계 문화를 접하면서 유럽은 좁은 세계를 벗어나 더 넓은 세계에 눈을 뜰 수 있었다.

탐구하기 십자군 전쟁은 유럽 사회를 어떻게 변화시켰나요?

그 무렵 우리나라에서는 — 무신들이 난을 일으키다

1170년 8월, 무신인 대장군 정중부는 의종과 문신들이 무신들을 천대하는 것에 불만을 품고 난을 일으켜 의종을 거제도로 내쫓고 대신 왕제인 익양공(명종)을 왕으로 세웠다. 이 난으로 많은 문신이 죽었고, 무신이 권력을 잡았다. 군대는 물론이고 문신이 가지고 있던 정치 행정까지 무신이 독차지하였다. 그 뒤 약 1백 년 동안 무신정권 시대가 이어졌다.

역사해석

해석 왜 많은 사람들이 십자군에 참여했을까?

교황 우르바누스 2세가 클레르몽 종교회의에서 십자군을 보내자고 제안했을 때 기대했던 것보다 훨씬 큰 반응을 얻었다. 많은 사람들이 "신은 그것을 원하신다"며 열렬하게 외쳐대는 바람에 교황이 연설을 중단할 정도였다. 이렇게 많은 사람들이 십자군에 참여한 까닭은 무엇일까?

교황은 교황청 권력을 강화하려고 십자군 원정에 참여하였다. 당시 크리스트교는 비잔티움 제국에서 믿는 그리스 정교와 서유럽에서 믿는 로마 가톨릭으로 분리되어 있었는데, 그리스 정교는 로마 가톨릭을 아주 무시하고 있었다. 그래서 로마 교황은 기회만 있으면 그리스 정교를 꺾고 싶어 했다. 비잔티움 제국 황제가 구원을 요청하자, 이 기회에 그리스 정교를 굴복시키고, 크리스트교 세력을 통일하여, 로마 교회 세력권을 소아시아 지역까지 넓히려고 하였다.

왕과 영주와 기사들은 동방으로 진출하여 새로운 영토를 얻으려고 십자군 원정에 참여했다. 당시 서유럽 봉건제는 장남 이외 아들들은 상속권이 없었기 때문에 성직자가 되기 위해 수도원에 들어가거나, 떠돌이 기사가 되거나, 다른 영주 밑에 들어가 봉급을 받는 기사가 될 수밖에 없었다. 그런데 새로운 영토를 얻으면 왕이나 영주가 될 수 있었기 때문이다.

상인들은 동방무역을 독차지하기를 기대하고 십자군 원정에 참여했다. 예루살렘을 드나들며 장사를 하던 베네치아나 제노바 같은 항구 도시 상인들은 전쟁이 일어나길 원했다. 당시 동방에서 들어오는 상품들은 굉장히 비싼 것들이었는데, 왕래를 가로막는 셀주크투르크족 때문에 동방 무역이 막히자, 상인들은 이익을 얻을 수 없었기 때문이었다.

농노들은 각종 노동과 잡다한 세금으로부터 벗어날 수 있다는 생각 때문에 십자군 원정에 참여하였다. 가난한 농노들은 먹을 것을 주고, 빚도 모두 없애준다고 하자, 십자군 원정에 참여하였다. 또한 십자군 원정에 나서는 사람은 모든 죄를 사면 받고 천국으로 갈 수 있다는 말도 십자군이 되는 원인이 되었다.

결국 십자군 원정은 성지 예루살렘을 이슬람 세력으로부터 되찾아야 한다는 사명감을 가지고 나선 게 아니라, 이익을 얻기 위한 약탈 전쟁이었을 뿐이었다.

해석하기 많은 사람들이 십자군에 참여한 까닭은 무엇일까요?

역사토론

십자군 전쟁은 유럽 사회에 좋은 영향을 끼쳤을까?

토론 내용 성지를 되찾기 위해서 시작된 십자군 전쟁은 2백 년간 이어지면서 유럽 사회에 많은 변화를 주었다. 중세 봉건 사회를 이루고 있던 교황 권위와 장원 제도를 뒤흔들어 봉건 시대가 몰락하는 원인이 되었다. 이러한 변화는 유럽 사회에 좋은 영향을 끼쳤을까?

토론 1 그렇다.

십자군을 실어 날랐던 베네치아, 제노바 같은 이탈리아 도시국가들은 동방무역을 독차지하여 유럽에 철, 모피, 향료 등 동방에 있는 진귀한 물건들을 팔아서 많은 돈을 벌었다. 이들이 얻은 이익으로 경제를 일으켜, 상업과 공업을 크게 발달시켰다.

토론 2 아니다. 그렇지 않다.

중세 시대 수많은 영주들을 하나로 묶어주던 것은 교황과 교회였다. 그래서 교황이 세력이 비슷한 영주들 사이를 중재하는 역할을 해주어서 큰 싸움 없이 평화롭게 지낼 수 있었다. 하지만 십자군 전쟁 뒤에는 교황에 대한 불신이 생기자, 중재자 권위가 떨어졌고, 국왕들 세력이 상대적으로 강해졌다. 그래서 국왕들에 의한 세력다툼이 빈번하기 시작하여 유럽에 전쟁이 끊이지 않게 되었다.

토론 3 그래도 좋은 영향을 끼쳤다.

유럽 사회는 전쟁을 통해서 비잔틴과 이슬람 세계가 지녔던 뛰어난 문화를 경험할 수 있었고, 교류도 이루어졌다. 따라서 앞선 과학기술이나 학문 등을 새롭게 받아들여 발전시킬 수 있는 기회가 주어졌고, 이것이 르네상스로까지 이어지게 되었다.

토론 4 아무리 그래도 아니다.

이슬람과 크리스트교 사이에 종교적 갈등이 심화되었을 뿐만 아니라 크리스트교 내에서도 로마 가톨릭과 그리스 정교 사이에 갈등이 높아졌다.

토론하기 십자군 전쟁은 유럽 사회에 어떤 영향을 끼쳤는지에 대한 자기 생각을 쓰세요.

역사에 비추어 보는 세계

🌀 **다음 글을 읽고, 물음에 대한 생각을 써 보세요.**

➡ 십자군 전쟁과 같이 신과 종교를 위한다는 말로 벌어졌던 전쟁은 역사적으로 수도 없이 많습니다. 크리스트교와 이슬람교 갈등은 이스라엘과 팔레스타인 충돌, 9·11테러, 아프가니스탄 침공, 이라크 전쟁으로까지 이어져 왔습니다. 이와 같은 갈등이 계속되는 까닭에 대해 생각해 봅시다.

21세기 십자군 전쟁, 9·11 테러

2001년 9월 11일, 알카에다 테러리스트들이 민간 여객기를 납치하여 미국 뉴욕에 있는 세계 무역 센터와 워싱턴 국방부 청사(펜타곤)에 충돌함으로써 민간인 3천여 명이 사망한 사건이 있었다. 이 사건을 9·11 테러라고 한다.

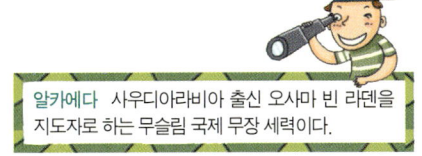

알카에다 사우디아라비아 출신 오사마 빈 라덴을 지도자로 하는 무슬림 국제 무장 세력이다.

9·11 테러가 일어나자 부시 대통령은 "우리가 해야 하는 역사적 책임은 테러를 응징하고 악의 세계를 제거하는 것이다. 미국이 벌일 21세기 첫 전쟁은 '십자군 전쟁'이다."라고 선언했다. 테러에 맞서는 전쟁을 '십자군 전쟁'으로 묘사한 부시 대통령 연설은 미국인들에게 이슬람교에 대한 증오심을 불러일으켰고, 부시 대통령이 전쟁을 일으키는 데 명분을 주었다.

미국은 9·11 테러 배후 인물로 알려진 오사마 빈 라덴을 보호하고 있는 아프가니스탄 탈레반 정권과 알카에다 조직을 타도하기 위해서 2001년 10월 8일 아프가니스탄을 공격하였다. 이어 2003년 3월 이라크가 핵무기를 비롯한 대량살상무기를 가지고 있다며 쳐들어갔다. 이렇게 아프가니스탄 탈레반 정권과 이라크 사담 후세인 정권을 무너뜨리고 난 뒤, 부시 대통령은 "주님은 '조지(부시 대통령 이름), 가서 아프가니스탄 테러범인 알카에다들과 싸워'라고 말하셨고, 나는 그대로 행했다. 다시 주님은 '조지, 가서 사담 후세인을 깨부수고 이라크 폭정을 끝내'라고 말하셨고, 나는 그대로 행했다"라고 말했다.

노벨문학상을 받은 독일 지식인 귄터 그라스는 '부시 대통령이 한 십자군 발언은 그 잔혹한 역사에 대한 무지를 드러내는 것'이라고 비판하고 "부시 정책을 보면 오사마 빈 라덴처럼 자신과 다른 사상을 인정하지 않는다"라고 몰아붙였다. 또한 십자군 원정이 잘못된 것이라고 사과했던 교황 요한 바오로 2세는 '부시 대통령이 보이는 종교적 열정은 괴기스럽기까지 하다'고 말했다.

생각 열기

자신과 다른 종교를 믿는 사람들과 갈등이 일어나는 까닭과, 그것을 줄일 수 있는 방법은 무엇인지 자기 생각을 쓰세요.

논술 한 단계

학습 목표 논리 펼치기 08
학습 내용 종교 갈등을 극복하는 방법

🌀 **예문 1** 과 **예문 2** 를 서로 비교·대조해 보고, 종교가 다른 사람들과 갈등이 일어났을 때 해결할 수 있는 방법에 대해 자기 생각을 쓰세요.

예문 1 독수리와 쇠똥구리

토끼 한 마리가 독수리에게 쫓기고 있었다. 도와줄 친구를 찾아보았더니 쇠똥구리밖에 없었다. 토끼는 쇠똥구리에게 살려달라고 애원했다. 쇠똥구리는 걱정 말라고 토끼를 안심시킨 뒤 독수리에게 토끼를 잡아먹지 말라고 부탁했다. 그러나 쇠똥구리가 조그맣고 하찮은 존재라고 깔본 독수리는 눈앞에서 토끼를 잡아먹어버렸다. 그때부터 쇠똥구리는 자신을 무시한 독수리가 알을 낳으면 둥지 속으로 기어 들어가 알을 둥지 밖으로 굴려서 깨지게 만들었다. 그래서 독수리는 새끼를 안전하게 키울 수 있는 곳을 찾아달라고 제우스신께 부탁하였다.

제우스신은 자기 무릎에 알을 까도록 허락해 주었다. 이것을 본 쇠똥구리는 똥으로 작은 공을 빚어서 하늘로 날아올라 제우스신 무릎 위에다 똥 덩어리를 떨어뜨렸다. 제우스는 깜짝 놀라 벌떡 일어섰고, 그 바람에 독수리 알은 굴러 떨어져 깨지고 말았다. 그 뒤로 독수리들은 쇠똥구리가 돌아다니는 계절에는 알을 낳지 않았다.

― 《라퐁텐 우화집》에서

예문 2 관용을 보여 준 살라딘

살라딘과 리처드 1세는 3차 십자군 전쟁에서 양쪽 군대를 지휘했던 이들이다. 그러나 살라딘은 리처드 1세가 전투 중 말에서 떨어져 말을 잃자, 말 두 마리를 보내주었고, 그가 고열에 시달렸을 때는 눈(雪)과 과일을 보내기도 했다. 비록 적군이지만, 힘들 때 그를 돌보아 주는 관용과 너그러움을 보여주었다. 또한 많은 사람들이 서로 죽는 상황을 보고, 그는 전쟁에서 이기는 것보다 평화를 이루기 위해 적장인 리처드 왕에게 손을 내밀어 평화 협정을 주도하였다. 리처드 왕과 평화 협정을 맺은 뒤에 살라딘이 처음 한 일은 피곤에 지친 군대에 휴식을 주는 것이었다. 그는 협정이 조인되자마자 병사들을 집으로 돌려보냈다.

십자군에 대한 이슬람 사람들이 품고 있던 분노를 알고 있었지만, 보복을 하지 않고 항복한 십자군에게 관용을 베풀었다. 그는 복수가 문제를 해결할 수 없다는 것을 잘 알고 있었기 때문이다. 정도를 넘어선 보복은 또 다른 복수를 낳을 뿐이었다.

이러한 점 때문에 살라딘은 그와 적대적 관계에 있었던 십자군 지휘관들에게도 '고귀한 적'이라고 존경받았다.

1. 예문 1 과 예문 2 에 대한 비교와 대조

	예문 1	예문 2
대조	(1) 쇠똥구리는 토끼가 도움을 요청하자 도움을 주려고 하였다. (2)	(1) 적이 어려운 처지일 때를 노려 공격하지 않고 오히려 배려해 주었다. (2)
비교		

2. 예문 1 처럼 갈등이 생긴 이유는 무엇일까요?

3. 예문 2 에서 갈등을 해결하기 위해 택했던 방법은 무엇인지 쓰세요.

4. 예문 1 과 예문 2 를 보면서 서로 다른 종교를 가진 사람들이 갈등을 극복하는 바람직한 방법을 쓰세요.

09 영국 대헌장과 양원제

마그나 카르타

역사 연대기
1271년 | 원나라가 건설됨.
1302년 | 프랑스에서 삼부회가 소집됨.
1338년 | 백년 전쟁이 일어남.

학습 목표
1. 대헌장에 대해 알 수 있다.
2. 의회가 생겨난 과정에 대해 알 수 있다.
3. 의회 발달 과정을 알 수 있다.
4. 대헌장이 가진 의미에 대해 알 수 있다.
5. 옳지 않은 환경에 맞서는 것에 대해 논리를 펼칠 수 있다.

심화 학습
도서 읽기
- 한권으로 읽는 영국·독일사 (이은재 지음/지경사)
- 전통을 지켜 새것을 만드는 나라 영국 이야기 (정준희 지음/아이세움)

탐구 1 대헌장(마그나 카르타)

대헌장은 왕이 가진 권리는 제한하고, 귀족과 봉건 영주들 권리는 보장한다는 내용을 문서로 만들어 놓은 것이다. 이것은 왕권이 법에 의해 제한될 수 있고, 왕이라도 법을 존중해야 한다는 사실을 확인시킨 것이었다. 이 문서는 세계 여러 나라들이 근대 헌법을 만드는 밑바탕이 되었다.

대헌장은 존 왕 때 만들어졌는데, 그는 국민들로부터 신뢰를 얻지 못하는 왕이었다. 앞선 왕인 사자 왕 리처드 1세가 십자군 전쟁에서 이교도 이슬람군을 무찔러 국민 자긍심을 높여준 데 비해, 존 왕은 프랑스와 싸워서 계속 졌고, 프랑스 안에 있는 영국 땅까지 대부분 잃었기 때문이었다. 게다가 프랑스와 전쟁을 하면서 국민과 귀족들에게 너무 많은 세금을 요구했다. 또 캔터베리 대주교를 선출하는 문제로 교황인 인노켄티우스 3세와 다투다 파문을 당하기도 하였다. 불만에 쌓여 있던 귀족들과 성직자들은 반란을 일으켰다. 그들은 자기들 권리를 보호해주는 내용을 문서로 만든 대헌장을 왕에게 서명하도록 강요했고, 1215년에 존 왕은 하는 수 없이 대헌장에 서명했다.

대헌장 내용 일부

제12조 오래전부터 인정되어 관습으로 내려오는 것 이외에 과세나 봉건 지원금은 귀족들에게 물어보지 않으면 부과할 수 없다. 다만 왕이 인질이 되었을 때 협상금, 왕 아들이 기사가 될 때 필요한 비용, 큰 딸이 시집갈 때 필요한 비용 등은 예외로 한다.

제39조 자유민은 동등한 신분을 가진 자에 의한 합법적 재판 혹은 국법에 의하지 아니하고는 체포, 구금, 추방, 재산 몰수, 또는 어떠한 고통도 받지 않는다.

제12조는 나중에 일반적으로 세금을 거둘 때는 왕이 마음대로 할 수 없고, 의회로부터 동의를 필요로 한다는 의미로 해석되었다. 제39조는 봉건 영주가 법정을 열 권한을 보장하는 내용이지만, 후에 배심원으로 뽑힌 국민이 재판에 참여하는 배심 재판을 보장하는 것으로 해석되었다.

대헌장은 처음에는 높은 신분인 성직자와 귀족, 봉건영주들 권리를 보장하는 내용이었다. 세월이 흐르면서 이 문서는 모든 국민들에 대한 권리를 보장하고, 민주주의가 시작된 계기를 가져온 문서로 여겨지게 되었다. 대헌장 승인 뒤에 왕은 권한이 크게 줄어들었고, 귀족과 성직자들은 권한이 늘어났다. 이는 곧 의회 탄생으로 이어졌다. 대헌장은 왕과 의회가 대립할 때 왕이 마음대로 하는 것을 막고, 국민들 자유와 권리를 지켜내는 문서가 되어, 입헌 정치를 이루는 바탕이 되었다.

탐구하기 대헌장이 가진 의의는 무엇인가요?

탐구 2 의회가 탄생하다

존 왕 뒤를 이어 왕 위에 오른 헨리 3세는 성년이 된 뒤 대헌장을 무시하고 자기 마음대로 정치를 했다. 무거운 세금을 물리고, 귀족들도 무시했다. 또 교황청을 도와 수시로 전쟁을 하는가 하면, 프랑스인을 고문관으로 임명해 정치에 간섭하게 했다. 그러자 귀족과 평민 모두 크게 반발하였다.

더군다나 아들을 시칠리아 왕으로 앉혀 준다는 교황 인노켄티우스 4세 말에 따라 전쟁 비용을 모두 대주기로 하고는 그 돈을 귀족들에게 내라고 했다. 그러자 영국에서 살고 있던 프랑스 귀족 '시몽 드 몽포르'는 "대헌장 규칙에 따라 귀족 동의 없이 함부로 세금을 거둘 수 없다"며, 다른 귀족들과 함께 반란을 일으켰다.

귀족들은 통치권을 나누어 준다는 내용이 담긴 '옥스퍼드 조례'를 왕에게 승인하도록 했다. 이 조례는 영국 최초 성문법이었다. 다급해진 왕이 처음에는 승인을 했으나, 얼마 뒤에 교황 힘을 믿고 거부했다. 결국 몽포르를 중심으로 하는 귀족과 왕 사이에 전쟁이 일어났다. 전쟁은 귀족 연합군 승리로 끝났다. 몽포르는 곧 전국 각 지역 대표들을 불러 모았다. 각 대표들이 모인 자리에서 나랏일이 다루어져야 한다고 생각했기 때문이다. 그래서 각 주와 자치 도시에 두 사람씩 대표를 뽑아 런던으로 보낼 것과, 그들이 의회를 만들 것이라고 발표했다.

이렇게 해서 1265년에 영국 역사상 처음으로 귀족, 성직자, 기사, 자치 시 대표 등이 참가하는 '선량 회의'가 열리게 되었다. 영국 국회가 탄생한 것이다. 민주 의회가 시작된 이 회의는 국민들에게 선출된 의원들이 국회에서 자유롭게 정책을 의논하는 오늘날 의회와 비슷한 모습이었다. 영국은 왕과 국회로 나뉘어져 서로 세력을 견제하며, 의회 제도를 발전시켜 나갔다.

그 뒤, 영국 국회는 양원제(2원제)로 발달했다. 귀족과 성직자로 이루어진 귀족원과 기사와 시민 등으로 이루어진 서민원이었는데, 나중에 상원과 하원으로 발전했다.

시몽 드 몽포르는 감옥에서 탈출한 왕세자 에드워드(나중에 에드워드 1세가 됨)에 의해 죽음을 당하지만, 오늘날까지도 '의회의 아버지'로 불리며 국민들로부터 받들어지고 있다. 그리고 그에 의해서 시작된 의회 제도는 점점 더 발전하게 되었다.

탐구하기

의회 제도를 처음으로 시작한 사람은 누구인가요? 또 처음 의회가 열릴 때 회의에 참여했던 사람들은 누구인가요?

탐구 3 의회 민주주의가 발달하다

헨리 3세 뒤를 이어 왕이 된 에드워드 1세는 의회를 존중하는 것이 나라를 다스리는 데 유리하다고 판단했다. 그는 수시로 기사와 시민들을 의회에 소집했다. 그리고 '모범 의회'를 개최했는데, 의회 형태는 불완전했지만, 의회를 구성하는 모범을 보여주는 회의였다. 그는 회의에서 많은 법들을 정비하여 의회 기능을 높였다.

에드워드 3세 때는 주와 도시 대표가 왕에게 청원서를 내고, 이를 귀족과 성직자가 심사하고 의논하는 제도가 생겼는데, 상·하 양원제가 만들어지는 바탕이 되었다.

1628년에는 '권리청원'이 의회에서 제출되었다. 의회 동의 없이 국민에게 세금을 물리지 못하고, 개인 집에 강제로 군대를 재울 수 없게 하였으며, 국법에 의하지 않고는 사람을 가두지 못하도록 했다. 그러자 제임스 1세는 의회를 해산시켰다. 결국 왕과 의회는 대립했고, 이는 의회파와 왕당파로 나뉘어 내전으로 이어졌다. 이것이 청교도 혁명이다.

의회군 지도자인 크롬웰은 이 싸움에서 이긴 뒤, 국가 주권이 국왕이 아닌 국민에게 있으며, 국민 뜻을 모은 의회를 중심으로 통치한다는 공화정을 선포했다. 그러나 크롬웰이 죽자, 다시 왕정으로 돌아갔다.

1679년에는 지주 귀족을 배경으로 하는 토리당과 신흥 상공인들로 구성된 휘그당이 등장하여 양당 제도가 이루어졌다. 또 1689년에는 명예혁명을 거쳐 권리장전이 만들어졌는데, 이것은 의회가 입법권과 과세권을 갖는 것을 인정하는 것으로써, 국왕도 일반 국민들과 마찬가지로 헌법 아래에서 평등한 지배를 받는다는 입헌군주제를 세웠다. 이는 유럽에 있는 많은 나라들에게 영향을 주었고, 민주주의가 발전하는 데 모범이 되었다.

탐구하기 양당 제도가 확립되는 데 기초가 된 당은 무엇인가요?

우리나라에서는 왕과 직접 이야기하다, 신문고

신문고는 태종 1년에 처음 설치되었다. 억울한 일이 있어도 말할 데가 없는 백성을 위한 것이었다. 가난한 백성이 왕에게 직접 말을 할 수 있는 유일한 기회였다. 그러나 신문고를 치려면 복잡한 절차가 필요했다. 먼저 자기가 사는 곳에 있는 관사에 신고를 해야 했고, 여기서 해결이 되지 않으면 사헌부에 고발해야 했으며, 그래도 해결이 되지 않으면 비로소 신문고를 칠 수 있었던 것이다. 일반 백성이 이런 절차를 밟는다는 것은 너무나 힘든 일이었다. 복잡한 절차 때문에 일반 백성들은 감히 접근하기도 힘들었다. 결국 왕과 백성이 직접 마주보고 말을 할 수 있는 기회는 역모를 고발할 때뿐이었다.

해석 대헌장은 민주주의 시작을 알리는 문서일까?

　대헌장은 흔히 영국 민주주의 시작을 알리는 문서로 여겨져 왔다. 하지만 문서 자체 내용에서 민주주의 요소는 거의 찾아볼 수 없다. 그것은 전제 군주가 가진 막강한 권력을 막고, 옛날부터 누리던 귀족들 특권을 다시 한 번 확인하는 내용을 담고 있을 뿐이다. 단지 후손들이 민주주의와 시민 권리를 보장하는 문서로 여겼을 뿐이다.

　대헌장은 왕과 귀족이 지켜야 할 내용을 직접 정해 놓은 것이 아니라, 나라를 다스리는 데 필요한 내용들을 정해 놓고 있다. 게다가 귀족들은 왕과 끈질기게 싸워, 많은 양보를 얻어냈다. 그때문에 대헌장은 귀족은 물론 일반 백성들 권리까지 고려한 자유 헌장으로 불려졌다. 그리고 민주주의를 향해 발을 디딘 문서라고 알려진 것이다.

　하지만 대헌장은 국민들 권리와는 아무 상관이 없었다. 귀족들 권리를 더욱 강화시키고, 그것을 뺏기지 않기 위해 왕권을 제한하는 권리 문서로, 몇 안 되는 성직자와 귀족만이 대헌장이 주는 혜택을 누렸다.

　대헌장 내용 중 제 39조, "자유민은 같은 신분을 가지고 있는 사람들에 의한 적법한 판결이나 정당한 절차에 의하지 않고 체포나 구금될 수 없으며, 재산과 법익을 박탈당하지 아니하고 추방당하지 아니한다. 왕은 이에 대해 어떤 명령도 내릴 수 없다"는 문구에서도 알 수 있듯이, 오직 성직자와 봉건 귀족들만 위한 것임을 보여준다. 여기서 자유민이란 성직자, 귀족, 거주 이전을 할 수 있는 자유 시민만을 뜻하기 때문에 농노에게는 돌아가는 혜택이 전혀 없었다. 자유 시민도 재판 청구권만 허락될 뿐이었다. 게다가 당시 잉글랜드인 가운데 자유 시민은 아주 적었다. 따라서 대헌장은 그냥 봉건 사회 문서일 뿐, 근대 민주주의 의미를 가진 권리 문서라고 볼 수는 없다.

　후대에 와서 대헌장이 높이 평가받고 있는 것은 전제 군주인 왕권을 억눌렀다는 점인데, 이것 또한 일반 백성들과는 상관없는 일이었다. 왜냐하면 대헌장 제정 당시인 1215년에는 보통 잉글랜드인은 전제 군주 정치에 억압받고 있지 않았기 때문이다. 오히려 그들을 억압했던 것은 전제군주가 아니라 봉건 귀족 영주들이었다.

해석하기　대헌장은 왜 근대적 의미를 가진 권리 문서가 아닌가요?

역사토론

의회 민주주의가 영국에서 가장 먼저 발달한 까닭은 무엇일까?

토론 내용 영국은 의회 민주주의가 세계에서 제일 먼저 발달한 나라이다. 대헌장을 통해 왕이 가진 권한을 제한하고, 권리청원과 권리장전을 바탕으로 시민 권리를 늘려, 꾸준히 의회 제도를 발달시켜 왔다. 그렇다면 영국이 다른 나라에 비해 빨리 의회 민주주의가 발달한 까닭은 무엇일까?

토론 1 성장한 시민 세력이 있었다.

강해진 왕권에 맞서 귀족들이 세력을 키워 나가자, 왕은 시민들과 손을 잡았다. 왕이 시민들에게 필요한 경제 자유를 보장해 주고, 시민은 왕에게 세금을 바쳤다. 이는 시민 세력을 성장시켜서 의회 제도가 성장하는 데 바탕이 되었다.

토론 2 국민 대표가 참여하는 회의가 일찍부터 발달했다.

봉건 사회에서 여러 신분 대표들이 귀족원과 서민원이라는 양원제 형식을 취하여 소집되었다. 이때 의회가 '모범 의회'로 국민이 직접 정치에 참여해 나라 일을 의논할 수 있고, 왕은 나라 전체 상황을 파악하면서 정치를 하고, 시민에게 세금을 거둘 수 있었다. 이는 근대 국가로 나아가는 길을 앞당기는 역할도 하였다.

토론 3 법치주의를 중요하게 생각했다.

의회 뜻이나 의회에서 만들어진 법률을 존중하여 통치를 해야 한다는 '법치주의'가 국왕들에게 널리 퍼져 있었다. 이는 입법 기관인 의회를 더욱 키웠고, 왕과 국민들 간에 신뢰를 두텁게 해주어서 나라를 발전시켰다.

토론하기

의회 민주주의가 영국에서 더 발전한 까닭은 무엇일까요? 자기 생각을 밝히고, 그 까닭을 쓰세요.

역사에 비추어 보는 세계

🏵 **다음 글을 읽고, 물음에 대한 생각을 써 보세요.**

➔ 영국은 대헌장 제정, 시민혁명, 권리장전 등을 통해 민주주의 발판을 마련한 나라입니다. 세계에서 입헌군주제 모범을 보였다고 평가받고 있습니다. 그것은 정치제도를 발전시키고 적절히 적용하며 서로 의견을 맞춰가는 과정을 잘 소화했기 때문에 나타난 결과일 것입니다. 정치를 하는 사람들이 의견을 주장하고 상대와 맞춰가는 과정에 대해서 생각해 봅시다.

같은 민족끼리 싸우는 소말리아

소말리아에서는 같은 민족인데도 정부군과 이슬람 반군으로 나뉘어 싸우고 있다. 소말리아 대통령은 소말리아 대부분 지역이 이슬람 반란군 손에 넘어갔다고 말했다. 소말리아에는 더 이상 힘이 있는 정부가 남아 있지 않으며, 수도 모가디슈에도 언제 반란군이 쳐들어올지 모른다고 했다. 반란군이 마음만 먹으면 언제든지 공격을 할 수 있는 상태라고 말했다.

한편 소말리아 대통령은 경쟁 상대인 총리와 새로운 내각 구성을 의논했으나, 의견을 모으는 데 실패했다. 이로써 소말리아에 통일된 정부 구성은 어려워졌다.

정부군은 '2년 전 에티오피아군에게 도움을 받아 물리치자, 사라진 듯 보였던 이슬람 반란군이 어느 때보다도 세력을 넓힌 상태'라고 했다. 반란군에 있는 사람 중 한 명은 "우리가 국가 대부분을 차지하고 있으며, 모가디슈 근처 지역과 국회의사당이 있는 바이도아 인근까지 쳐들어 와 있다"라고 밝혔다.

그는 또 "정부가 지키고 있는 모가디슈와 바이도아에서는 매일 사람들이 죽어나가고 있다"며 이같은 상황에서 내각 논의가 수포로 돌아간 것을 가리켜 "잘못은 우리에게 있다"고 스스로 뉘우치며 후회했다.

한편, 국제 테러 단체인 알카에다와 연결되어 있는 것으로 의심받고 있는 소말리아 반란군 세력 알샤바브는 소말리아 남쪽 지역에 대한 지배권을 강화하며, 그곳에 이슬람법을 엄격하게 적용하고 있는 것으로 알려졌다. 최근에는 이슬람법에 어긋나게 전통춤을 춘 여성 25명과 남성 7명이 회초리로 맞는 형벌을 당했다.

🏷️ **생각 열기**

이슬람 반군과 소말리아 정부군이 싸우는 과정에서 국민들은 어떤 일들을 겪게 될까요?

논술 한 단계

학습 목표 논리 펼치기 09
학습 내용 환경 극복 방법

🍬 예문 1 과 예문 2 는 '옳지 않은 환경에 맞서 싸운 사람들'을 보여주고 있습니다. 이들이 맞선 과정을 살펴보고, 나에게 그런 일이 일어난다면 어떻게 맞설지 쓰세요.

예문 1 조혼 풍습을 깬 어린 소녀

올해 14살인, 인도에 사는 '어린 신부'가 끈질긴 투쟁 끝에 전통 관습을 깨고 이혼에 성공했다. 소녀는 어릴 때 결혼하는 것이 당연한 이 지역 관습에 따라 강제로 결혼식을 올리게 됐다. 하지만 공부에 목말라 있던 이 소녀는 결혼 생활보다는 공부를 해야겠다는 생각에 남편에게 이혼을 요구했다. 그러나 신랑 부모는 물론이고, 신부 부모까지 이혼에 반대했다. 이 지역 전통적인 '조혼' 풍습과 힌두교 관습상 이혼은 안 된다는 것이었다. 소녀는 다시 남편 곁으로 돌려보내면 자살하겠다며 외로운 투쟁에 들어갔다. 수없이 이어지는 협박과 설득에도 아랑곳 하지 않았다. 세계 언론과 사회에도 알려 도움을 요청했다.

결국 소녀는 끈질긴 노력 끝에 마을 윗사람들과 신랑 신부 가족이 모두 참석한 가운데 이혼을 공식적으로 허락받았다. 게다가 이 소녀는 이혼 서류를 통해 결혼할 때 신랑이 받은 금과 돈 등을 다시 되돌려 줄 것을 요구해서 받아냈다.

현지 언론은 어린 신부가 오랫동안 이어져 온 '조혼' 관습을 깨고 이혼에 성공한 것은 이 지역 역사상 처음 일어난 일로 기록될 전망이라고 보도했다.

예문 2 중동 지역 최초의 여성 록 그룹 '애컬레이드'

사우디아라비아에서 처음으로 여성 멤버로만 결성된 록 그룹 '애컬레이드'가 인기를 끌고 있다. 이 그룹은 공연할 수도 없고, 앨범 표지 사진을 찍을 수도 없다. 중동 지역은 여성에게 사회 활동 제약이 많기 때문이다. 오로지 인터넷을 통해 노래를 전파하고 있지만, 많은 젊은이들이 이들 음악을 즐기고 있다. 이들은 인터뷰에서 이름만 밝혔을 뿐 성은 공개하지 않았다. 하지만 록그룹답게 차림새는 달랐다. 여성이 얼굴을 노출한 채로 공공장소에 나서거나 운전을 해서는 안 되는 나라지만, 애컬레이드는 히잡 등으로 얼굴을 가리지 않았다. 피어싱도 했다. "사우디에서는 도전으로 비치겠지만, 우리는 색다른 걸 원한다"라고 말했다. 다만 "담배, 술, 마약은 절대 안 된다"라는 전통은 존중한다고 이들은 말했다.

새로운 분야를 개척했지만, 성장 배경이 남다르진 않다. 서구 생활을 경험한 사우디 부유층 젊은이들과는 달리, 이들은 중산층 가정에서 자랐으며, 해외로 나간 적은 한 번도 없다.

리더인 디나는 3년 전부터 꿈꿔 온 일이라고 했다. 이들은 주말마다 디나 집에 모여 연습했다. 그들은 10년 안에 라이브 공연을 할 수 있을 것이라고 말했다.

1. 예문 1과 예문 2를 요약 정리해 보세요.

	예문 1	예문 2
요약	(1) 어린 나이에 강제로 결혼했다. (2) (3) (4) (5)	(1) 여성에게 제약이 많은 사우디아라비아에서 록 그룹을 만들었다. (2) (3) (4)

2. 위 두 인물이 처한 어려움은 무엇인가요?

예문 1

예문 2

3. 이들은 자신이 처한 환경에 어떻게 맞섰나요?

예문 1

예문 2

4. 내가 극복하고 싶은 일은 어떤 것이 있나요?

5. 내가 처한 어려움을 극복하는 방법은 어떤 것이 있을까요?

6. 옳지 않은 환경에 맞서 싸우는 방법에 대해 자기 생각을 쓰세요.

10

중앙 집권화를 위해, 백년 전쟁과 장미 전쟁

역사 연대기
1337년 | 백년 전쟁이 시작됨.
1351년 | 홍건적이 난을 일으킴.
1368년 | 주원장이 명나라를 세움.
1431년 | 잔 다르크가 죽음.
1455년 | 장미 전쟁이 시작됨.

학습 목표
1. 백년 전쟁이 일어나게 된 원인을 알 수 있다.
2. 잔 다르크에 대해 알 수 있다.
3. 장미 전쟁에 대해 알 수 있다.
4. 중세 시대 전쟁 무기에 대해 알 수 있다.
5. 백년 전쟁에서 프랑스가 승리할 수 있었던 요인에 대해 알 수 있다.
6. 바람직한 경쟁 의식에 대해 논리를 펼칠 수 있다.

심화 학습
도서 읽기 • 세계 역사를 뒤흔든 20가지 전쟁
(이광희 · 조장호 옮김 / 웅진씽크하우스)

역사탐구

탐구 1 백년 전쟁이 일어나다

　백년 전쟁은 1337년부터 1453년까지 116년 동안 영국과 프랑스가 벌인 전쟁이다. 이 전쟁은 프랑스가 왕위를 잇는 문제에 영국이 끼어들면서 일어났다. 영국 왕 에드워드 3세는 자기 어머니가 카페 왕조 출신이므로 프랑스 왕위 계승권이 자신에게 있다고 주장하였다. 이와 같은 주장에 양국은 심각한 대립을 하게 되었고, 1337년에 에드워드 3세는 프랑스에 선전포고를 했다. 하지만 왕위 계승 문제는 핑계일 뿐이었다. 그 때 프랑스에는 프랑스 왕보다 영국 왕이 가진 땅이 더 많았다. 프랑스 왕들은 자기 땅에 있는 영국 왕 땅을 되찾으려 했고, 영국 왕들은 지키려고 했기 때문에 프랑스와 영국 사이에는 땅을 둘러싸고 다툼이 자주 일어났다.

　그 가운데 플랑드르 지방과 기엔 지방은 두 나라 왕들이 모두 탐내던 땅이었다. 플랑드르 지방은 양털로 옷감 짜는 기술이 발달한 곳이었다. 이곳에서 만든 옷감으로 여러 나라 왕과 귀족들이 옷을 해 입었기 때문에 유럽에서 가장 돈이 많은 곳이었다. 플랑드르는 프랑스 왕이 다스리는 곳이었지만, 옷감 짜는 원료인 양털은 영국에서 사들여왔다. 그래서 플랑드르 사람들은 양털을 공급해 주는 영국 왕이 자기들을 다스려 주기를 원했다.

　기엔 역시 유럽에서 가장 큰 포도주 생산지였으므로, 이 땅을 가지고 있던 영국 왕은 이곳에서 많은 이익을 보고 있었다. 그러자 프랑스 왕은 두 지방에서 나오는 이익을 모두 차지하기 위해서 높은 세금을 물렸고, 두 나라 사이는 아주 나빠졌다. 그러던 가운데 프랑스 왕이 죽자, 영국 왕 에드워드 3세가 왕위 계승권을 들먹이며 전쟁을 일으킨 것이다. 결국 백년 전쟁은 플랑드르와 기엔 지방을 차지하기 위한 전쟁이었다. 처음에는 영국이 프랑스를 몰아붙였다. 영국은 2미터나 되는 긴 활인 장궁으로 두꺼운 무쇠 갑옷을 뚫을 수 있었다. 이 무기로 영국군은 봉건 귀족 기사로 이루어진 프랑스 군대를 무찔렀다.

▶프랑스 왕 가계도

탐구하기 백년 전쟁이 일어난 까닭은 무엇인가요?

탐구 2 잔 다르크 등장

　처음에는 영국군이 우세하였으나, 전쟁은 쉽사리 끝나지 않았다. 유럽을 휩쓴 흑사병과 농민 반란 때문에 전쟁은 잠시 중단되기도 하였다. 다시 시작된 전쟁에서도 영국은 계속 승리하였다. 프랑스 부르고뉴파와 손을 잡은 영국군은 1428년, 프랑스 전체를 차지하려고 대군을 동원해 오를레앙을 포위했다. 이때 잔 다르크라는 17세 소녀가 나타났다. 신에게서 "프랑스를 구하라"는 계시를 받았다며 시농 성에 있던 황태자 샤를을 찾아갔다. 자신에게 군대를 주면 오를레앙을 구하겠다고 했다.

　군대를 이끌고 오를레앙에 도착한 잔 다르크는 절망에 빠져 싸울 의욕을 잃은 프랑스 사람들에게 자신감을 불어넣어 주고 힘껏 싸우라고 격려했다. 잔 다르크가 깃발을 들고 앞장을 서자, 프랑스 지휘관들도 힘을 얻어 영국군을 물리치기 시작했다. 프랑스 사람들도 영국군을 무찔러야 한다는 국민 의식이 생기면서 하나로 뭉쳐 승리하였다.

　잔 다르크가 이끄는 군대는 곳곳에서 영국군을 무찔렀고, 1450년에는 노르망디 지방을 모두 되찾았다. 영국군이 패하자, 영국 안에서는 요크 가문이 불만을 품고 권력다툼이 시작되었다. 영국이 혼란에 빠진 사이에 프랑스는 칼레 지방을 뺀 프랑스 전 영토에서 영국을 몰아내고, 1453년 백년 전쟁을 승리로 이끌었다. 하지만 잔 다르크는 부르고뉴파 군대에게 붙잡혀 영국군에게 넘겨졌다. 잔 다르크는 종교 재판에서 사제도 아닌데 신에게서 계시를 받았다는 것은 마녀라며 화형에 처해지고 말았다. 전쟁에서 이긴 프랑스도 더 이상 잔 다르크가 필요 없었기 때문에 구해주지 않았다.

　백년 전쟁이 끝난 뒤, 프랑스는 오랜 전쟁으로 봉건 귀족들이 죽고, 기사 세력도 약해지면서 국왕은 권력이 강해졌다. 프랑스 국왕인 샤를 7세는 국왕을 위한 군대인 상비군을 크게 키워, 귀족 세력을 누르고 중앙 집권 제도를 추진해 나갔다. 또한 그 때까지는 영국 사람과 프랑스 사람이 서로 다르다는 생각을 하지 않았다. 그러나 전쟁을 치르면서 각각 자기 나라에 대한 애국심이 생겼고, 내 나라, 내 민족이라는 의식이 생겼다. 영국 사람들에 대한 증오가 프랑스 사람들에게 국민 의식을 심어준 것이었다. 그래서 프랑스와 영국 사이에는 경쟁의식이 생기게 되었다.

탐구하기　잔 다르크는 왜 화형에 처해졌나요?

탐구 3 장미 전쟁

장미 전쟁은 1455년부터 1485년까지 30년 동안 왕위를 놓고 영국 귀족인 랭커스터 가문과 요크 가문이 싸운 전쟁이다. 장미 전쟁이라는 이름은 랭커스터 가문이 붉은 장미, 요크 가문이 흰 장미를 각각 문장으로 삼았기 때문이다.

랭커스터가 문장　요크가 문장　튜더가 문장

양쪽 가문은 에드워드 3세 아들들 후손이라서 왕위를 이을 정통성을 가지고 있었다. 하지만 랭커스터 가문인 헨리 6세가 왕위를 차지하자, 불만을 품은 요크 가문이 랭커스터 가문을 향해 전쟁을 일으켰다. 영국 귀족 가운데 가장 큰 두 가문이 싸움을 시작하자 다른 귀족들도 어느 한편을 들지 않을 수 없었다. 그래서 모든 귀족들은 두 패로 갈라져 전쟁을 하게 되었다.

30년에 걸친 장미 전쟁을 승리로 이끈 사람은 랭커스터 가문인 헨리 튜더였다. 그는 헨리 7세가 되어 왕위에 오름으로써 튜더 왕조를 세웠다. 헨리 7세는 두 가문에게 화해할 것을 권하고 앞장서서 요크 가문 딸인 엘리자베스를 아내로 맞아들임으로써 장미 전쟁은 끝이 났다. 빨간 장미와 백장미를 합친 튜더 왕조 왕기는 오늘날 영국 왕실 문장으로 이어졌다.

장미 전쟁은 정권을 잡으려고 귀족들끼리 벌인 싸움이라 국민들은 전혀 관심이 없는 전쟁이었다. 장미 전쟁이 벌어지기 전에 영국은 프랑스와 백년 전쟁을 벌였기 때문에 백성들은 더 이상 전쟁을 원하지 않았다. 그래서 싸움을 중단시킬 힘센 왕이 나타나기를 바라게 되었다. 장미 전쟁으로 귀족들 수가 반으로 줄어들자, 힘도 약해졌다. 그만큼 왕권은 커져서 헨리 7세는 귀족이 간섭하는 데서 벗어나 왕권 중심으로 정치를 펼 수 있게 되었고, 중앙 집권 국가로 발전할 수 있었다.

탐구하기　장미 전쟁 이후 영국 사회는 어떻게 변화했나요?

그 무렵 우리나라에서는 계유정난이 일어나다

1450년 세종이 세상을 떠나고, 2년 뒤에 문종이 세상을 떠나자, 12살 나이에 단종이 왕위에 올랐다. 1453년 정치적 야심을 가졌던 수양대군은 나이 어린 조카인 단종을 보필하던 김종서, 황보인 등을 죽이고 정권을 차지하였다. 이 정변이 계유년에 일어났으므로 계유정난이라 한다. 정권을 잡은 수양대군은 단종까지 몰아내고 왕위에 올라 세조가 되었다.

해석 신무기 대결장이었던 백년 전쟁

중세 시대 전쟁은 넓은 들판에서 활과 창, 칼로 전투를 벌여 승패를 겨루었다. 이 당시 전쟁은 철판 갑옷을 입은 말 탄 기사, 칼이나 창 그리고 방패를 든 병사, 활을 쏘는 궁수로 이루어졌다. 전투가 시작되면 철판 갑옷을 입은 기사들이 적진으로 말을 달려 들어가 칼과 도끼 등을 휘두르며 혼란에 빠트리면 그 뒤를 따라 병사들이 돌격하였다. 따라서 중세 전쟁에서는 기사들이 가장 중요한 존재였기 때문에 많은 기병으로 이루어진 프랑스 군대가 영국보다 강했다. 하지만 백년 전쟁이 시작되자 예상과는 달리 영국군이 계속 승리하였다. 이유는 신무기인 장궁 때문이었다. 11세기부터 서유럽 궁수들은 대부분 석궁을 사용하였는데, 영국군만 장궁을 사용하였다.

길이가 2미터나 되는 긴 활인 장궁은 화살 관통력도 컸다. 2백 미터 거리에서도 프랑스 기병들이 입은 갑옷을 뚫을 수 있었다. 보통 화살보다 두 배나 먼 거리에서 날아오는 화살에 프랑스군은 쉽게 목숨을 잃었다. 또한 프랑스군이 사용하던 석궁은 장전하는 데 시간이 오래 걸려 1분에 많아봐야 2~3발을 쏘는 것에 비해 장궁은 1분에 12발정도 쏠 수 있어서 더 유리했다. 따라서 프랑스군이 사용하던 석궁은 장궁에 대항할 수 없었기 때문에 전쟁에 질 수밖에 없었다.

이런 전세를 뒤집은 것이 대포였다. 장궁에 대항하기 위해 고심하던 프랑스는 대포를 사용하기 시작했다. 13~14세기 무렵 화약 무기가 유럽에 소개된 이후, 처음으로 프랑스가 야전포를 사용하였다. 지금처럼 포탄이 폭발하는 것이 아니라 쇠공이 날아가는 것이었지만, 성을 공격하는 데는 위력적이었다. 게다가 야전포는 영국군 장궁보다 사정거리가 더 길었다. 그래서 장궁 사정거리보다 더 먼 곳에서 대포를 쏘면 영국군은 속수무책이었다. 결국 1453년 카스티용 전투에서 프랑스 야전포병대는 대포 약 300문을 사용하여 백년 전쟁을 승리로 이끌었다.

이처럼 신무기가 발달하면서 천 년을 이끌었던 중세 전쟁 핵심 세력인 기사들은 몰락했다. 특히 꾸준한 기술 개발에 힘입은 화약 무기는 근대 전쟁에서 가장 중요한 무기로 자리잡게 되었다.

장궁(영국군) 석궁(프랑스군) 야전포(프랑스군)

해석하기 중세 기사들이 몰락한 원인은 무엇인가요?

역사토론

백년 전쟁에서 프랑스가 승리할 수 있었던 가장 큰 까닭은 무엇일까?

토론 내용 백년 전쟁 초기에 영국은 신무기인 장궁을 앞세워 프랑스 군을 물리쳐, 파리까지 점령할 정도로 우세하였다. 전쟁을 내내 주도하던 영국이 결국엔 백년 전쟁에서 패배하고 프랑스가 승리할 수 있었던 까닭은 무엇일까?

토론 1 잔 다르크 때문이다.

열세였던 프랑스를 구해낸 것은 잔 다르크였다. 잔 다르크는 신에게 계시를 받았다면서 스스로 깃발을 들고 최전선에 뛰어들어 절망에 빠져있던 프랑스군 사기를 높이며 전쟁 분위기를 뒤집었다. 당시 프랑스는 전력과 전술이 불리했지만 잔 다르크가 불어 넣은 종교적 열정으로 이 모든 것을 극복하고 승리할 수 있었다.

토론 2 국민 의식이 생겼기 때문이다.

오랜 기간 동안 계속해서 영국군이 침략하자, 프랑스 사람들 사이에서 영국에 반발하는 감정이 높아졌다. 그 때까지는 영국 사람과 프랑스 사람이 서로 다르다는 생각을 거의 하지 않아서 국민 의식 같은 것이 없었다. 그런데 전쟁이 길어지자 영국 사람들에 대한 증오가 점점 프랑스 사람들을 일치 단결하게 하였다. 전쟁에서 승리하기 위해서는 여러 가지가 필요하지만, 무엇보다 중요한 것은 이런 단결심과 애국심이다.

토론 3 군사 기술이 발달했기 때문이다.

화약으로 만든 대포가 백년 전쟁 말기에 등장하면서 전세를 역전시킬 수 있었다. 대포는 영국군이 사용하던 장궁보다 사정거리가 길었다. 그래서 먼 거리에서 대포 한 방으로 성을 부수고, 많은 군인들을 죽일 수 있었다.

토론 4 영국이 혼란에 빠졌기 때문이다.

백년 전쟁 말기에 들어서면서 영국은 왕권을 두고 랭커스터가와 요크가 사이 권력 다툼이 점점 심해졌다. 따라서 영국이 전쟁에 신경 쓸 겨를이 없는 것을 틈타 프랑스가 승리할 수 있었다.

토론하기

백년 전쟁에서 프랑스가 승리할 수 있었던 가장 큰 까닭은 무엇일까요? 자기 생각을 밝히고, 그 까닭을 쓰세요.

역사에 비추어 보는 세계

🌸 **다음 글을 읽고, 물음에 대한 생각을 써 보세요.**

➡ 잔 다르크는 백년 전쟁 때 프랑스를 위기에서 구한 영웅적인 소녀입니다. 그런 잔 다르크를 요즘도 신문이나 방송에서는 자주 볼 수 있습니다. 이런 호칭을 붙여주는 것에 대해 생각해 봅시다.

잔 다르크라 불리는 사람들

(1) "나는 자랑스러운 어머니, 자랑스러운 민주당원, 자랑스러운 미국인이며 그리고 자랑스러운 오바마 지지자입니다." 2008년 민주당 대선 후보인 오바마 후보와 마지막까지 대선후보 경쟁을 벌였던 힐러리 클린턴 상원의원도 오바마 후보에게 전폭적인 지원을 약속하면서 이번 승리를 위해 '오바마의 잔 다르크'가 되겠다고 선언했다. 전당 대회장인 덴버 펩시 센터에서 오바마 후보를 중심으로 단결해 새로운 미국을 건설해야 한다고 강조하면서 힐러리는 바로 자신이 자랑스러운 오바마 지지자임을 밝혔다.

(2) 2002년 콜롬비아 대선 후보로 출마했다가 유세를 마치고 돌아오는 도중 콜롬비아 무장 혁명군에게 납치됐던 베탕쿠르는 콜롬비아 정예 요원들 구조로 6년 만에 풀려났다. 베탕쿠르 귀환은 전 세계인들의 이목을 끌었다. 특히 콜롬비아에서는 그녀를 이전과 마찬가지로 '콜롬비아의 잔 다르크'라는 호칭을 붙여주며 그녀를 환영했다.

(3) 그리스 아테네에서 태어난 멜리나 메르꾸리는 지금도 사람들 가슴속에 '그리스의 잔 다르크'로 기억되는 인물이다. 조국인 그리스 민주주의와 존엄을 지키기 위해 고단한 인생 역정을 헤쳐온 아름다운 전사였기 때문이다. 그녀는 군부가 쿠데타를 일으켜 군사독재를 시작하자 그리스를 떠나 뉴욕으로 건너갔다. 미국 TV에 출연하여 처음으로 그리스에서 벌어지는 정치 현실을 폭로하면서 "군정이 계속되는 동안에는 아무도 그리스 여행을 하지 말라"고 하였다. 반국가적 해외 활동을 이유로 멜리나는 시민권과 그리스 내 모든 재산이 몰수되었고, 군사 정부 시녀가 된 그리스 정교회도 그녀를 파문했다.

생각 열기

위기가 닥쳤을 때 등장해 나라를 구하는 여성 투사이거나, 불합리한 세상을 바꾸고자 노력하는 강인한 여성을 대표하는 의미로 흔히 '잔 다르크'라는 별명을 붙입니다. 이외에도 이미지가 비슷하면 '제2의 ○○'이라고 불리는 경우가 많습니다. 이렇게 부르는 것에 대해서 어떻게 생각하는지 자기 생각을 써 보세요.

논술 한 단계

학습 목표 논리 펼치기 10
학습 내용 바람직한 경쟁 의식

예문 1 과 예문 2 는 영국과 프랑스가 지니고 있는 경쟁 의식을 보여주고 있습니다. 상대와 경쟁을 하는 것에 대한 입장을 비교·대조해 보고 자기 생각을 쓰세요.

예문 1 신 백년 전쟁, 올림픽 대회 유치전

2012년 하계 올림픽을 개최하기 위한 런던과 파리 유치전은 '신 백년 전쟁'이라 불릴 정도로 치열했다. 유치전이 한창이던 때, 프랑스 시라크 대통령은 러시아, 독일 정상들과 만난 자리에서 "영국이 유럽 농업에 기여한 것은 광우병"이며 "영국 음식이 핀란드 다음으로 최악"이라고 비꼬았다. 그런데 영국을 깎아내리려던 발언은 핀란드까지 화나게 하여 핀란드 IOC 위원 2명 모두가 런던에 표를 던지게 하였다. 그 결과, 막판까지도 우세하다고 전망되었던 파리는 런던에 4표 차로 지게 되었다. 두 나라 대결에서 2표가 어느 한 나라에 몰리는 것은 4표 차이를 의미한다. 결국 핀란드 IOC 위원 2표가 승부를 결정한 것이다.

평소에도 프랑스인들은 맛없는 음식을 '영국 요리'라고 표현하면서 '영국 요리를 먹는 건 혀에 대한 테러'라고 조롱하였다. 영국 또한 제멋대로 노는 휴가를 '프랑스 휴가'라고 얕잡아 부르는 등 두 나라 경쟁 의식은 백년 전쟁 이후부터 뿌리 깊게 자리 잡고 있다.

예문 2 서로 배우는 런던과 파리

2008년 켄 리빙스턴 영국 런던 시장은 프랑스 파리에서 실시하고 있는 자전거 공공 임대 시스템을 런던에도 도입키로 했다. 파리에 직접 가서 자전거 공공 임대 제도를 살펴본 그는 교통 담당 관리들한테 파리를 배우라고 지시하였다.

파리는 2007년부터 '벨리브'라고 부르는 자전거 공공 임대 제도를 시작했다. 시민이나 관광객 누구나 근처 무인자전거 대여소에서 자전거를 탄 뒤 목적지 근처 대여소에 반납하는 자전거 대여 제도이다. 경쟁 도시 배우기는 사르코지 프랑스 대통령이 먼저 시작했다. 그는 런던 시가 버스, 지하철 등 대중교통에 감시 카메라를 설치해서 테러에 대비하고 있는 것을 보고 런던식 감시 카메라 시스템을 도입하라고 지시했다. 런던에는 감시 카메라가 6만 5천여 대가 설치되어 있는 반면, 파리에는 3천 대밖에 없었다.

이처럼 런던과 파리는 세계 일류 도시가 되기 위해서 상대방이 가지고 있는 좋은 점을 보고 배우고 있다. 2006년 전 세계 도시 경쟁력에서 런던과 파리가 각각 3, 4위에 오른 것은 이런 노력 덕분이다.

1. 예문1 과 예문2 에 대한 비교와 대조

	예문 1	예문 2
대조	(1) 지나친 경쟁심으로 올림픽 유치에 실패하였다. (2)	(1) 영국과 프랑스는 경쟁할 때와 협력할 때를 아는 현명한 경쟁의식을 가지고 있다. (2)
비교		

2. 상대방과 경쟁은 꼭 필요한 것일까요?

3. 예문1 처럼 경쟁 의식이 가져다주는 부정적인 면은 어떤 것이 있을까요?

4. 예문2 처럼 경쟁 의식이 주는 긍정적인 면은 어떤 것이 있을까요?

5. 바람직한 경쟁 의식에 대한 내 생각을 쓰세요.

쇼토쿠 태자 (왼쪽은 동생, 오른쪽은 아들)

11

쇼토쿠 태자와 다이카 개신

역사 연대기

618년 | 당나라가 건국됨.
622년 | 무함마드가 메카에서 메디나로 옮겨감(헤지라).
645년 | 일본에서 다이카 개신을 함.
658년 | 당나라가 서역으로 원정함.
661년 | 인도 무함마드 왕조가 성립됨.
676년 | 신라가 삼국을 통일함.

학습 목표

1. 쇼토쿠 태자에 대해 알 수 있다.
2. 다이카 개신에 대해 알 수 있다.
3. 백제 성왕이 일본에 선진 문물을 전해준 까닭에 대해 알 수 있다.
4. 고대 일본 역사서에 대해 생각해 볼 수 있다.
5. 게임 증후군을 극복할 수 있는 방법에 대해 논리를 펼칠 수 있다.

심화 학습

도서 읽기 • 대륙을 바라보는 섬나라 일본이야기
(김영희 · 박중언 지음/아이세움)

역사탐구

탐구 1 쇼토쿠 태자(574~622년)

4세기 무렵, 일본 나라 지방에 처음으로 통일 국가인 야마토 정권이 세워졌다. 중앙에서 나라를 다스리는 왕은 오오키미(大王)라고 불렀다. 지방에서는 힘센 호족들끼리 중앙 귀족으로 진출하려고 서로 다투었다. 백제가 불교를 전하자, 일본에서는 불교를 받아들이려는 소가 가문과 토속 신앙을 믿는 모노노베 가문 사이에 큰 싸움이 벌어졌다. 소가 가문은 딸들을 왕에게 시집보내 큰 힘을 갖고 있었다.

소가 가문 출신으로 가장 높은 벼슬인 오오미(大臣)에 오른 우마코가 모노노베 가문을 멸망시키고, 592년에는 32대 스슌 왕에게 자객을 보내 암살했다. 그리고 조카딸인 스이코를 왕위에 앉히고, 수도를 아스카로 옮긴 뒤, 31대 요메이 왕 아들인 쇼토쿠 태자와 함께 다스렸다. 쇼토쿠 태자는 유교를 바탕으로 정치를 바로잡고, 강력한 힘을 가진 왕을 중심으로 하여 법과 제도로 다스리는 중앙 집권 국가를 세우려고 했다.

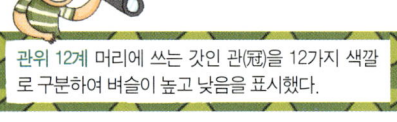

관위 12계 머리에 쓰는 갓인 관(冠)을 12가지 색깔로 구분하여 벼슬이 높고 낮음을 표시했다.

603년에는 '관위 12계'를 만들어 신분에 관계없이 사람을 뽑아 쓰려 하였고, 다음 해에는 호족 세력을 누르고 왕실을 튼튼하게 세우기 위해 '헌법 17조'를 만들었다. 또, 선진 문물을 받아들이기 위해 수나라로 견수사를 보내 정치와 문화를 배워오도록 했다. 하지만 같이 나라를 이끌던 우마코는 개혁에 반대하였고, 호족 세력들도 반발하여 쇼토쿠 태자가 벌인 정책들은 실패하고 말았다.

불교에 관심이 많았던 쇼토쿠 태자는 고구려 승려인 혜자와 백제 승려인 혜총을 스승으로 모셨다. 불교를 받아들여 호류사를 비롯한 많은 절을 지었으며, 불교 국가를 만들려고 하였다. 고구려 승려인 담징은 물감·먹·종이 만드는 방법을 알려주었고, 호류사에 금당벽화를 그렸다. 그러자 나라 지역은 아스카를 중심으로 하여 불교문화가 크게 발달하였다. 주로 백제, 고구려, 신라로부터 영향을 받은 이 문화를 '아스카 문화'라고 한다.

일본인들은 지금도 바르고 어진 정치를 했던 쇼토쿠 태자가 관세음보살이 되었다고 믿으며, 그를 받들어 모시고 있다.

탐구하기   쇼토쿠 태자가 중앙 집권 국가로 만들기 위해 실시한 세 가지 제도는 무엇인가요?

탐구 2 다이카 개신

쇼토쿠 태자가 죽자 소가 가문은 왕도 마음대로 바꾸며 권력을 휘둘렀다. 소가 가문인 이루카가 왕위를 이을 쇼토쿠 태자 아들을 없애려 하자, 태자 아들은 처자식을 죽인 뒤에 자살하고 말았다. 소가 가문이 끊임없이 횡포를 부리자, 왕족과 귀족들 사이에서 반대하는 사람들이 나오기 시작했다.

645년, 나카 가문 고쿄쿠 왕 아들인 오에는 나카토미 가문인 가마타리와 힘을 합해 이루카를 죽이고 소가 가문을 멸망시켰다. 오에는 왕위를 동생에게로 넘긴 뒤, 연호를 '다이카(大化)'로 정하고 개혁을 실시했다. 당나라 제도를 본 따 중앙 집권 국가를 만들려는 이 개혁을 '다이카 개신'이라고 부른다. 다이카 개신은 오에가 지휘하고, 견당사로 다녀온 학자와 승려들을 중심으로 추진되었다.

> 오에가 646년 공포한 기본 방침 4개조
> 첫째, 개인이 토지와 백성을 소유하는 것을 폐지
> 둘째, 지방 행정 구역을 정비
> 셋째, 호적을 만들어 반전수수법을 실시
> 넷째, 부역을 폐지하고 새로운 조세 제도를 실시

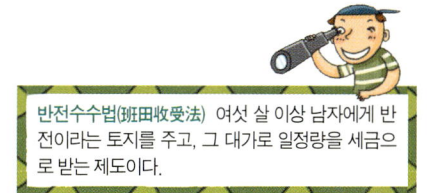

반전수수법(班田收受法) 여섯 살 이상 남자에게 반전이라는 토지를 주고, 그 대가로 일정량을 세금으로 받는 제도이다.

중앙 정부에서 직접 관리들을 뽑고, 모든 토지와 백성을 다스린다는 사실을 분명히 밝힌 것이다. 오에는 즉시 자기 소유 토지를 모두 왕에게 바쳐, 다른 호족들이 반발하려는 움직임을 막았다. 호족들은 관리가 되어 국가에서 토지를 받았다. 동생인 고토쿠 왕이 죽자, 오에는 어머니인 고쿄쿠를 사이메이 왕으로 다시 세웠다. 660년, 백제가 나당 연합군에게 망하자, 일본은 백제 부흥군을 도왔다. 663년에 군사 2만 7천여 명과 배 1천여 척을 한반도로 보냈으나, 금강 하구인 백강에서 크게 패했다.

38대 텐지 왕이 된 오에는 나당 연합군이 쳐들어올 것에 대비해 성을 쌓고 군사를 길렀다. 또 다이카 개신을 완성하기 위해 제도를 바로 잡고, 공을 세운 나카토미 가문에게 '후지와라'라는 성(姓)을 내렸다. 673년에 즉위한 텐무 왕은 강력한 왕권을 바탕으로 모든 호족을 누르고 개혁을 추진하였다. 텐무 왕이 죽자 왕비인 지토가 왕이 되어 텐무 왕이 추진하던 개혁을 이어받아 법과 제도로 다스리는 중앙 집권 국가를 완성하였다.

탐구하기 다이카 개신에서 중심이 되는 기본 방침 4개조가 담고 있는 내용은 무엇인가요?

역사해석

해석 1 백제 성왕은 왜 일본에 많은 선진 문물을 전해주었을까?

그동안 우리 역사에서는 일본에 불교가 처음 전해진 것은 552년이고, 백제 성왕이 노리사치계를 보내 불상과 불경을 전해준 것으로 되어 있다. 하지만 요즘은 성왕이 수도를 사비로 천도한 538년에 전하였다는 것이 점점 더 힘을 얻고 있다.

불상과 불경을 전해주자 일본에서는 이 불상을 모실 것인가 말 것인가를 두고 불교를 받아들이려는 소가 가문과 토속 신앙을 믿는 모노노베 가문 사이에 큰 싸움이 일어났고, 소가 가문이 이겼다. 소가 가문은 백제 사람 목 씨가 소가라는 곳에 자리 잡고 세운 가문으로, 성왕으로부터 많은 지원을 받아 일본 왕을 위협할 만큼 큰 세력이 되었다. 성왕은 불교 사절단과 함께 여러 기술을 가진 전문가들을 보내주었고, 일정한 시간이 지나면 다른 기술자로 바꾸어 보내서 꾸준히 새로운 문화를 전해주었다.

호류사 몽전 구세관음상

고구려를 한강에서 몰아내고 백제를 다시 강국으로 만들고 싶었던 성왕은 백제 힘만으로는 고구려를 이길 수 없음을 알았다. 그래서 일본을 도와주면서 발전시킨 다음 고구려를 칠 때 도움을 받으려고 했다. 그래서 551년에 백제가 신라와 함께 한강 유역을 되찾을 때 일본은 군사를 보내 백제를 도와주었다.

> **호류사 몽전 구세관음상** 위덕왕이 아버지 성왕을 그리며 나무로 조각하고 금박을 입힌 높이 180센티미터 되는 등신상이다. 1년에 봄과 가을에 한 달씩만 개방되는데, 지금도 일본 사람들은 성왕이 부처로 환생했다고 믿으며 그를 기리고 있다.

탐구하기 백제 성왕이 펼친 일본에 대한 외교 전략은 무엇이었나요?

그 무렵 우리나라에서는 나제 동맹(433~554년)

고구려 장수왕은 427년에 수도를 평양으로 옮긴 뒤, 남진 정책을 추진했다. 이에 위협을 느낀 신라 눌지왕과 백제 비유왕은 433년에 나제 동맹을 맺고 고구려에 맞섰다.

475년, 장수왕이 백제를 침략하여 개로왕을 죽이고 위례성을 점령하자, 큰 타격을 입은 백제는 웅진으로 천도했다. 백제 동성왕은 신라 귀족 딸과 결혼하여(493년) 동맹을 더욱 공고히 했다.

551년, 백제 성왕이 신라 진흥왕과 함께 고구려를 공격하여 76년 만에 한강 유역을 되찾기도 했다. 그러나 2년 뒤, 진흥왕이 동맹을 배반하고 백제 땅인 한강 하류 지역을 차지하자, 두 나라 사이에 싸움이 일어났고, 관산성 전투에서 성왕이 전사하여 120여 년간 지속되었던 나제 동맹은 깨지고 말았다.

해석 2 덴노(天皇, 천황)·닛뽄(日本, 일본)·와(和, 화)·신토(神道, 신도)

'덴노'와 '닛뽄'이라는 말은 언제부터 사용했을까?

쇼토쿠 태자는 수나라에 유학생을 보내면서 황제인 양제에게 편지를 보냈다. '해가 뜨는 동쪽 나라 천자(天子)가 해가 지는 서쪽 나라 천자에게 편지를 보냅니다. 편안히 지내고 계십니까?'로 시작된 이 편지는 양제를 화나게 만들었다. 수나라 사람들에게 '천자는 중국 황제 단 한 사람뿐'이었던 것이다. 하지만 고구려와 전쟁을 앞두고 있던 양제는 일본이 고구려와 손을 잡을까봐 화를 참아냈다. 이 소식을 들은 쇼토쿠 태자는 고민 끝에 다음 번 편지에는 '동쪽 천황이 서쪽 천자에게 고합니다.'라고 써서 보냈다. 수나라를 자극하지 않고 일본을 높이기 위해 찾아낸 호칭이 '천황'이었던 것이다. 도교에서 우주 지배자를 '천황대제'라고 하는 데서 따온 말이다.

'천황'이란 호칭을 공식적으로 사용한 것은 40대 텐무 왕 때부터였고, '해가 뜨는 나라'라는 뜻에서 '일본'이라는 나라 이름을 사용한 것은 41대 지토 왕 때부터였다. 《일본서기》에 따르면 초대 천황은 기원전 660년 진무 천황이고, 지금은 1989년에 즉위한 125대 아키히토 천황이다.

와 쇼토쿠 태자가 만든 '헌법 17조' 제 1조는 '화합은 가장 고귀하다. 그리고 모든 것은 대화로 정해야 한다'라고 되어 있다. 섬나라인 일본은 섬 안에서 서로 싸우면 함께 망할 수밖에 없기 때문에 화합을 강조한 것이다. 이것이 '와'다. '와'는 일본 국시로 1천 4백여 년 역사를 통해 끊임없이 이어져 왔다. 그래서 일본인들은 자기들 고유 문화를 이야기할 때 일본 요리(和食, 화식), 일본 스타일(和風, 화풍), 일본 옷(和服, 화복), 일본 전통음악(和歌, 화가)처럼 '와(和)'를 붙인다.

> 국시 국가 이념이나 국가 정책 기본 방침이다.

신토 일본은 여러 민족으로 이루어져 있어 여러 가지 건국 신화가 있다. 또 인간인 천황을 신과 같은 존재로 받들었다. 그래서 신화와 인간인 천황을 묶어 만든 일본 고유 종교가 '신토'이다. 그러므로 천황에게는 신토를 보호할 의무가 있다.

6세기에 일본에 들어온 불교는 신토와 합해진 종교가 되어 지금까지 이어져 오고 있다. 일본인들은 집집마다 신토 제단인 가미다나(神棚, 신붕)와 불교 제단인 부쓰단(佛壇, 불단)을 두고 있으며, 결혼식은 신토식, 장례식은 불교식으로 치르기도 한다.

해석하기 두 종교를 함께 섬기는 일본 사람들에 대한 자기 생각을 써 보세요.

역사토론

일본 사람들이 주장하는 고대 일본 역사는 믿을 수 있을까?

토론 내용 일본에 국가가 존재한다는 사실은 중국 역사서인 《한서지리지》에 '왜(倭)'라는 이름으로 1세기 무렵에 처음 등장한다. 일본 사람들은 712년과 720년에 각각 완성된 《고사기(古事記)》와 《일본서기》를 토대로 고대 역사를 해석하고 있다. 이 역사서에 기록된 내용은 믿을 수 있는 것일까?

토론 1 믿을 수 있다.

《고사기》와 《일본서기》에는 일본 건국 신화부터 책이 완성되던 시대인 7세기 말까지 역사가 실려 있다. 곰과 호랑이가 등장하는 고조선 건국 신화도 믿을 수 없는 내용으로 느껴지지만, 신화 속에는 깊은 뜻이 들어 있다. 그러므로 일본 역사서도 글자 그대로 믿기보다는 그 안에 담긴 뜻을 헤아린다면 많은 진실을 담고 있을 것이다.

토론 2 아니다. 믿을 수 없다.

두 역사서는 천황을 중심으로 국가를 세우기 위해 만든 것이기 때문에 사실만을 기록했다고 볼 수는 없다. 자기 민족이 뛰어나다고 인식시키기 위한 내용과 천황에게 복종하도록 가르치기 위한 내용이 들어 있다.

토론 3 그래도 믿을 수 있다.

역사서를 쓰는 사람은 누구나 자기 나라 이야기는 좋은 것만 쓰고 싶을 것이다. 숨기고 싶은 사실을 굳이 보이고 싶지는 않을 것이다. 김부식도 《삼국사기》를 유학자 입장에서 자기 생각대로 썼지만, 우리 역사에서 《삼국사기》를 뺄 수는 없다. 그러므로 더러 과장이 있더라도 믿을만한 책이다.

토론 4 아무리 그래도 믿을 수 없다.

일본 고대 역사를 이해하는 데 귀중한 자료가 되는 것은 사실이다. 하지만 검증할 수 없는 내용들이 너무 많다. 특히 확실한 기록이 없어 일본에서 '수수께끼 역사'라고도 불리는 3~4세기는 자기네들 마음대로 기록했다. 《일본서기》에는 일본이 한반도 남부를 지배했다는 임나일본부설과 '칠지도'를 백제가 일본에게 복종하는 뜻으로 바쳤다는 왜곡된 내용이 실려 있다.

토론하기

일본 사람들이 주장하는 일본 고대 역사는 믿을 수 있는 것일까요? 자기 생각을 밝히고, 그 까닭을 쓰세요.

역사에 비추어 보는 세계

🌸 **다음 글을 읽고, 물음에 대한 생각을 써 보세요.**

➡ 다른 나라 혹은 상품이 가지고 있는 장점만을 선택해서 가장 좋은 새로운 것을 만들어 내는 일본의 이이토코토리 정신에 대해서 생각해 봅시다.

이이토코토리(良いとこ取り, 좋은 것은 받아들인다) 정신

쇼토쿠 태자는 외국에서 온 사람으로부터 새로운 문화를 받아들이는 데 그치지 않고 직접 견수사를 보내 선진국인 수나라로부터 문화를 배워오게 하였다. 대륙을 통일한 수나라를 본받아 왕을 중심으로 하는 국가를 세우기 위해서였다. 새로운 문화를 받아들이더라도 옛것을 버리는 것이 아니라, 옛것과 함께 좋은 문화를 섞어서 일본식으로 만들었다.

이러한 정신은 일본인들 마음속에 깊이 자리 잡아, 제 2차 세계대전으로 폐허가 된 일본이 산업을 발전시켜 뛰어난 기술을 가질 수 있게 해 주었다. 다른 나라에서 개발한 기술이나 지식을 받아들여 원래 것보다 훨씬 우수한 제품을 만들어 냈다. 주로 서양에서 발명한 자동차·카메라·전자 제품 등을 더 좋게 만들어 세계를 휩쓸었고, 엄청난 무역 흑자로 미국 다음가는 경제대국으로 발전하였다.

하지만 이이토코토리 정신은 일본이 다른 나라에게 저지른 잘못도 잘한 것처럼 만들어 버리거나 없애버리는 역사 왜곡을 낳았다. 이런 생각은 전 세계가 하나 되는 시대에 외톨이가 되는 부작용을 낳기도 하였다. 또 일본 사람들은 세계 사람들에게 경제 동물이라는 비아냥을 듣기도 하는데, 돈만 밝히는 민족이라는 놀림을 받는 것이다.

생각 열기   이이토코토리 정신이 가지고 있는 장점과 단점은 무엇인지 자기 생각을 써 보세요.

장점

단점

논술 한 단계

학습 목표 논리 펼치기 11
학습 내용 게임 증후군 극복

🍭 일본에서 전해진 닌텐도 게임에 대한 예문을 읽고, 닌텐도 게임이 가지고 있는 장점과 단점에 대해 분석하여, 게임 증후군을 극복할 수 있는 방법에 대한 자기 생각을 쓰세요.

예문　닌텐도 게임 증후군

　닌텐도는 일본을 대표하는 비디오 게임기 및 비디오 게임 제작 업체이다. 1985년 선보인 게임기 패미콤을 시작으로 10년 가까이 전 세계 게임 시장을 지배했다.
　1994년 소니사가 개발한 플레이스테이션이 등장하면서 위기를 맞기도 했으나, 포켓몬을 기본으로 하는 다양한 상품 개발과 휴대용 게임기 제작으로 위기를 극복했다.
　하지만 '닌텐도 증후군'이라는 불명예스런 용어를 낳았다. 닌텐도사 프로그램으로 전자오락을 하다가 게임 도중 갑자기 의식을 잃고 쓰러지면서 호흡곤란과 발작을 일으키는 경우가 많아 붙여진 이름이다. 오랜 시간 불규칙적으로 깜박거리는 빛에 자극을 받거나 자극이 강한 TV 만화나 컴퓨터 등 전자오락에 빠지면서 생기는 발작 현상으로, 10~13세 어린이들에게서 가장 많이 발견된다. 1997년 12월 일본에서는 TV 만화영화 '포켓몬스터'를 시청하던 어린이 8백여 명이 동시에 집단 간질 증세를 보여 소동을 빚기도 했다.
　2004년 11월 닌텐도사는 휴대용 게임기인 '닌텐도 DS'를 전 세계에 팔기 시작했다. 본체는 접는 형태로, 더블 스크린·터치스크린·마이크 입력 등 여러 가지 기능을 갖추었다. 닌텐도사는 점점 더 가볍고 작게 만들어 가지고 다니기 쉬운 신제품을 내놓고 있다.
　닌텐도 DS는 처음 우리나라에 소개될 때, '두뇌 트레이닝에 좋은 제품'이라며 광고했다. 계산을 빨리 풀거나 소리 내어 문장을 읽는 활동이 창조와 기억력을 담당하는 전두엽에 좋은 영향을 주어 뇌가 단련된다는 것이다. 또 '나이, 성별, 지금까지 게임 경험이 있건 없건 누구나 즐기기에 부족함이 없는 게임기'라며 나이와 성별이 다른 유명 연예인들을 모델로 내세워 광고 효과를 높이고 있다. 하지만 국내외 과학자들은 특정한 작업을 계속하면 그 작업이 익숙해지는 것일 뿐, 학습 능력을 높이는지에 대한 검증이 이루어지지 않아 과장 광고라며 비판하고 있다.
　그럼에도 닌텐도 DS는 어린이나 청소년이 가장 받고 싶은 선물로 꼽힌다. 아이들이 졸라서 혹은 광고를 믿은 많은 부모들이 '학업에 도움이 될까?' 하는 기대로 구입했다. 실제로 아이들은 닌텐도사가 내세우는 두뇌 개발보다는 게임에 몰두하느라 함께 어울려 노는 즐거움을 잃어 가고 있다.
　본체 가격도 적지 않은 금액이지만, 계속 나오는 다양한 소프트웨어는 갖고 싶은 욕망을 부추겨 '만족보다는 늘 부족하다'는 불만을 느끼게 한다.

1. 닌텐도 게임에 대해 예문에 제시된 장단점과 '내가 느끼는' 장단점

	예문에 나타난 장단점	내가 느낀 장단점
장점	(1) 아이들이 몰입할 정도로 재미있다. (2) (3)	(1) 자투리 시간을 때우기 좋다. (2) (3)
단점	(1) (2) (3)	(1) (2) (3)

2. 게임 증후군을 극복할 수 있는 방법에 대한 내 생각을 써 보세요.

12

수나라와 당 태종, 그리고 측천무후

역사 연대기
590년 | 그레고리우스 1세가 교황이 됨.
610년 | 무함마드가 이슬람교를 창시함.
612년 | 고구려 을지문덕이 살수에서 수나라 군대를 무찌름.
645년 | 일본에 다이카 개신이 시작됨.

학습 목표
1. 수나라를 세운 문제와 아들인 양제에 대해 알 수 있다.
2. 당나라가 세워진 과정과 전성기를 알 수 있다.
3. 당태종과 측천무후에 대해 알 수 있다.
4. 남북을 잇는 대운하가 당나라에 끼친 영향을 알 수 있다.
5. 미모와 품성에 대해 논리를 펼칠 수 있다.

심화 학습
도서 읽기 • 천하의 중심을 꿈꾼 나라 중국 이야기
(허용우 지음/아이세움)

탐구 1 수나라 문제와 양제

양견은 위진남북조 시대로 나뉘어 있던 중국을 하나로 통일하였다. 581년에 북주를 무너뜨리고 수나라를 세운 다음, 남쪽에 있던 진나라도 멸망시켰다.

수나라 문제가 된 양견은 강력한 중앙 집권 국가를 만들기 위해 지방에 있는 호족이 관리를 추천했던 9품 중정법을 없애고, 시험을 통해 관리를 뽑는 과거제를 만들었다. 토지는 균전제를 실시하여 18세부터 59세 남자에게만 토지를 지급하였고, 농민들은 국가에 세금을 내고, 전쟁이 나면 군대에 가야 했다. 이 제도는 평소에는 농민이었다가 전쟁이 나면 군인이 되는 병농일치제이다. 수나라가 강한 군대를 가질 수 있었던 것은 이 제도 덕분이었다.

또 부역과 세금을 줄이고 농업을 장려하는 정책을 통해 경제를 발전시켜 나라를 바로 잡았다. 그러자 나라가 안정되었고, 인구도 늘어났다.

604년에 문제가 세상을 떠나고 둘째 아들인 양제가 뒤를 이었다. 양쯔 강 둘레에서 생산된 쌀을 수도인 장안과 낙양으로 직접 운반하기 위하여 대운하를 건설하였다. 강과 강을 이어 붙인 이 공사는 605년에서 611년까지 실시되었으며, 길이는 2천 킬로미터였다. 이 공사에는 백만 명이 넘는 백성들이 강제로 동원되었다. 또 낙양에 새로운 수도를 건설하기 위하여 수백만 명이나 되는 백성들이 목숨을 잃으면서 까지 일해야 했다.

611년에 양제는 아버지인 문제가 이루어내지 못한 고구려 정벌에 나섰다. 군사 113만 명을 이끌고 요동성을 공격했으나, 함락시키지 못했다. 그러자 별동대 30만 명을 보내 평양성을 공격하였으나, 실패하고 후퇴하다가 을지문덕 장군이 지휘하는 고구려 군대에게 살수에서 거의 전멸당했다. 양제는 여러 번에 걸쳐 고구려로 쳐들어갔으나, 번번이 실패하고 말았다.

양제는 무리한 대운하 건설, 고구려 정벌 실패, 그리고 나라 안에서 일어난 반란으로 국력이 약해져서 나라가 만들어진 지 30여 년 만에 멸망했다.

탐구하기 수나라가 망하게 된 까닭은 무엇인가요?

탐구 2 당나라 건국과 성장

수나라가 대운하 건설과 고구려 정벌에 실패하여 혼란에 빠지자, 전국에서 120여 차례나 반란이 일어났다. 이 혼란을 바로잡고 다시 나라를 세운 사람이 바로 당나라 태조 이연이다. 이연에게는 세 아들이 있었으나, 서로 왕이 되려고 싸우다가 둘째 아들인 세민이 정권을 잡아 당나라 2대 왕인 태종이 되었다. 그는 수나라 때 처음 시작된 과거 제도를 통해 인재를 뽑아 관리로 임명하였다. 이 제도는 중앙 집권 통치를 튼튼하게 해 주었다.

당나라 관리 조직은 3성 6부제였다. 3성은 중서성, 문하성, 상서성으로 그 밑에는 이, 호, 예, 병, 형, 공이라는 6부가 있었는데, 서로 돕고 경쟁하였다. 그리고 토지 제도는 15세 이상 농민에게 땅을 나누어 주는 균전제를 실시하였는데, 땅을 받은 농민들은 조·용·조라는 세 가지 세금을 국가에 냈다. 군사 제도는 무기와 의복을 본인이 준비하고, 농한기에 군사훈련을 받는 부병제를 실시했다. 법률 제도인 율령격식이 637년에 완성되었는데, 다른 나라에 전해져서 국가 기초를 세우는 본보기가 되었다.

태종은 당나라를 위협하는 세력인 돌궐을 복속시키고, 644년에 직접 10만 군사를 이끌고 고구려를 정벌하기 위해 나섰다. 고구려 안시성을 공격했으나, 안시성 성주인 양만춘에게 패하였다.

> **조(租)·용(庸)·조(調) 제도** 토지에 대한 세금인 조, 사람에 대한 세금인 용, 가구에 대한 세금인 조를 말한다.

태종은 황제가 강력한 권력을 가지도록 했으며, 백성들을 위해 호적을 만들고 균전제를 실시하여 생활을 안정시켰다. 또 부병제와 조용조 제도를 정비하여 당나라를 경제적·군사적으로 강하게 만들었다. 649년에 고구려 정벌을 준비하던 중에 태종은 갑작스럽게 사망하였다. 이렇게 태종이 당나라를 모범적으로 다스렸던 시대를 '정관의 치(貞觀之治)'라고 부른다.

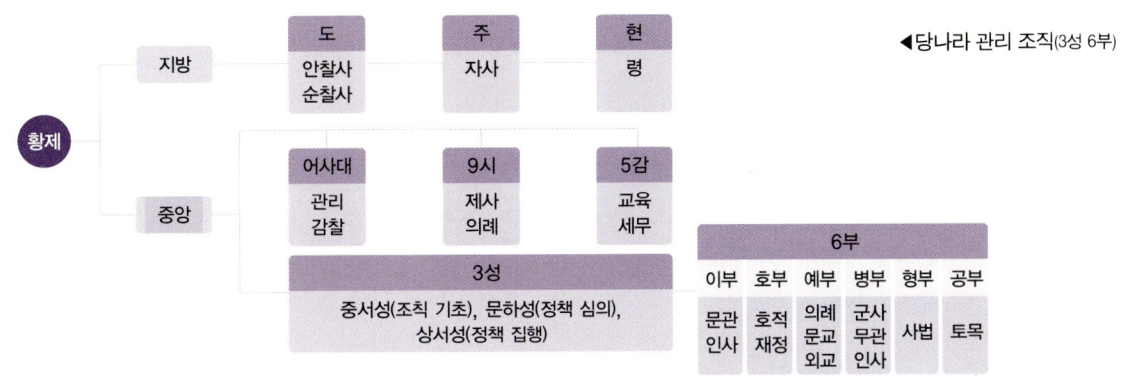

◀당나라 관리 조직(3성 6부)

탐구하기 나라에서 지급한 토지를 받은 백성은 어떤 의무를 해야 했나요?

탐구 3 중국에서 유일한 여황제 측천무후

태종이 세상을 떠나자 고종이 즉위하였다. 태종에게는 '무미랑'이라는 후궁이 있었는데, 태종이 죽자 관습에 따라 궁에서 나와야 했다. 그러나 고종이 불러들여 다시 후궁이 되었고, 그녀는 황후에게 누명을 씌워 죽인 다음 황후가 되었다. 그녀가 중국에서 하나밖에 없는 여자 황제인 측천무후이다.

그녀는 674년 황제·황태후라는 이름을 천황·천후로 고치고 모든 권력을 손에 넣었다. 아무 실권이 없던 고종이 죽자,

측천무후　　당나라 태종

중종이 즉위하였다. 그러나 황후인 위 씨가 친정아버지를 좋은 자리에 앉히려다가 측천무후에게 미움을 사서 중종은 폐위가 되었다. 중종이 폐위되고 예종이 즉위했으나, 모든 권력은 측천무후가 여전히 쥐고 있었다. 반대한 사람들이 반란을 일으켰지만, 그 반란을 진압하면서 측천무후는 권력이 점점 더 강해졌다.

측천무후는 690년에 예종을 폐위시키고 스스로 당나라 황제가 되었다. 또 예종에게 자기 성인 '무'씨를 내리고 나라 이름을 '주'로 고쳤다.

측천무후는 반대파를 없애고, 공포정치를 하면서 강력한 황제권을 세웠다. 그러나 측천무후는 과거제도를 정비해 두루 인재를 등용하고, 나라를 튼튼하게 만들기도 하였다. 그러면서 백성들 생활도 안정되었다. 그러나 측천무후가 나이 들고 병에 걸리자, 재상인 장간지는 그녀에게 당나라 황제 자리를 내놓도록 협박해서 아들인 중종에게 다시 물려주도록 하였다. 측천무후가 죽자, 중종은 나라 이름을 다시 당나라로 고쳤다.

탐구하기 측천무후는 황제권을 강화하기 위해 어떤 정치를 펼쳤나요?

우리나라에서는　신라에도 여왕이 있었다

신라 시대에 선덕, 진덕, 진성 여왕이 있었다. 선덕 여왕은 진평왕의 맏딸로, 진평왕에게 아들이 없었기 때문에 성골로 왕위를 이을 사람은 선덕 여왕 뿐이었다. 선덕 여왕은 사촌 집안으로 왕위가 넘어가는 것을 막기 위해서, 진덕 여왕도 성골 남자가 없었기 때문에 왕위에 올랐다. 신라 시대에 여왕이 있었던 까닭은 신라 여성들이 특별히 자유롭고 강했기 때문이 아니라 골품 제도라는 신분 제도 안에서 적당한 인물을 찾다보니 여왕이 즉위하게 된 것이었다.

－《살아있는 역사 재미있는 논술》 2권 참고

해석   대운하 건설로 멸망한 수나라와 그 혜택을 받은 당나라

수나라는 588년에 중국을 통일하고 30여 년이라는 짧은 기간에 멸망한 나라이다. 수나라가 세워지고 멸망하기까지 토목 공사와 대운하 건설은 계속되었다. 수나라가 쏟아 부은 많은 세금과 힘겨운 노동은 수나라를 멸망시키는 반면, 당나라 문화를 발전시키는 큰 힘이 되었다.

군사 중심지였던 베이징과 정치 중심지인 장안, 그리고 경제 중심지인 항저우를 잇는 운하는 남쪽과 북쪽을 서로 쉽게 오고갈 수 있게 해 주었다. 곡창지대인 강남은 위진남북

수나라 때 대운하 지도

조 시대에 화북 이주민들이 이주하여 개발하기 시작하였다. 벼농사와 수공업이 발달하였다.

당나라 수도인 장안에 인구가 백만 명이 넘게 되자 둘레에서 생산된 곡물로는 식량을 충당하기가 어려웠고, 강남에서 생산된 곡물은 양쯔 강과 황하를 통해 당나라 수도인 장안으로 운반되었다. 대도시 식량문제를 해결할 수 있었던 것도 운하 덕분이었다.

또 수나라가 본토에서 돌궐을 쫓아내고, 중국을 위협했던 고구려가 망하자 당나라는 군사적으로 안정적인 나라가 되었다. 당나라는 서역과 동아시아 여러 나라들과 안심하고 무역을 할 수 있게 되었고, 운하가 개통되면서 중국은 실질적인 통일을 이루게 되었다. 당나라는 강남과 화북을 운하로 이어 강력한 대국이 되길 기대했던 수나라가 만들어 놓은 운하로 인해, 수나라보다 더 크고 강력한 나라가 되었다.

이처럼 수나라를 멸망시키는 원인이 된 운하 건설로 당나라는 남북 경제 교류가 원활해졌고, 동서 교역로를 통한 외국과 무역 활동이 이루어짐으로써 세계적인 큰 나라로 발전하는 밑바탕이 되었다.

해석하기   수나라 때 만들어진 운하로 당나라는 어떤 혜택을 받았나요?

역사토론

중국 역사가들은 왜 측천무후를 '여황제'라고 부르지 않는 것일까?

토론 내용 측천무후는 690년에 황제로 오르고 705년 황제 자리에서 물러날 때까지 중국을 다스린 황제다. 그러나 중국에서는 여황제가 나라를 다스렸던 예가 없었다면서 중국 역사가들은 무후를 황제라고 칭하지 않고 보통 측천무후라고 부른다. 그 이유는 무엇일까?

토론 1 여성에 대한 편견 때문이다.

중국은 아주 오래전부터 남자들만이 나라를 다스려 왔다. 나라를 세운다는 것은 전쟁을 통해 이겨야만 얻어지는 것이었다. 남성들이 지배했던 중국 역사에서 여성이 황제로 한 자리를 차지한다는 것을 인정하지 못하기 때문이다.

토론 2 그녀가 이름을 바꾼 주(周)나라를 인정하지 않았기 때문이다.

측천무후는 남편인 고종이 병약하다며 왕위에 올랐다. 그녀는 국호를 당에서 주로 바꾸기도 하였다. 그러나 당나라가 멸망한 것도 아니었고, 주나라가 아닌 당나라로 나라를 이어가길 원했기 때문이다.

토론 3 정치하는 동안 악행을 많이 저질렀기 때문이다.

측천무후는 태종 후궁이었다. 황후 자리에 오르기 위해 소숙비와 왕황후에게 누명을 씌워 살해하기도 했고, 아들인 중종을 황제 자리에서 쫓아내기도 했다. 황제라면 존경을 받아야 하지만, 측천무후는 두려운 대상이었다. 그래서 늙고 병들자 바로 황제 자리에서 내쫓겼다.

생각 열기

중국 역사가들은 왜 측천무후를 여황제라고 부르지 않는 것일까요? 자기 생각을 밝히고, 그 까닭을 쓰세요.

역사에 비추어 보는 세계

🌸 **다음 글을 읽고, 물음에 대한 생각을 써 보세요.**

➜ 사회, 정치, 경제 등 다양한 방면에서 활동하면서 국민들에게 존경받고 있는 여성 지도자에 대해 생각해 봅시다.

존경받는 여성 지도자

엘리자베스 2세

현재 영국 국왕은 여자인 엘리자베스 2세이다. 그녀는 1952년 2월 조지 6세 뒤를 이어 여왕이 되었다. 여왕 직위로 외국을 방문하고, 다른 나라 국가 원수가 영국을 방문할 때 그들을 맞이하기도 한다. 여왕에 대한 영국인들의 사랑은 각별하다. 영국에서 사용하고 있는 화폐에는 여왕 엘리자베스 2세 모습을 담은 지폐가 사용되고 있는데, 10년 단위로 여왕 모습을 담아 새로운 지폐를 발행하고 있다.

마거릿 대처 수상

마거릿 대처는 1925년에 태어나 옥스퍼드 대학을 졸업한 뒤 변호사가 되었다가, 1979년 총선에서 승리해 영국 최초로 여성 총리가 되었다. 그녀는 침체된 영국 경제를 살리기 위해 나라 재정 규모를 국민 경제 성장률 이하로 묶어 경제를 안정시켰다. 3선 총리로 일하면서 1984년 석탄 노조 대파업과 포클랜드 전쟁, 불경기로 어려움을 겪은 영국을 안정적으로 이끌었다. 강한 신념과 용기로 영국을 이끈 대처 수상을 영국 국민들은 '철의 여인', '철 나비'로 부르며 존경한다.

왕가리 마타이

1940년 케냐에서 태어난 여성 환경 운동가이다. 그녀는 1977년부터 아프리카 그린벨트 운동을 전개시켜 나갔다. 그녀는 그린벨트 운동을 통해 무분별하게 나무를 베어 황폐화된 아프리카를 살리기 위해 24년간 나무심기 운동을 주도하였다. 우간다, 말라위, 탄자니아, 에티오피아에서 성공적으로 진행되었으며, 생태적으로 가능한 아프리카로 발전시키는 데 노력한 왕가리 마타이는 2004년 노벨평화상을 받았다.

생각 열기

현대에는 사회로 진출하여 성공하는 여성들 수가 점점 많아지고 있습니다. 그러나 아직도 남성들에 비해 성공하는 여성들은 적습니다. 여성들이 사회에서 걸림돌이 되는 것들은 무엇인지 자기 생각을 쓰세요.

논술 한 단계

학습 목표 논리 펼치기 12
학습 내용 미모와 성격

🍬 **예문 1**과 **예문 2**는 동양과 서양에서 내려오고 있는 옛이야기입니다. 심청이와 백설공주가 가진 미모와 성격을 비교·대조해 보고, 얼굴이 예쁘면 성격이 좋다고 쓰인 동화책에 대해 자기 생각을 쓰세요.

예문 1 심청전

옛날, 어느 바닷가 마을에 심학규라는 사람이 살았는데, 그는 앞을 보지 못하는 맹인으로 청이라는 딸과 함께 살고 있었다. 부지런하고 마음씨도 착한 청이는 공양미 삼백 석을 부처님께 시주하면 아버지가 눈을 뜰 수 있다는 말에 뱃사람들에게 쌀 삼백 석을 받고 인당수에 빠진다. 그러나 효성이 지극한 청이는 용왕님이 도와주어 연꽃 속에서 목숨을 건지고, 인당수를 지나가던 어부들에게 발견되었다. 어부들은 아름다운 연꽃을 임금에게 바쳤다.

연꽃 안에서 나온 어여쁜 청이를 본 임금은 청이를 왕비로 삼았다. 왕비가 된 후 아버지 생각에 걱정하는 왕비를 위해 임금은 궁궐에서 맹인을 위한 잔치를 벌였다. 심봉사도 이 잔치에 참여했다가 딸 청이를 만나 두 눈을 뜨고 딸과 함께 오래오래 행복하게 살았다.

예문 2 백설공주

옛날, 어느 나라에 아름다운 왕비가 살결이 눈처럼 하얀 공주를 낳아 이름을 백설공주라고 지었다. 백설공주는 왕과 왕비에게 사랑을 듬뿍 받고 자랐지만, 왕비는 병에 걸려 죽고 새로운 왕비가 들어왔다. 새왕비는 이상한 거울을 하나 가지고 있었는데, 매일 그 거울을 보고 세상에서 누가 제일 예쁘냐고 물었다. 거울은 왕비가 가장 아름답다고 말했지만, 백설공주가 일곱 살이 지나자 이상한 거울은 백설공주가 세상에서 가장 아름답다고 말한다. 이에 화가 난 새왕비는 사냥꾼에게 백설공주를 죽이라고 명령한다. 그러나 사냥꾼은 백설공주를 살려 주었고, 숲 속에 사는 일곱 난장이들과 살게 되었다. 백설공주가 살아 있는 것을 알게 된 새왕비는 사과 장수로 변장하여, 백설공주에게 독이 든 사과를 먹였다.

독이 든 사과를 먹고 유리관에 누워 있던 백설공주를 본 왕자는 사랑에 빠졌다. 신하들이 유리관을 잘못 들어 심하게 흔들리자 공주 목에 걸려 있던 독사과 조각이 튀어나와 잠에서 깨어났다. 백설공주와 왕자는 성대한 결혼식을 올리고 새왕비는 독 바른 칼을 들고 공주를 찌르려 하다가 잡혀서 새빨갛게 달구어진 신발을 신고 죽을 때까지 춤을 추는 벌을 받았다.

1. 예문 1과 예문 2를 읽고 심청과 백설공주가 가진 미모와 성격을 비교 대조해 보세요.

	예문 1	예문 2
대조	(1) 부지런하고 마음씨가 착하다. (2)	(1) (2) 새왕비에게 끊임없이 위협당한다.
비교		

2. 옛 이야기에 등장하는 왕자, 공주, 왕, 왕비는 미모가 뛰어났다는 공통점을 가지고 있습니다. 못생긴 심청이, 얼굴이 까만 공주였다면 두 사람은 어떤 운명으로 살았을까요? 동화 속에 등장하는 남성들은 얼굴이 예쁘면 마음씨 또한 착할 것이라고 생각하여, 첫눈에 반해 버립니다. 미모와 성품이 같다고 판단하여 쓰인 동화책에 대한 자기 생각을 쓰세요.

131

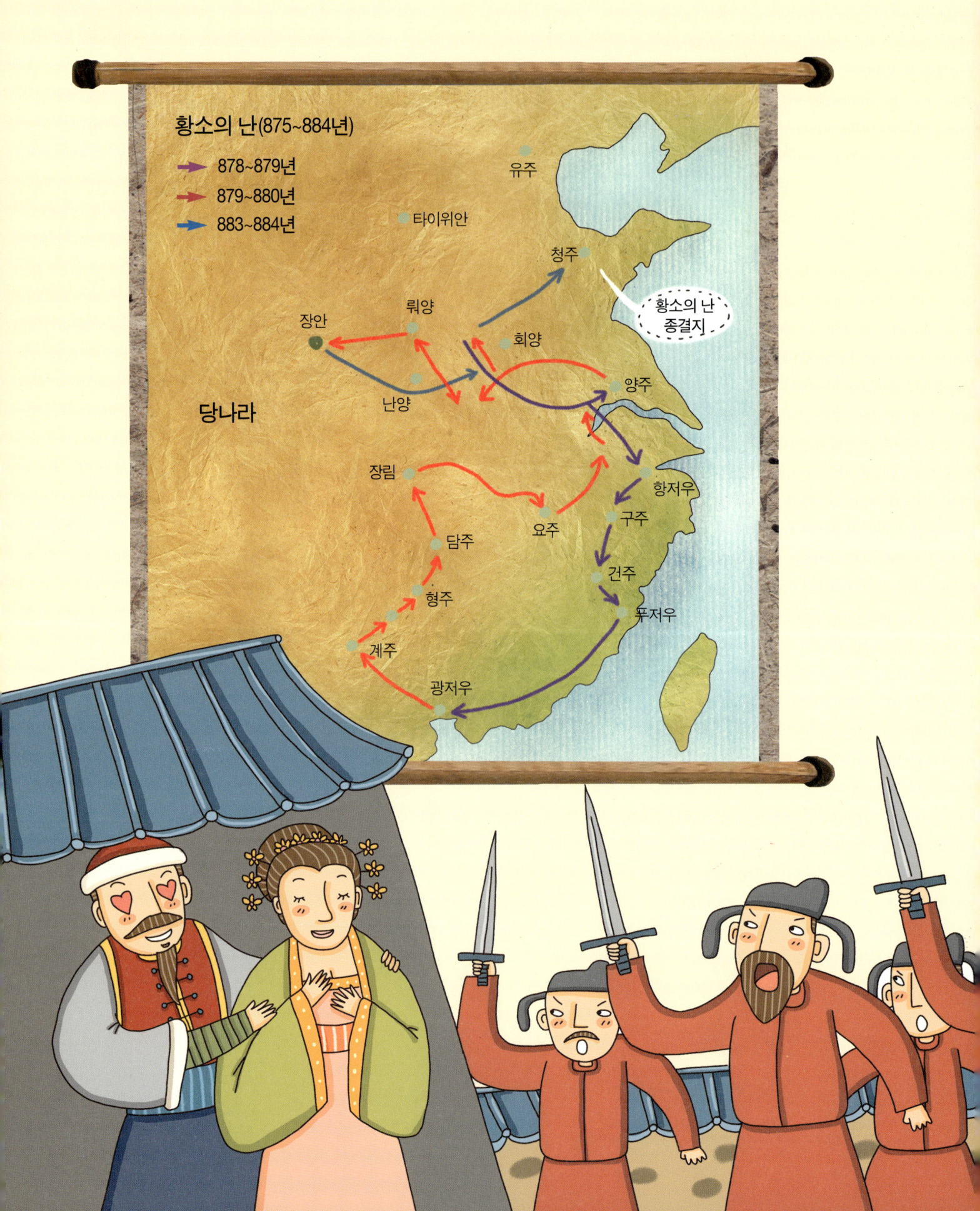

13

현종과 양귀비, 그리고 당나라 멸망

안사의 난 (755~763년)
→ 안녹산 본군의 진로
→ 안녹산 별군의 진로
--- 안녹산이 역임했던 절도사

역사 연대기
614년 | 동로마 제국이 페르시아군에게 예루살렘을 빼앗김.
668년 | 나·당 연합군이 고구려를 멸망시킴.
768년 | 카롤루스가 프랑크 왕이 됨.
843년 | 베르됭 조약으로 프랑스와 독일이 성립됨.

학습 목표
1. 현종과 양귀비에 대해 알 수 있다.
2. 당나라가 멸망하는 과정을 알 수 있다.
3. 당나라 문화에 대해 알 수 있다.
4. 장안이 국제 도시로 성장한 배경을 알 수 있다.
5. 중국·한국·일본 도자기를 비교할 수 있다.

심화 학습
도서 읽기 • 세계지도로 보는 세계, 세계인
(황근기 지음/계림)

역사탐구

탐구 1 현종과 양귀비

측천무후를 이은 중종이 위황후에게 살해되자, 예종 아들인 이융기가 황후를 비롯한 위 씨 가문을 몰살시키고 예종을 복위시켰다. 그리고 자신은 황태자가 되었다. 28세에 예종에게서 황제 자리를 양위 받아 당나라 6대 황제인 현종이 되었다.

측천무후가 반대파를 없앴기 때문에 황제는 강한 권력을 가지고 있었고, 그 덕분에 현종은 나라를 편하게 다스릴 수 있었다. 요숭, 송경, 장구령과 같은 훌륭한 재상들에게 도움을 받아 민생을 안정시키고, 배로 물건을 실어 나를 수 있는 운하를 잘 활용하여 경제를 일으켰다. 또 좋은 인재를 선발하여 등용하고, 중앙에 있는 유능한 관리를 지방에 파견하기도 하였다. 그리고 군사들이 직접 밭을 갈아 식량을 조달하는 둔전을 개발하여 경제를 안정시켰다. 그러자 인구와 식량 생산도 꾸준히 늘어났다.

나라에 가뭄이 들면 쌀을 백성들에게 나누어 주기도 하였으며, 환관이나 왕족 및 외척들이 정치에 나서지 못하도록 하였다. 그 덕분에 당나라는 눈부시게 발전하였다. 이때를 '개원의 치(開元之治, 713~741)'라고 불렀다. 그때 쓰던 연호가 개원이었기 때문이었다. 그러나 다스리는 기간이 길어지고, 나라 살림이 풍족해지자, 현종은 양귀비라는 여자에게 빠져서 나랏일에는 소홀하게 되었다.

양귀비는 원래 아들인 수왕 아내였으나, 빼앗아 귀비(貴妃)로 책봉하였다. 양귀비는 황후보다 더 큰 힘을 휘둘렀다. 현종은 양귀비 마음을 얻으려고 6촌 오빠인 양소에게 '국충'이라는 이름까지 내려주었다. 현종은 양국충과 이임보에게 나랏일을 맡기고 양귀비와 놀기만 하였다. 양국충과 이임보는 나라를 걱정하는 충신들을 내쫓고 간신들만 등용하였다. 그러자 나라를 지탱해 왔던 균전제와 부병제가 무너지고 국경 지방에서 군대를 지휘하던 절도사들이 군사력을 손아귀에 쥐고 힘을 키워가기 시작했다.

화청지(서안에 있는 온천으로 현종이 이곳에 화청궁을 세우고 양귀비와 겨울을 보냈다.)

양귀비 동상

현종 목욕탕

양귀비 목욕탕

탐구하기
'개원의 치'란 무엇을 말하나요?

탐구 2 당나라 멸망

현종은 양귀비에게 빠져 나랏일에는 관심이 없었고, 이임보와 양국충은 귀족 세력을 누르기 위해 이민족이나 서민 출신을 절도사로 등용시켰다. 이때 안녹산은 양귀비에게 총애를 받던 절도사로 평로, 하동, 범양 세 지역을 다스렸다. 안녹산은 자신을 밀어주던 이임보가 죽고 양국충이 정권을 잡자 두려움을 느끼고 간신 양국충을 토벌한다며 반란을 일으켰다. 하지만 현종은 안녹산과 맞서 싸울 군대가 없었기 때문에 제대로 싸우지도 못한 채 패하고 말았다. 안녹산은 장안과 뤄양을 함락시켰다.

양귀비

현종과 양귀비와 황족들은 피난을 떠났으나 수행하던 군인들에게 양귀비는 살해되었다. 그러자 현종은 황태자 이형에게 황제 자리를 물려주었다.

안녹산은 맏아들인 안경서에게 죽임을 당하고, 안경서도 안녹산 부하였던 사사명에게 죽임을 당했다. 그런 다음 사사명은 스스로 대연황제라 하며 황제가 되었지만, 아들에게 독살 당했다. 755년부터 763년까지 8년 동안 이어진 난은 가까스로 평정되었다. 이 난을 안녹산과 사사명이 일으켰다고 해서 '안사의 난'이라고 부른다.

하지만 당나라는 급격히 쇠퇴해 갔다. 군사력이 약해진 중앙 정부를 대신해 절도사들이 세력을 넓혀 나가고 있었다. 이들은 자신들이 맡고 있는 지역을 왕처럼 다스렸다. 그러자 당나라는 더욱 힘을 잃어갔다. 조정 안에서는 환관들이 권력을 손아귀에 쥐었다. 환관에 의해 황제가 7명이나 바뀌었다. 문종은 환관을 물리치려 했지만 실패했다.

나라는 혼란에 빠졌으며, 황실과 지주 관료들에게 착취를 당하는 농민들은 집을 버리고 떠돌았다. 희종 때는 나라에 흉년이 들자, 왕선지와 황소가 난을 일으켰다. 황소는 충천대장군이 되어 880년에 장안으로 쳐들어 와 나라 이름을 '대제'로 하고 황제가 되었다.

곧 당나라 군대에 의해 황소의 난이 진압되었으나, 당나라 왕조는 이 반란으로 타격을 입어 더 이상 황제가 나라를 다스릴 수 없었다. 절도사들이 세력을 확장하여 나라를 나누어 차지하였고, 애종은 선무절도사인 주전충에게 황제 자리를 물려주고 말았다. 당나라는 20대 290년 만에 멸망하였다.

탐구하기 당나라를 멸망하게 한 사건은 무엇, 무엇인가요?

탐구 3 당나라 문화

당나라 수도인 장안은 인구가 100만 명이 넘은 거대한 도시였다. 일반 백성부터 지식인 그리고 다른 나라에서 온 사신들과 유학생, 예술가들과 상인들로 붐볐다. 장안에는 다양한 사람들이 모여들어 예술과 문화가 발달하게 되었다. 남북조 시대에서 이어진 힘차고 화려한 문화와 서역에서 들어온 문화가 합쳐져 수준 높은 귀족 문화가 만들어졌다.

아라비아와도 무역을 하였는데, 이 시기에 비단과 도자기가 비단길을 통해 서역으로 전해졌다. 당삼채는 녹색, 황색, 백색 또는 녹색, 황색, 남색 등 세 가지 빛깔을 잿물과 섞어 광택이 나게 만든 도자기로 무덤에 넣는 껴묻거리로 만들어지기도 하였다. 중국인 얼굴에 서역 옷을 입고 페르시아에서 들어온 격구를 하는 모습을 한 당삼채에서 엿볼 수 있듯이 개방적이고 국제적이며, 화려했던 당시 모습을 알 수 있다.

무역이 확대되어가자, 국가 재정 확보가 중요하다는 것을 알게 된 정부는 무역을 잘 관리하기 위해 해상무역에 대한 모든 일을 맡아보던 관아인 시박사를 두었다.

이 당시에 활약했던 시인인 이백은 자유분방하고 뛰어난 감각으로 시 1천여 수를 남겼고, 두보는 백성들 삶을 통해 그들이 겪는 슬픔과 기쁨을 표현한 시 1천 4백여 수를 남겼다.

> **껴묻거리** 죽은 사람을 매장할 때 함께 묻는 물건을 말한다.
> **서역** 중국인이 중국 서쪽 지역을 총칭하는데 사용한 호칭이다.

당나라 관리가 되기 위해서는 유학을 공부해야 했지만, 비단길을 통해 불교가 전래되어 많은 사람들이 불교를 믿게 되었으며, 황실 보호를 받으며 선교(도교)도 성장하였다. 동남 아시아 승려들이 당나라에서 불교 공부를 하기 위해 유학을 오기도 하였다. 또 이슬람 제국과 교류하면서 이슬람교, 조로아스터교, 마니교, 네스토리우스교가 당나라에 전해졌고, 종이 만드는 제지법이 이슬람 제국에 전파되는 등 동서양 문화 교류가 활발해졌다.

당나라 때 형성된 불교, 율령, 한자, 유교는 신라, 발해, 베트남, 일본 등 여러 나라에 전파되어 각 나라에 제도와 문화가 발전하는 데 도움을 주었다. 당나라가 중심이 된 이 문화를 동아시아 문화권이라고 한다.

탐구하기 당나라 때에 형성되어 동아시아 여러 나라에 영향을 준 요소는 무엇인가요?

역사해석

해석 당나라를 멸망시킨 절도사

절도사는 부병제가 무너지고, 모병에 의한 전문 군인이 등장하면서 710년에 처음으로 국경 지역에 배치된 직업 군인이다. 당나라 초기에는 백성들에게 균전제와 부병제를 실시해 나라를 잘 다스렸다. 그러나 현종 말기, 흉년으로 농민들이 떠돌아다니게 되자, 귀족들이 땅을 대규모로 소유하는 장원이 확대되어 가면서 농민들에게 지급할 토지가 부족하게 되었다.

균전제가 무너지면서 국경 지역을 지켜야 하는 군인 수가 부족하게 되자, 당나라 정부는 모병제를 실시하게 되었다. 직업군인인 이들은 당나라 군인이기보다는 직속상관 말만을 따르는 개인의 군인이었다. 그러면서 중앙 정부가 통제하기 어려운 국경 지역에는 여러 군진을 합쳐 넓은 지역을 다스리는 번진이 등장하게 되었고, 이들은 번진 안에서 세금도 직접 걷고, 군사와 행정을 담당하였다.

당나라를 멸망하게 만든 안녹산과 사사명도 절도사 출신이었으며, 안사의 난이 진압되었지만, 10여 개에 불과했던 번진도 당나라가 쇠약해지면서 50여 개로 늘어나게 되었다. 번진이 등장하면서 당나라 왕조는 중앙으로 힘을 모으지 못했고, 번진 억제 정책은 실패했다. 황소의 난이 끝난 뒤에도 당나라 왕조는 명맥만 이을 수 있었고, 난을 진압하는 과정에서 절도사 세력은 점점 더 강해졌다. 결국 당나라는 번진을 통해 힘을 키워온 절도사 중 한 명인 주전충에 의해 907년에 멸망하게 되었다.

해석하기 절도사가 힘을 키울 수 있었던 까닭은 무엇인가요?

그 무렵 우리나라에서는 당나라 유학

신라는 '골품제 사회'였다. 벼슬, 옷차림, 집 크기, 그릇까지 골품에 따라 기준이 정해져 있었다. 그래서 아무리 뛰어난 사람이라도 골품에 따라 출세하는 데에는 한계가 있었다. 그래서 당나라에 유학을 떠나 빈공과에 합격한 6두품 인재들이 있었다. 그 중에 최치원, 최언위, 최승우가 대표적인 사람들이다.

역사토론

당나라 수도인 장안이 국제 도시로 성장할 수 있었던 까닭은 무엇일까?

토론 내용 당나라는 오랫동안 평화가 유지되고 활발한 동서 교류로 인해 문화가 발달하게 되었다. 세계 각지에서 당나라 수도였던 장안으로 몰려오기 시작했고, 장안은 인구 100만 명이 넘는 국제 도시로 발전하였다. 장안이 국제 도시로 성장할 수 있었던 까닭은 무엇일까?

토론 1 대운하 덕분에 중국이 하나로 이어졌기 때문이다.

황하와 양쯔 강을 이은 대운하가 개통되자, 남북을 오고가는 배들이 많아졌다. 베이징과 장안, 그리고 항저우를 잇는 운하 개통은 남북 도시들이 교류하며 발전할 수 있게 하였고, 수도인 장안으로 많은 사람들이 들어오는 계기가 되었다.

토론 2 당나라 사람들이 다른 문화나 종교도 잘 받아들였기 때문이다.

장안에는 황성을 중심으로 불교와 선교, 조로아스터교를 비롯한 사원들이 세워졌다. 세계 여러 나라 사람들이 모이는 곳이고, 그들이 가진 사상이나 종교가 보호받을 수 있는 곳이었다. 빈공과를 실시할 정도로 외국인에게도 관직을 주었다. 그래서 국제 도시로 성장할 수 있었다.

토론 3 전쟁이 없었기 때문이다.

수나라가 본토에서 돌궐을 쫓아냈고, 중국을 위협했던 고구려가 멸망하자 당나라는 전쟁을 하지 않는 평화로운 나라가 되었다. 서역과 동아시아 여러 국가들과 교역을 하는 데 있어서 평화야 말로 가장 중요한 문제이기 때문이다.

토론하기

당나라 수도인 장안이 국제 도시로 성장할 수 있었던 까닭은 무엇일까요? 자기 생각을 밝히고, 그 까닭을 쓰세요.

역사에 비추어 보는 세계

🍭 **다음 글을 읽고, 물음에 대한 생각을 써 보세요.**

➡ 홍콩은 무역을 하기 좋은 곳에 자리 잡고 있습니다. 배가 들어가고 나가기 좋은 조건 때문에 중국은 아편전쟁으로 홍콩을 영국에게 빼앗겼다가 얼마 전에 돌려받았습니다. 한 나라에서 두 체제가 공존하고 있는 홍콩에 대해 생각해 봅시다.

개방 도시, 홍콩

홍콩은 중국 대륙 남동쪽에 자리 잡고 있으며, 아편 전쟁으로 영국 식민지가 되었다가 1997년에 중국이 되돌려 받았다. 홍콩은 무역 개방 도시로써 동서양 문화가 만나는 곳이다. 중국 본토에 있는 것 같은 상점들이 있는가 하면, 서양식 상점들도 늘어서 있다.

세계 사람들이 오고가기 편리한 위치와 큰 배가 들어오기 쉬운 깊고 넓은 항구는 해상 교통이 발달하는 기반이 되었다. 또 홍콩 국제 공항은 관광, 무역, 쇼핑을 하려고 세계에서 찾아오는 사람들이 아주 많다.

홍콩이 다시 중국 땅이 되었지만, 1997년부터 50년 동안은 영국이 지배하던 대로 다스리기로 하였다. 이것은 '일국양제'라는 방식으로 자치를 허용한다는 것이다. 일국양제란 중국이라는 한 나라이지만, 다스리는 방식은 자본주의와 공산주의로 서로 다르게 한다는 뜻이다. 중국이 홍콩에 대한 주권을 다시 찾은 뒤에도 특별 행정 구역으로 남겨 두었다.

홍콩은 중국 땅이지만, 스스로 외국과 조약을 체결할 수 있고 나라 살림도 중국 영향을 받지 않고 꾸려간다. 그 덕분에 국제 무역, 금융 중심지였던 자리를 잃지 않게 되었고, 여전히 세계 여러 나라 사람들로 붐비는 곳이 되었다.

생각 열기

홍콩이 공산주의 국가인 중국에 반환되었지만, 아직도 자본주의 체제를 유지하고 있습니다. 중국이 홍콩을 공산주의 체제로 만들지 않고 남겨둔 까닭은 무엇일까요?

논술 한 단계

학습 목표 논리 펼치기 13
학습 내용 세 나라 도자기 비교

> 다음은 중국, 한국, 일본에서 만들어진 대표적인 도자기들입니다. 각 나라의 도자기 기술은 나라와 시대를 대표하는 우수한 문화유산으로 남아 있습니다. 세 나라가 가진 도자기 기술을 비교하고 나라마다 특징 있게 발전한 도자기에 대해 자기 생각을 쓰세요.

예문 1 당나라 당삼채

중국 당나라 때에 백색 바탕에 초록색, 황색, 백색 또는 초록색, 황색, 남색 세 가지 빛깔을 잿물과 섞어 광택이 나게 만든 도자기이다. 껴묻거리로 만들어지기도 했는데, 항아리, 쟁반으로 만들었다. 또 서역풍 옷을 입은 귀부인, 낙타를 타고 악기를 연주하는 서역인을 작은 도자기로 만들었다.

예문 2 고려청자

고려 시대 때에 만든 도자기이다. 10세기 말에 토기가 주류를 이루던 삼국 시대나 통일 신라로 이어져서 청자기, 연유에 의한 유색 도기가 제작되었다. 12세기에 상감청자 기법이 개발되었다. 이것은 세지 않은 불에 도자기를 구운 후 조각칼로 그림을 새긴 부분의 흙을 파내고 붉은 흙과 흰 흙을 메우고 청자 유약을 입혀 구운 기법이다. 쇠가 들어 있어 불에 닿으면 푸르게 변한다. 구름에 학을 배합한 운학 무늬와 국화 무늬가 가장 많이 쓰였다.

예문 3 아리타 도기

아리타 도기는 정유재란 때 일본으로 끌려 간 한국인 도공 이삼평이 1616년 사가 현 아리타에 살며 도자기를 굽는데서 유래가 시작되었다. 청자·백자·청화백자 영향을 받았으며 17세기 중반부터 명나라 말기에 유행했던 붉은 그림을 그린 적회식 자기 제조 방법을 본 따 직물 무늬에서 따온 회화적인 무늬가 나타났다.

1. 예문1 과 예문2 , 예문3 에 대한 비교

구분	비교
예문 1	(1) 중국 당나라 때에 만들어졌다. (2) 초록색, 황색, 백색 또는 초록색, 황색, 남색 세 가지 빛깔을 잿물과 섞어 광택이 나게 만든 도자기이다. (3)
예문 2	(1) 고려 시대에 만들어진 도자기이다. (2) (3) 구름에 학을 배합한 운학 무늬와 국화 무늬가 가장 많이 쓰였다.
예문 3	(1) (2) (3) 명나라 말기 적회식 자기 제조 방법을 본 따 직물 무늬에서 회화적인 무늬가 나타났다.

2. 나라마다 도자기가 지닌 색과 모양이 특징 있게 발전했습니다. 나라마다 특징 있는 도자기가 발전하게 된 이유는 무엇일까요?

3. 내가 도공이 되어 현대에 맞는 도자기를 만들어 낸다면 어떤 모양과 문양을 넣어 완성시킬지 그려보세요.

14
잉카 제국과 아스텍

고대 중미 문명

역사 연대기
1250년 무렵 | 망코 카팍이 쿠스코에 잉카 왕국을 세움.
1400년 무렵 | 아스텍 제국이 세워짐.
1521년 | 아스텍 제국이 멸망함.
1533년 | 에스파냐군이 잉카 제국을 멸망시킴.

학습 목표
1. 잉카 제국에 대해 알 수 있다.
2. 잉카 문화에 대해 알 수 있다.
3. 아스텍 제국에 대해 알 수 있다.
4. 잉카와 아스텍이 멸망한 까닭에 대해 알 수 있다.
5. 다른 문화에 대한 글을 읽고 논리를 펼칠 수 있다.

심화 학습
도서 읽기
- 잉카가 이크이크
  (테리 디어리 지음/주니어김영사)
- 아슬아슬 아스텍
  (테리 디어리 지음/주니어김영사)
- 태양제(박후기 지음/꿈소담이)

역사탐구

탐구 1 잉카 제국 탄생과 멸망

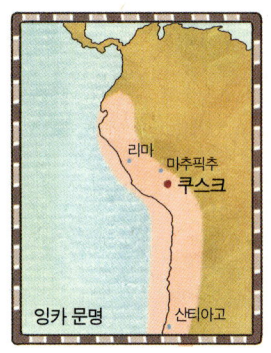

잉카 제국은 지금 콜롬비아 남부에서 에콰도르, 페루, 볼리비아, 칠레 중부까지 안데스 전 지역을 통일하며 남북으로 4천 킬로미터에 이르는 큰 제국을 이루었던 나라였다. 잉카족들은 처음에는 안데스 고원 티티카카 호수 주변에서 살다가 여러 나라를 정복하면서 힘을 키워나갔다. 1250년 무렵, 망코 카팍이 쿠스코에 잉카 제국을 세웠다. 그리고 정복한 나라들에서 조공을 받아 더 큰 나라로 만들었다.

파차쿠티 왕 때에는 남과 북에 있던 더 많은 나라를 정복하여 넓은 땅을 차지하였다. 이 왕은 쿠스코에 태양신을 모시는 신전을 세우고, 백성들을 다스렸다. 뒤를 이은 왕들도 영토를 더 넓혀서 1500년 무렵에는 큰 제국을 이루었다. 잉카 왕은 여러 나라를 통합하면서 정복한 나라 백성들이 가지고 있던 문화를 존중하여 원래 믿던 종교를 그냥 믿게 하였다. 그 대신 잉카신을 따로 섬기게 하였다.

3430미터 높이에 자리 잡은 수도 쿠스코를 중심으로 왕은 제국을 동서남북 네 곳으로 나누어 다스렸다. 잉카 제국이란 이름은 나중에 에스파냐 사람들이 붙인 것인데, 잉카 사람들은 자기 나라를 '타우안틴수유'라고 불렀다. 이것은 '세계를 네 개로 나눈 곳'이라는 뜻이다. 다스리는 지역들 사이에는 도로를 만들어 왕이 내린 명령을 전했다. 도로를 연결할 때는 산을 뚫어 터널을 만들기도 하였고, 강과 계곡에는 다리를 만들기도 했다. 높은 고원과 해안 도로 사이에도 많은 도로들이 연결되어 전체 길이는 2만 5천 킬로미터가 넘었다. 그러나 잉카 왕 우아나카팍이 천연두로 죽자 아들끼리 왕 자리를 놓고 서로 싸웠다. 맏아들이었던 우아스카르가 왕이 되었으나 동생 아타우알파는 이에 반발하여 다른 귀족들과 반란을 일으켜 형을 죽이고 왕이 되었다.

잉카를 침략한 에스파냐 피사로는 아타우알파 왕을 만날 것을 청한 뒤, 아무 의심 없이 나온 잉카 군인들을 죽이고 왕을 포로로 잡았다. 왕은 황금을 주면서 자신을 풀어달라고 하였으나, 피사로는 목을 베어 왕을 죽였다. 신으로 믿던 왕이 죽자 잉카 사람들은 혼란에 빠졌고, 피사로가 아타우알파 동생 망코를 왕으로 세워 나라를 자기 마음대로 다스리려 하였다. 망코는 고원 지대로 도망가, 두 아들과 함께 40년 동안이나 저항하였다. 결국 잉카 제국은 1572년 에스파냐 공격으로 멸망하고 말았다.

탐구하기

잉카 제국이 다른 나라를 정복할 때 그 지역 문화나 종교를 인정해 주었던 까닭은 무엇일까요?

탐구 2 잉카 문화

잉카에는 산이 많았기 때문에 산비탈을 계단처럼 깎아 농사를 지었는데, 감자, 옥수수, 코카 잎을 많이 재배하였다. 라마나 알파카, 기니피그 같은 동물들을 기르기는 했으나, 농사에 이용하지는 않았다. 가축들은 잡아먹거나 짐을 나를 때 썼으며, 알파카 털은 옷감을 짜는 데 썼다. 농부들은 왕이나 귀족들 땅에서 농사를 지어야 했고, 신전이나 다리를 건설하거나 전쟁에 나가야 했다.

잉카 사람들이 가장 높게 섬기는 신은 태양신이었다. 왕을 태양신 아들로 여겼기 때문에 함부로 쳐다보아서도 안 되었고, 죽으면 미라로 만들어 궁에 보관하였다. 왕을 '잉카'라고 불렀는데, 나중에는 부족 전체를 잉카족이라고 부르게 되었다. 잉카 사람들은 옥수수를 수확한 뒤에는 태양 축제를 열어서 태양신에게 감사하는 제사를 올렸다. 사람들은 마을마다 동굴, 큰 바위, 산봉우리, 우물 같은 곳을 '우아카'라고 부르며 신성하게 생각하였다. 이곳에서 제사를 지내고, 라마, 알파카, 조각상이나 아이를 제물로 바치기도 했다. 각 지역에서 아이를 뽑아서 제물로 바치는 것은 제국과 신에 대한 충성심을 보여주는 영광스러운 것이었다. 이 풍습은 잉카 제국 이전부터 있었던 것인데, 잉카 왕들은 정복한 지역에서 전해오는 풍습이나 종교를 존중해서 백성들이 반발하지 않도록 했다.

문명이 발달했지만, 바퀴가 있는 수레는 없어서 사람들은 걸어서 다녀야 했는데, 도로마다 쉬는 곳이 있었다. 여러 곳으로 소식을 전달할 때는 일정한 거리마다 사람들을 두어 차례대로 다음 사람에게 소식을 전했다. 문자가 없었기 때문에 말로 외워서 전하거나 키푸를 이용했다. 키푸는 매듭이 있는 끈이었는데, 이것으로 수확량, 세금, 전설, 노래까지도 기록하였다. 잉카 사람들은 돌을 자르거나 깨뜨려서 모양을 만들었다. 모양이 다른 돌들을 잘 다듬어 틈새 없이 짜 맞추었고, 높은 곳에까지 큰 돌을 끌어올려 신전이나 왕궁을 세웠다.

철기로 된 도구는 없었지만, 잉카 사람들은 식물에서 뽑아낸 마취약과 청동으로 만든 칼로 뇌수술을 할 만큼 의술이 뛰어났다. 그러나 이렇게 발전했던 잉카 제국도 에스파냐 사람들 침략에 무너지고 말았다. 에스파냐 사람들은 금으로 된 조각상을 녹여서 약탈하고 태양 신전을 부수었으며, 그 자리에 성당을 세웠다. 동상, 미라, 무덤 등을 부수고 파헤쳤으며, 많은 사람들을 죽이고 노예로 만들었다. 찬란하고 아름다웠던 잉카 문명은 잔인하게 파괴되었다.

탐구하기 잉카 제국에서 태양신을 섬기고 축제를 지낸 까닭은 무엇일까요?

탐구 3 아스텍 제국

지금 멕시코가 있는 지역에는 유목민이었던 아스텍 족이 힘을 키우며 아스텍 제국을 세웠다. 아스텍족은 자신들을 멕시카라고 불렀는데, 멕시코라는 나라 이름이 여기에서 나왔다. 마야족이 쇠퇴하면서 북쪽에서 내려온 아스텍 족은 1340년 무렵에 텍스코코 호에 있는 한 섬에 정착하였다. 아스텍 족은 이 섬을 테노치티틀란이라고 불렀는데, 섬이어서 농사를 지을 땅이 많이 부족하였다. 그래서 갈대를 엮어 물위에 띄운 다음 그 위에 흙을 얹어 '치남파스'라는 밭을 만들었다. 이 밭에다 고추와 옥수수를 길렀다. 농사 지을 땅이 많아지면서 인구가 늘어나서 도시도 점점 커졌다.

아스텍 족은 싸움을 잘해서 여러 나라들끼리 벌어지는 전쟁에서 이겨 많은 나라를 정복해 나갔고 1500년 무렵에는 멕시코 고원지대 거의 전부를 차지하였다. 아스텍 제국은 정복한 나라를 직접 다스리지 않고 많은 조공을 받았고, 전쟁에 나갈 때는 그 나라 군인들을 끌고 나갔다.

다른 나라에서 담요, 깃털, 금, 향신료, 카카오, 콩, 소금 같은 값진 물건들이 공물로 들어왔다. 물건들이 들어오는 수도 테노치티틀란에는 큰 시장이 열려서 상인들과 많은 사람들이 모여들었다. 다른 나라로부터 받는 조공이 갈수록 늘어나면서 아스텍은 점점 더 부유해졌고, 수도는 인구가 30만 명이 넘는 커다란 도시로 발전했다.

아스텍 사람들은 자신들이 태양신에게 선택을 받았다고 믿었기 때문에 신을 위해서 사람을 제물로 바쳤다. 한 달에 한 번씩 제물을 바쳤고, 중요한 행사가 있거나 새로운 피라미드를 세웠을 때도 바쳤다. 제물은 산 채로 심장을 꺼내기도 했는데, 전쟁포로를 제물로 바쳤기 때문에 포로를 구하기 위해 끊임없이 전쟁을 했다. 많은 포로를 잡은 용감한 군인에게는 땅이나 노예, 그리고 높은 지위를 주며 좋은 대우를 해주었기 때문에 아스텍 군대는 더 강해질 수 있었다.

1519년 에스파냐 사람인 코르테스가 군인 6백여 명을 이끌고 오자, 아스텍 왕인 목테수마 2세는 신이 보낸 사람이라 믿고 이들을 환영했다. 그러나 코르테스는 왕을 잡아 포로로 가두고 아스텍 제국에 불만을 가지고 있던 다른 종족들과 함께 아스텍을 공격하였다. 아스텍 사람들은 2년 동안 용감하게 싸웠으나, 에스파냐 사람들이 가진 총과 대포를 이길 수는 없었다. 1521년 아스텍 제국은 멸망하고 말았다.

탐구하기 아스텍 제국이 강한 나라가 될 수 있었던 까닭은 무엇일까요?

역사해석

해석 신비롭고 불가사의한 문명

잉카와 아스텍 제국은 스스로 만들어낸 문화보다는 이전에 있던 여러 문명과 정복한 지역 문화를 통합한 것이었다. 잉카와 아스텍 문명뿐 아니라 다른 중남미 문명들도 신비롭고 불가사의하다고 하는 데에는 여러 까닭이 있다.

첫째, 문자로 기록되어 있지 않아 정확하지 않기 때문이다. 지금 남아 있는 것은 주로 에스파냐 사람들이 기록한 것인데, 직접 보거나 원주민들 얘기를 듣고 적은 것이다. 그래서 정복자 입장에서 필요 이상으로 신비스럽거나 과장되게 적기도 했고, 원주민들도 전해들은 이야기를 전달했기 때문에 정확하지 않다.

둘째, 당시 기술로는 만들기 어려운 건축물이 있기 때문이다. 삭사이와망 유적은 바위가 여러 층으로 쌓여져 있는 성벽인데, 큰 바위들을 깎아서 세워놓은 기술은 아직도 밝혀지지 않았다. 철기구도 없고 바퀴나 큰 동물도 없었던 잉카 사람들이 돌도끼로 바위를 다듬어 최고 300톤이 넘는 돌들을 운반하는 것은 불가능하기 때문이다. 아스텍 제국에 있는 피라미드 가운데에는 춘분이나 추분 때 태양이 비추면 난간에 그림자가 살아있는 뱀처럼 보이기도 한다. 또 피라미드 계단수를 합하면 365개인 1년을 상징하기도 한다. 이런 기술은 천문학, 역법이 아주 발달해야 가능한 것이다.

셋째, 무엇을 위해서 만들었는지 알 수 없는 유물이나 독특한 문화가 있기 때문이다. 잉카 제국 때 지어진 것으로 알려진 마추픽추는 안데스 산 위에 숨어 있는 요새 도시이다. 여기에는 궁전, 신전, 요새, 집, 광장뿐만 아니라 수로 시설까지 만들어져 있다. 그러나 아직까지 왜 지어졌는지 밝혀지지 않았다. 잉카 제국 전에 이미 만들어져 있었다는 이야기도 있다. 아스텍 사람들이 이상하리만큼 제물을 바치는 의식에 치중한 것도, 신이 다시 돌아오기를 간절히 기다리고 있었다는 것도 독특하다.

해석하기 잉카나 아스텍 같은 중남미 문명이 신비롭게 생각되는 까닭은 무엇일까요?

우리나라에서는 우리나라에 온 서양 사람들

1627년 조선 인조 때 일본으로 가던 네덜란드 배가 제주도에 표류했다. 여기에 타고 있던 네덜란드 사람 벨테브레는 한양으로 호송되어 훈련도감에서 총을 연구하고 만드는 일을 하였다. 1636년 병자호란 때 전쟁에 나가기도 하였는데 박연이라는 이름으로 귀화하여 살았다. 1653년에도 일본으로 가던 네덜란드 사람 하멜이 다시 제주도에 표류하였는데 훈련도감에서 일하다가 일본으로 탈출하여 1668년 귀국하였다. 귀국한 뒤 우리나라 모습을 유럽에 자세히 소개한 《하멜표류기》를 남겼다.

역사토론

중남미 문명은 왜 세계 4대 문명 발생지에 포함되지 못했나?

토론 내용 잉카 사람들이 돌로 만든 건축물들과 산, 절벽, 계곡, 강에 만든 도로, 3천 미터가 넘는 산 정상에 만들어놓은 도시를 보면 지금 사람들도 감탄한다. 또 아스텍 사람들이 사용하던 달력, 피라미드, 유물들 또한 뛰어난 문명이다. 세계 4대 문명 지역이 살기 좋은 강 주변인 것에 비해 마야나 잉카, 아스텍은 열대우림, 고원, 늪같이 살기 어려운 지역이었다. 어려운 환경에 이토록 훌륭한 문명을 만든 나라가 왜 세계 4대 문명 지역에 포함되지 못했을까?

토론 1 서양 사람들이 문명을 철저히 파괴했기 때문이다.

에스파냐 사람들은 마야와 아스텍, 잉카 제국을 철저히 파괴했다. 그들은 종교를 다스린다는 핑계로 수많은 신전들을 파괴했으며, 동상과 유물들을 파괴했다. 마야에 남아 있던 책 수천 권도 다른 신을 말한다며 불태워버렸다. 이렇게 철저히 이곳을 파괴했기 때문에 지금 남아 있는 것은 건축물이나 문명 흔적밖에 없다.

토론 2 그들이 철기나 수레, 문자를 제대로 사용하지 못했기 때문이다.

마야 사람들에게 문자가 있기는 했지만, 잉카 사람들은 문자가 없었고, 아스텍 사람들은 문자가 있었으나, 역사를 기록하지 않았다. 또 이들은 석기와 청동기만을 사용하였는데, 이미 다른 대륙에서는 더 발달된 철기를 쓰고 있었다. 또 수레를 사용할 줄 몰랐다. 뛰어난 건축물이나 유물은 남겼지만, 다른 문명과 다르게 큰 발전을 이룩한 문명이었다고는 보기 어렵다.

토론 3 너무 늦은 시기이기 때문이다.

4대 문명은 청동기 시대에 인류 처음으로 일어난 문명들을 말하는데, 잉카나 아스텍, 마야는 이미 사람들이 다른 대륙에서 철기를 쓰던 시기에 일어났고, 기원 후에 있었기 때문에 4대 문명 발생지에 넣기에는 너무 뒤에 일어난 문명이었다.

토론 4 서양 사람들 입장에서 정했기 때문이다.

잉카나 마야, 아스텍 문명을 파괴한 사람들은 서양 사람들이었다. 이들은 자신들이 문명을 파괴한 것을 감추기 위해 그곳에 있던 사람을 제물로 바치던 의식 같은 것을 미개하고 야만스러운 문명이라고 하였다. 서양 사람들이 자기들 마음대로 역사를 판단하여 4대 문명지를 정한 것이다.

토론하기 중남미 문명은 왜 세계 4대 문명 발생지에 포함되지 못했을까요?

역사에 비추어 보는 세계

다음 글을 읽고, 물음에 대한 생각을 써 보세요.
➡ 예전에 있었던 축제를 다시 복원하여 열고 있는 페루 태양 축제에 대해 생각해 봅시다.

태양 축제 '인티 라이미'

잉카 제국 수도가 있던 페루 쿠스코에서는 매년 6월 '인티 라이미'라는 태양 축제가 열린다. 잉카제국 때 있었던 태양 축제를 똑같이 따라하는 것인데, 삭사이와망 벌판과 산토도밍고 성당에서 제사 의식을 치른 뒤 노래와 춤을 즐긴다. 이때는 잉카 깃발이 페루 국기와 함께 거리 곳곳에 걸린다. 축제 전에는 태양축

산토도밍고 성당 앞에서 열리는 인티 라이미 축제

제를 지낼 황제와 여왕을 뽑고, 금식을 하며 몸을 정결히 한다. 또 참가하는 많은 시민들은 연습기간 내내 온갖 정성을 다한다.

인티 라이미는 1944년부터 시작되었는데, 이때는 원주민들이 페루에 사는 진정한 주인임을 알아야 한다는 운동이 벌어지면서 관심을 받기 시작하였을 때였다. 이때부터 페루에서는 많은 전통 문화들이 복원되기 시작하였다. 페루에는 잉카 콜라라는 것이 있다. 황금빛 태양을 나타내는 노란색 콜라인데 맛도 독특하지만, 잉카라는 이름이 붙어 있는 것만으로도 다른 유명 콜라보다 더 많이 사랑받는다.

'인티 라이미' 때는 세계 많은 사람들이 모여든다. 이 축제는 높은 관광 수입을 올리게 해 주기도 하지만 페루 사람들에게는 다른 의미가 있다. 에스파냐 사람들에게 나라를 빼앗긴 뒤에나 그 뒤에도 사회에서 하위 계층으로 지내온 원주민들은 자신들과 조상들이 숭배했던 태양신을 모시는 이 축제가 현실에서도 그대로 될 수 있기를 기원한다. 잉카라는 이름이 붙은 콜라를 마시면서, 태양 축제를 준비하고 치루면서, 이들은 찬란했던 역사 잉카 제국을 다시 기억한다.

생각 열기 페루 사람들이 잉카 제국을 기억하고 기념하려는 까닭은 무엇일까요?

논술 한 단계

학습 목표 논리 펼치기 14
학습 내용 서로 다른 문화에 대한 생각

🍬 **예문 1**은 아스텍 제국에 살고 있는 한 소년과 아버지 대화 내용입니다. 사회마다 거기에 맞는 문화가 있다고 주장하는 사례입니다. **예문 2**는 아스텍 제사장과 에스파냐 사람이 나누는 대화입니다. 문화에 대한 서로 다른 입장을 정리해 보고 자기 생각을 쓰세요.

예문 1 아스텍 제국 소년과 아버지

"제사가 시작되었어. 얼른 가자" 수마는 아버지가 부르는 소리에 뛰어나갔다. 오늘은 신께 피를 바치는 날이다. 며칠 전에 잡아온 포로들을 바친다고 들었다.

"아버지, 포로들도 같은 사람인데, 좀 불쌍해요. 왜 그들을 신께 바쳐야만 하는 거예요?"

"그건 우리가 오래전부터 해 온 풍습이란다. 모든 사람들을 살리기 위해서 그러는 거야."

"사람들을 살리다니요? 포로들은 심장이 꺼내진 채로 죽어요. 그게 어떻게 사람을 살리는 거죠?"

"우린 신께 살아있는 사람 심장을 바쳐야 한단다. 신께 피를 바쳐야만 신은 그것을 드시고 태양을 다시 뜨게 하시지. 그렇게 하지 않으면 지난번 네 번째 세상처럼 지금 세상도 멸망하고 만단다."

"하지만 포로로 잡혀온 사람들 중에는 제가 지난번 시장에서 만났던 틀락스칼라족 친구 아버지도 있어요. 지난번에 그 친구를 만났는데 아버지가 잡혀간 뒤로 너무 슬퍼하고 있어요. 그 친구는 우리 아스텍족이 너무 잔인하고 야만스럽대요."

"그들은 신께 바쳐지는 것이기 때문에 영광스러워 해야 한단다. 몸은 중요한 게 아니란다. 그들은 아스텍 사람이 아니라서 우리 전통과 문화를 알 수 없는 거지."

예문 2 아스텍 제사장과 에스파냐 군인

에스파냐 군인 코르는 사람들에게 외쳤다. "사람을 제물로 바치는 풍습은 중지되어야 한다. 산 사람 심장을 꺼내어 제물로 바치는 것은 무지하고 야만스러운 행위다. 우리는 새로운 종교로 너희들이 가지고 있는 이 끔찍스러운 풍습을 바로 잡을 것이다."

"우리는 우리 신을 믿고 그 신께 극진한 정성을 올리는 것뿐이다." 아스텍 제사장이 말했다.

"신은 산 사람 심장을 꺼내는 의식을 원하지는 않아. 당신들은 악마를 믿고 있는 거야. 사람 목숨을 제물로 바쳐 일부러 죽이는 행위는 어떤 종교라도 절대로 용납될 수 없다. 당신들은 다른 부족 사람들을 포로로 끌고 와 제물로 바쳤고 이들은 이런 끔찍한 풍습에서 벗어나고 싶어 하지."

"우리는 오랫동안 이 풍습을 지켜왔다. 이것은 우리 전통일 뿐이다."

"그것은 악마를 섬기는 풍습이야. 모두 없애야 해."

에스파냐 사람들은 제사장 말을 더 이상 듣지 않고 그를 가두었고 피라미드를 부수었다.

1. 예문1과 예문2를 요약하여 쓰세요. 에스파냐와 아스텍 사람들이 한 행동에 대한 자기 생각을 쓰세요.

	예문 1	예문 2
요약	(1) 사람을 제물로 바치는 것은 우리가 오래 전부터 해오던 풍습이다. (2) (3)	(1) 산 사람 심장을 꺼내어 제물로 바치는 것은 무지하고 야만스러운 행위다. (2) (3)

2. 예문1에서 아버지가 그렇게 주장하는 까닭은 무엇일까요?

3. 예문2에서 에스파냐 군인이 그렇게 주장하는 까닭은 무엇일까요?

4. 에스파냐 사람들이 한 행동에 대한 자기 생각을 쓰세요.

15

5대 10국과 송나라

역사 연대기
1077년 | 카노사의 굴욕 사건이 일어남.
1096년 | 십자군 전쟁이 일어남.
1145년 | 김부식이 《삼국사기》를 지음.

학습 목표
1. 5대 10국이 생겨난 과정을 알 수 있다.
2. 송나라가 중국을 다시 통일한 과정을 알 수 있다.
3. 송나라가 문화 정치를 한 까닭을 알 수 있다.
4. 요나 금나라가 송나라로 쳐들어가지 못한 까닭을 알 수 있다.
5. 기술을 들여오는 올바른 방법에 대한 논리를 펼칠 수 있다.

심화 학습
도서 읽기 • 중국 이야기 4 – 송나라 명나라 시대의 인물들(차정원 지음/계림북스)

남송 시대

탐구 1 절도사가 세운 나라 5대 10국

　당나라 말기가 되면서 황제 권력이 약해지자, 국경 지방을 지키는 절도사들이 점점 힘을 키워 나갔다. 자기가 맡은 지역에서 스스로 세금을 거두어 군사를 키우고 백성들을 다스렸다. 왕선지나 황소가 일으킨 반란을 진압하면서 공을 세운 '유적'을 비롯하여 외부에서 들어온 유목민 용병들이 스스로를 절도사라 부르며 둘레로 땅을 넓혀갔다.

　그 가운데서 안록산과 사사명이 일으킨 반란으로 당나라는 급격하게 힘이 약해졌다. 그때, 이극용과 서로 싸우던 주전충이 승리하여 대운하와 황하가 만나는 개평을 차지하고 양을 세웠다. 더 이상 주전충을 당할 수 없다는 것을 깨달은 당나라 황제는 주전충에게 황위를 넘기고 말았다. 그러자 다른 절도사들도 스스로 왕이 되어 나라를 세웠다.

　양쯔 강 북쪽에는 양·당·진·한·주, 이렇게 다섯 나라가 세워졌는데, 이 나라들은 옛날에 세워진 나라들과 구별하기 위하여 앞에다 후(後)를 붙여 후량, 후당, 후진, 후한, 후주라고 불렀다. 양쯔 강 남쪽에는 오·남당·오월·민·형남·초·남한·전촉·후촉·북한이 세워졌다. 이 나라들은 송나라가 세워지기 전까지 70여 년 동안 서로 싸우면서 흥하고 망하기를 되풀이 하였다. 이때를 5대 10국 시대라고 부른다.

　이 나라들은 군인이 다스렸다. 중요한 벼슬자리에는 절도사가 가장 믿을 만한 부하 장수를 앉혔다. 군대를 점점 더 강하게 키우고, 반란을 막기 위하여 친위군을 두었다. 또 학문이나 문화를 발전시키는 것보다는 군사를 키워, 둘레 나라들을 빼앗는 것을 더 중요하게 생각하였다. 당나라 말기에 사회가 혼란해지면서 생산도 줄어들었으나, 각 나라들이 부국강병 정책을 쓰게 되자 점점 풍요로운 사회로 변해갔다. 그러나 다른 나라가 간섭하고 침입하는 것을 막기 위하여 정치는 불안해지고 전쟁은 끊이지 않았다.

　시간이 지나면서 나라들은 하나 둘씩 통일되어 갔다. 양쯔 강 북쪽에서는 후당이 후량을 멸망시키고 양쯔 강 이남에서는 남당을 중심으로 나라들이 합쳐지기 시작하였다.

탐구하기 5대 10국 시대를 연 절도사들은 어떤 신분이었나요?

탐구 2 송나라 건국

　양쯔 강 북쪽에서 다섯 나라가 서로 다투며 흥하고 망하기를 이어가고 있을 때, 만리장성 북쪽에서는 거란이 힘을 키워가고 있었다. 거란 왕인 야율아보기는 926년, 만주에 자리 잡고 있던 발해를 멸망시키고, 이어서 후진을 도와 후당을 멸망시켰다. 거란은 그 대가로 후진으로부터 만리장성 안쪽 땅인 연운 16주를 떼어 받았다. 그러나 거란은 여기에 그치지 않고 후진까지 멸망시키고는 요나라를 세워 황제국이 되었다. 그러자 북방 유목인이 중국을 차지하지 못하도록 막으려는 움직임이 일어나게 되었고, 후한이 세워졌다. 거란과 후한은 오랜 전쟁으로 두 나라 모두 국력이 약해지고, 후한을 이어 후주가 세워졌다. 후주 태조에 이어 왕위에 오른 세종은 정치를 바로 잡고 군사를 길러, 거란을 막아내면서 양쯔 강 하류에 있던 나라들을 차지해갔다.

　세종이 통일을 완성하지 못한 채 병으로 죽고 난 뒤에 아들인 공제가 왕위에 올랐으나, 절도사인 조광윤에게 왕위를 물려주면서 후주는 3대 9년 만에 망하고, 송나라가 세워졌다. 송나라 태조 조광윤은 후주 세종에 의해 다져진 통일 사업을 그대로 밀고나가서 중국을 하나로 통일하였다. 거란이 남으로 쳐들어오는 것을 막아내기 위해서는 통일 국가가 필요하다는 생각을 강하게 가졌고, 혼란이 길어지면서 먹고 살기 힘들어진 백성들도 후주를 이은 한족 국가인 송나라가 통일하기를 바랐다. 그랬기 때문에 통일이 쉽게 이루어졌다.

　송나라 태조는 절도사들이 지방에서 힘을 키워 중앙 정부를 위협하는 세력으로 자라지 못하도록 하기 위하여 군사를 중심으로 다스리는 절도사 제도를 폐지하고, 문화 정책으로 나라를 다스리는 문치주의를 내세웠다. 이 시대에 촉나라에서 발달한 인쇄술이 널리 퍼지고, 문학에서 사(詞), 회화에서 수묵화가 발달하여 송나라 시대에 빛나는 문화가 일어나는 기초가 만들어졌다.

　1127년, 여진족이 세운 금나라가 요나라를 멸망시키고 많은 왕족들을 인질로 잡고는 양쯔 강 북쪽 땅을 차지하였다. 이것을 '정강의 변'이라 하며, 979년부터 이때까지를 북송 시대라 한다. 이때 흠종 동생인 조구가 양쯔 강 남쪽으로 도망가 임안에 도읍을 정하고 나라를 세워, 고종이 되었다. 이때부터를 남송 시대라고 한다. 송나라는 요나라에 이어 금나라에게도 엄청난 재물을 바치며 평화를 유지했다. 송나라는 9대 152년을 더 이어가다가 1234년, 칭기즈 칸이 세운 원나라에게 멸망하였다.

탐구하기

송나라 조광윤이 중국을 통일할 수 있었던 것은 후주 시대 때 이미 이루어 놓은 발판이 있었기 때문입니다. 그 발판을 만든 후주 왕은 누구인가요?

탐구 3 화려하게 빛난 송나라 문화

송나라는 절도사라는 군인을 지방으로 보내서 다스리던 군사 통치를 폐지하고 문화를 앞세워 다스린 나라였다. 그 덕분에 많은 문인과 학자, 그리고 예술가가 탄생하였고, 그들이 이룬 학문과 예술 작품들도 아주 많았다.

사마광은 전국 시대 주나라 위열왕 때인 기원전 403년부터 5대 10국 시대 주나라 세종 때인 959년까지 1,362년 동안 일어난 일을 기록한 역사서인 《자치통감》을 지었다. 또 주희는 우주와 사람이 가진 본성을 살펴 바르게 생각하라는 성리학을 정리하였다. 당나라와 송나라 시대에 뛰어난 작가 8명을 가리키는 당송 8대가인 구양수, 소동파 등도 뛰어난 예술가였고, 8대 황제인 휘종은 그림을 아주 잘 그렸는데, 그 가운데서도 화조도가 유명하다.

유럽을 변화시킨 3대 발명품

화약, 나침반, 활판 인쇄술은 송나라 때 발명된 것들이다. 화약은 이슬람 상인들에 의해 유럽으로 전해져 대포나 폭탄 같은 무기가 되었다. 창이나 칼로 싸울 필요가 없어지자, 기사도 필요가 없어졌다. 또 나침반이 유럽에 전해지자 배를 타고 멀리까지 가는 법을 알게 된 유럽 사람들은 '대항해시대'를 열었다. 콜럼버스가 신대륙을 발견하였고, 마젤란이 세계 일주에 성공하였으며, 바스코다가마가 아프리카 남쪽 끝에 있는 희망봉을 발견하였다. 그리고 활판 인쇄술이 유럽에 보급되자 루터가 성서를 독일어로 번역해 보급하면서 평소에 성서를 못 보던 사람들도 쉽게 볼 수가 있게 되었다.

탐구하기 송나라 시대에 학문과 예술이 발전한 까닭은 무엇인가요?

그 무렵 우리나라에서는 묘청이 난을 일으키다

고려 제17대 인종 때 귀족들이 권력을 쥐고 흔들면서 왕권이 약해졌다. 이자겸과 척준경이 일으킨 난을 겨우 가라앉혔으나, 나라는 더욱 혼란에 빠졌다.

이때 묘청이 왕권을 강화하고 북진 정책을 밀고 나가기 위해 서경으로 천도하자고 주장했다. 그러나 개경 귀족들이 반대하여 서경천도가 실패하자, 군사를 모아 난을 일으켰다. 김부식이 이끄는 군대에게 진압되면서 고려는 북진 정책을 버리고 금나라에 사대주의를 취하게 되었다.

해석 왕안석 신법은 왜 실패하였나?

어려운 나라 경제를 살리기 위해서는 국가 재정을 바로 잡아 나라에 돈이 모자라는 적자를 없애야 한다. 그러기 위해서는 나라 살림에서 씀씀이를 줄여야 한다. 그러나 왕안석은 나라 경제가 너무나 어려웠기 때문에 관리와 군인을 적게 뽑아서 씀씀이를 줄이는 것 정도로는 해결할 수 없다고 생각했다. "항아리에 뚫린 구멍을 메워서 물이 새지 않게 만든다고 해도 그 항아리에 물을 붓지 않으면 아무 소용이 없다"라며, 생산을 많이 늘리는 방법을 찾아야 한다고 생각했다.

그래서 왕안석은 정부가 창고에 저장해 놓은 쌀을 빌려주는 '청묘법'을 실시하여 농민들이 비싼 이자를 물어야 하는 빚에서 구해 주자고 하였다. 그러면 농민들도 잘 살고 나라에 세금을 잘 내게 되니 나라도 좋다고 하였다. 또 중소 상인에게는 나라에서 이자를 적게 받고 돈을 빌려주는 '시역법', 직업 없는 사람에게 일자리를 주는 '모역법', 나라에서 물자가 남는 곳에서 사 들인 다음 모자라는 곳에 파는 '균수법' 등을 실시하자고 하였다.

또 군대는 무예가 뛰어난 사람만 뽑아 날쌘 군대로 키우는 '장병법'을 쓰고, 나머지는 나라에서 돈을 들여 군대를 운영하기보다는 농촌을 몇 가구씩 묶어서 스스로 지키도록 하는 '보갑법'과, 말을 나누어주어 농사짓는 데에 쓰다가 전쟁이 나면 군대에서 쓸 수 있게 하는 '보마법'을 실시하였다. 이 제도는 적은 비용으로 군대를 유지하기 좋은 방법이었다.

그러나 이 법들은 대부분 관리, 지주나 이들과 힘을 합치고 있던 큰 상인들에게는 손해를 끼치는 것이었다. 이들은 "자연에서 얻어지는 물자는 일정하게 정해져 있으므로 사람이 노력한다고 더 늘어나는 것이 아니다"라며 왕안석이 주장한 것을 반박하였다. 왕안석 편에서 지지해 주던 신종도 강력하게 밀어주지는 못했다. 그런데다가 신종마저 죽고 나자, 정치권력은 구법당에게 넘어갔고, 왕안석이 주장했던 법들은 모두 폐지되고 말았다.

왕안석이 주장한 신법은 관리, 지주, 큰 상인같이 힘 있는 세력들이 나라나 백성이 편안한 것보다 자기 배만 불리려는 것을 바로 잡자는 것이었다. 따라서 그들에게 지지를 얻지 못하였고, 결국 실패하고 말았다.

해석하기 왕안석 신법이 성공하지 못한 까닭은 무엇인가요?

역사토론

요나라와 금나라는 왜 송나라를 멸망시키지 않았을까?

토론 내용 송나라는 유목민인 요나라와 금나라에게 많은 비단과 황금을 바치면서 화친을 했다. 중국에 세워진 나라들이 둘레 나라에게 재물을 바친 경우는 아주 드문 일이어서, 그 이전에도 없었고, 그 이후에도 없었다. 그런데 요나라나 금나라는 비단이나 황금을 받고 더 이상 남쪽으로 밀고 내려오지 않았다. 발전된 송나라 전체를 차지한다면 송나라에게서 받는 황금이나 비단보다 훨씬 더 많은 것을 얻을 수 있을 텐데 그렇게 하지 않은 까닭은 무엇일까?

토론 1 송나라에게서 조공을 받는 것으로도 만족했다.

요나라나 금나라가 아주 강한 군대를 가지고 있었기 때문에 마음만 먹는다면 송나라 전체를 차지하는 것은 힘든 일이 아니었다. 그러나 만리장성 안 송나라 땅을 모두 차지한다고 해도 자기들 본거지가 만리장성 밖에 있기 때문에 다스리기가 어렵다고 생각했다. 가만히 있어도 엄청난 비단과 황금을 바치는데 굳이 전쟁을 할 필요는 없었다.

토론 2 고려가 두려웠다.

요나라나 금나라는 만리장성 동북쪽에서 일어난 나라였다. 더 동쪽에는 고려가 있었다. 고려는 송나라와 사이가 좋았다. 요나라나 금나라가 만리장성 남쪽으로 쳐들어갈 때 고려가 등 뒤를 치게 될 것이 걱정이었다. 그래서 요나라가 고려로 쳐들어가기도 했으나, 고려군에게 패하였다. 자기들 등 뒤에 강력한 나라인 고려가 있으니, 함부로 송나라를 칠 수가 없었다.

토론 3 송나라가 만만한 상대가 아니었다.

송나라는 힘이 강한 절도사들이 반란을 일으키지 못하게 하려고 군사 정치를 하지 않고, 문화 정치를 하였기 때문이지 원래 군사력이 약한 나라가 아니었다. 또 금나라가 송나라 수도인 개봉까지 쳐들어갔을 때도 사방에서 민병이 일어나 혼 줄이 난 적도 있었다. 송나라 황제나 신하들이 전쟁을 싫어했기 때문에 화친을 한 것이지 만약 송나라가 마음만 먹었다면, 금나라도 요나라도 만리장성 밖으로 쫓아냈을 것이다.

토론하기

요나라나 금나라가 송나라를 모두 차지하지 못한 가장 큰 까닭은 무엇일까요? 자기 생각을 밝히고, 그 까닭을 쓰세요.

역사에 비추어 보는 세계

🍭 **다음 글을 읽고, 물음에 대한 생각을 써 보세요.**

➡ 송나라는 요나라와 금나라에게 해마다 엄청난 비단과 황금을 바치고 전쟁을 피했으니 돈으로 평화를 샀다고 볼 수 있습니다. 요즘에는 다른 나라에 좋은 기술이 있으면 그 기술을 전해 받거나 외국 유명 상표를 쓰기 위하여 돈을 줍니다. 그 돈을 '로열티'라고 합니다. 돈을 주고 새로운 기술을 받아들이는 것에 대해 생각해 봅시다.

기술과 상표를 쓰게 해주는 대가로 돈을 받는 로열티

어떤 나라에서 좋은 기술을 개발해 내면 다른 나라에서 마음대로 그 기술을 쓸 수가 없습니다. 국제 특허라는 것인데, 자기 나라 기술을 다른 나라가 함부로 쓰게 되면 손해가 되니까 서로 다른 나라 기술을 지켜주려고 약속을 한 것입니다. 하지만 다른 나라에서 만든 기술을 쓸 수 있는 방법이 있습니다. 그것은 기술을 빌리는 대가로 돈을 주는 것입니다.

예를 들어 자동차를 만들지 않는 나라는 다른 나라에서 자동차를 사와야 합니다. 돈이 많은 나라라면 모르겠지만, 그렇지 않다면 비싸서 사오기가 어렵습니다. 하지만 자기 나라에서 싼값에 자동차를 만든다면 자동차를 사기가 쉬워집니다. 그럴 때 다른 나라에서 자동차 만드는 기술을 사오면 됩니다. 기술을 파는 나라는 자동차를 만들지 않아도 돈을 벌 수 있으니까 좋은 일이고, 기술을 사는 나라는 싼값에 자동차를 만들어 탈 수 있으니 좋은 일이 됩니다.

이렇게 다른 나라에서 만든 기술로 물건을 만들 수 있는 권리를 얻으면서 돈을 주는 것을 로열티라고 합니다. 로열티는 물건을 만들 때마다 줄 수도 있고 한꺼번에 줄 수도 있습니다.

우리나라는 IT 강국이라고 합니다. 세계 최초로 CDMA(코드 분할 다중 접속 방식) 방식 이동 통신을 실제로 핸드폰에 쓸 수 있도록 만들기도 하였습니다. 하지만 원래 기술을 미국 퀄컴 사가 가지고 있습니다. 그래서 우리나라에서 핸드폰을 만들려면 퀄컴 사에 로열티를 주어야 합니다. 우리나라에서 실제로 쓸 수 있게 만들었지만, 처음으로 그런 방식을 만든 것은 퀄컴 사이므로 우리나라가 CDMA 방식 핸드폰을 만드는 대가로 로열티를 주는 것입니다.

생각 열기 돈을 주고 다른 나라에서 기술을 사오면 어떤 좋은 점이 있나요?

논술 한 단계

학습 목표 논리 펼치기 15
학습 내용 기술을 들여오는 올바른 방법

🍬 로열티를 주고 외국에서 기술을 들여와 물건을 만드는 두 나라에 대한 예문 1 과 예문 2 를 서로 비교·대조해 보고 장점과 단점을 각각 찾은 다음, 기술을 들여오는 올바른 방법을 쓰세요.

예문 1 자동차 기술을 배운 배움나라

자동차를 만드는 기술이 없는 배움나라 사람들은 자동차를 외국에서 사 와서 타고 다녔습니다. 그러나 차를 사서 배에 싣고 오는 데 돈이 많이 들었기 때문에 자동차 값이 아주 비쌌습니다. 그래서 아주 부자가 아니면 자동차를 타고 다닐 수 없었습니다. 또 자동차가 많지 않아서 물건을 실어 나르기가 어려웠습니다. 그러자 물건을 만들기 위한 원료를 실어 나르지 못하고, 만든 물건을 팔기도 어려웠습니다.

배움나라 사람들이 스스로 자동차를 만들고 싶었지만, 기술을 개발하는 데는 돈과 시간이 많이 들었습니다. 그래서 자동차 만드는 기술을 외국에서 돈을 주고 들여오기로 하였습니다.

자동차 한 대를 만들어서 팔 때마다 차 값에서 10퍼센트를 로열티로 주어야 했지만, 실어오는 돈이 들지 않았습니다. 또 많은 사람들이 자동차 만드는 공장에서 일했기 때문에 만드는 데 드는 돈도 배움나라 사람들이 차지할 수 있었습니다.

배움나라 사람들은 외국에서 기술을 사 온 덕분에 싼값에 자동차를 탈 수 있게 되었고, 일자리도 많아져서 살기 좋아졌습니다. 하지만 배움나라 사람들은 언제까지나 다른 나라에서 기술을 사 올 수는 없다면서 자동차를 팔아서 남은 이익을 모두 기술개발에 썼습니다.

시간이 점점 지나자 배움나라 사람들은 스스로 자동차를 만들었습니다. 더 좋은 기술을 외국에 팔 수도 있게 되었습니다.

예문 2 자동차 기술을 사온 베낌나라

베낌나라 사람들도 자동차를 만드는 기술이 없어서 외국에서 기술을 들여왔습니다. 로열티를 주기는 하였지만, 기술 개발하는 것보다 돈이나 시간이 적게 들었기 때문에 다른 나라에서 좋은 기술이 나오면 무조건 사 들여왔습니다. 로열티를 많이 주더라도 차를 비싸게 팔면 이익을 남길 수 있기 때문에 기술을 개발하는 데 돈을 쓰지 않았습니다.

언제라도 외국에서 좋은 기술을 손쉽게 들여올 수 있었기 때문에 베낌나라는 쉽게 자동차를 만들었습니다. 아무리 자동차를 만드는 기술이 하나도 없는 베낌나라였지만, 누구나 자동차를 탈 수 있게 되었고, 자동차 회사도 돈을 많이 벌었습니다.

1. 예문 1 과 예문 2 가 가진 장점과 단점

	예문 1	예문 2
장점	(1) 자동차 만드는 기술이 좋아진다. (2)	(1) 자동차를 쉽게 만들 수 있다. (2)
단점	(1) (2)	(1) (2)

2. 기술을 들여오는 올바른 방법을 쓰세요.

16
칭기즈 칸,
가장 큰 나라를 세우다

역사 연대기
1206년 | 테무친이 몽골 제국을 세움.
1215년 | 영국에서 대헌장이 만들어짐.
1231년 | 몽골이 고려를 1차 침략함.
1241년 | 신성 로마 제국 한자동맹이 성립됨.
1368년 | 주원장 침입으로 원나라 황제 티무르가 몽골 고원 지대로 도망감.

학습 목표
1. 칭기즈 칸과 그가 세운 몽골 제국에 대해 알 수 있다.
2. 쿠빌라이 칸과 원나라에 대해 알 수 있다.
3. 몽골 군대와 몽골 제국 시대 발달한 동서 무역에 대해 알 수 있다.
4. 마르코 폴로와 동방견문록에 대해 알 수 있다.
5. 항복과 저항에 대한 논리를 펼칠 수 있다.

심화 학습
도서 읽기 • 칭기즈 칸, 초원의 황제 세상에 우뚝 서다
(이재운 지음/웅진씽크하우스)
• 동방견문록(마르코 폴로 지음/김윤정 옮김/
파란자전거)

역사탐구

탐구 1 칭기즈 칸, 몽골 제국을 세우다

중국 북쪽 초원 지역에는 몽골족들이 유목 생활을 하며 살고 있었다. 타타르, 메르키트, 키야트, 나이만 등 여러 부족들로 나누어져 있었는데 여진족이 세운 금나라는 이 부족들을 부추겨 서로 대립하도록 했다. 이때 키야트족을 이끄는 예수게이가 힘을 키워 나가자, 타타르 부족이 그를 암살하고, 가족들을 초원으로 내쫓아 버렸다.

칭기즈 칸

예수게이 아들인 테무친은 이를 딛고 뛰어난 지도력과 강한 전투력으로 메르키트, 나이만 부족을 꺾고 몽골 땅을 통일하기 시작하였다. 그리고 1206년 부족들 회의인 쿠릴타이에서 최고 지도자인 칸이 되었다. 이때부터 칸 가운데 가장 높은 칸이며, 온 세상을 다스린다는 뜻인 칭기즈 칸이라고 불리기 시작했다. 칭기즈 칸은 한 부대를 10명 단위인 십호로 조직하고, 그것을 묶어 백호, 천호로 만들었다. 또 친위 부하들 만 명으로 강력한 군사 조직을 만들었다.

1209년 칭기즈 칸은 실크로드 동쪽 출발지였던 서하를 공격하였다. 서하에는 서역과 교역이 활발한 도시가 많았는데, 오가는 상인들로부터 세금을 받고 있었다. 칭기즈 칸이 서하를 여러 번 침략하자 서하는 어쩔 수 없이 조공을 바쳐야 했다. 또 2년 뒤 서하 동쪽에 있던 금나라를 공격하였고, 이 때문에 금나라는 수도를 남쪽으로 옮겨가야만 했다.

칭기즈 칸은 서쪽으로 눈을 돌려서 새로이 떠오르던 이슬람 국가인 호라즘과 교역을 하려고 했다. 그러나 교역 사절단이 살해당하고 선물을 약탈당하자, 1219년 호라즘으로 쳐들어 가 수도 사마르칸트를 정복하였다. 이로써 중앙아시아와 만주에 이르는 넓은 땅을 차지하였다.

칭기즈 칸은 반란을 일으킨 서하로 다시 쳐들어가 멸망시켰고, 금나라 정복을 준비하다가 1227년 셋째 아들 오고타이에게 왕위를 물려 주고 숨을 거두었다.

오고타이는 금나라를 멸망시키고, 1236년 조카인 바투를 시켜 유럽으로 원정을 보냈다. 10만 원정군은 러시아 모스크바와 블라디미르를 함락시키고 키예프를 점령하였다. 그런 다음 킵차크한국을 세웠는데, 여기서 한국이라는 말은 칸이 다스리는 나라를 뜻한다. 또 헝가리, 폴란드 지역까지 쳐들어가 신성 로마 제국과 폴란드 연합군을 쳐부수었다. 서유럽으로 더 진출하려던 바투 원정군은 오고타이가 죽었다는 소식에 남러시아로 철수하였다.

탐구하기 칭기즈 칸이 칸 자리에 올라 군대 제도를 가장 먼저 바꾼 까닭은 무엇일까요?

탐구 2 쿠빌라이 칸과 원나라

칭기즈 칸이 죽은 뒤 칸 자리를 놓고 다툼이 계속되었다. 이 권력 싸움에서 승리한 쿠빌라이는 수도를 중앙아시아 카라코룸에서 대도(베이징)로 옮겼다. 1271년에는 국호를 원으로 바꾸었다. 그러나 쿠빌라이가 왕에 오른 뒤에도 오고타이 가문은 계속 반발하였고, 이때부터 강력하던 몽골 제국은 서서히 분열되기 시작했다.

몽골 제국은 칭기즈 칸 후계자 가문들이 다스리는 4개 한국으로 갈라졌는데, 러시아 지역에 킵차크한국, 사마르칸트와 중앙아시아에 차가타이한국, 몽골 본토에 오고타이한국, 페르시아 일대에 일한국이 들어섰다. 이들은 점점 중앙 정부와 떨어져 독립된 나라로 자리 잡기 시작했다.

쿠빌라이는 먼저 남송을 멸망시켜 중국 땅을 통일하였다. 그는 큰 제국을 이끌기 위해서 송나라 제도를 모방하여 중앙 집권제를 도입하고, 왕도 칸에서 황제로 바꾸어 불렀다. 또 농경 생활을 하는 중국을 다스리기 위해 유목 문화를 과감하게 버렸다. 이렇게 쿠빌라이가 여러 제도를 받아들이고 교역을 장려하자, 상업이 크게 발달하고 나라가 부유해졌다. 그러나 몽골인과 색목인들만 관리로 썼으며, 한족들은 3, 4계급으로 억압하였는데, 남송에서 끝까지 몽골에 저항했던 사람들은 한족보다 더 낮은 계급으로 구분하였다. 이들은 전쟁이나 큰 공사에 불려나갔고, 차별을 받았는데, 이 때문에 몽골 제국에 불만을 가지게 되었다. 또 쿠빌라이는 고려를 정복하여 속국으로 삼고, 고려군과 함께 두 차례에 걸쳐 일본으로 많은 군사와 군함을 보냈지만, 태풍 때문에 실패하였다.

색목인 유럽, 서부 아시아, 중부 아시아에서 온 외국인들과 터키, 아랍인들을 말한다.

1294년 쿠빌라이가 세상을 떠난 뒤 손자인 티무르가 나라를 다스리는 동안은 다른 한국들과 평화를 유지하였으나, 그 뒤로는 권력 다툼이 다시 일어났다. 그러자 올바른 통치를 하지 못했고, 군사훈련을 게을리 하면서 원나라는 점점 약해졌다. 또 전염병과 천재지변 때문에 농촌이 어렵게 되자, 농민들 불만은 높아 갔고, 차별 정책에 불만을 가지고 있던 한족들이 원나라에 대항하기 시작했다.

전국에서 여러 반란이 일어나기 시작했는데, 홍건적을 이끌던 주원장은 1368년 난징에서 명나라를 세우면서 황제로 즉위하였다. 주원장이 수도 대도까지 올라오자 몽골은 북쪽 고원지대로 피신하였다. 각 한국들도 오랜 전쟁으로 분열하였는데, 오고타이한국은 차가타이한국에 합쳐지고, 킵차크한국은 러시아 모스크바 대공국에, 나머지는 이슬람 나라들에 멸망하였다.

탐구하기 쿠빌라이가 유목 정책을 버리고 농경 정책을 펼친 까닭은 무엇인가요?

탐구 3 마르코 폴로

이탈리아 베네치아에서 태어난 마르코 폴로는 1271년 무역 상인인 아버지를 따라 원나라에 갔다. 25년간 여행을 마치고, 1295년 고향으로 돌아온 마르코 폴로는 베네치아와 제노바 사이에서 벌어진 전투에 참여했다가 포로로 잡혔다. 포로 생활을 하던 중 감옥에서 만난 루스티첼로에게 자신이 여행한 이야기를 들려주고 책으로 만들게 하였는데, 이 책이 《동방견문록》으로 원래 제목은 《세계의 묘사》이다.

마르코 폴로는 17년 동안이나 쿠빌라이 밑에서 일하며 원나라 여러 곳을 돌아다녔다. 그것을 기록했는데, 어떤 것은 정확하기도 하지만 맞지 않는 정보도 많다. 책에는 북극 지방으로부터 남쪽 자바까지, 동으로는 지팡구로 불린 일본까지 나와 있다. 무엇보다도 원나라 여러 도시에 대한 설명과, 궁전, 화폐, 사회 풍습, 제도뿐만 아니라 동물, 식물, 광물에 대해서도 기록되어 있다. 이 책은 유럽 사람들에게 큰 충격을 주었다. 가보지 못한 동양에 대한 호기심으로 많은 유럽 사람들이 이 책을 읽었고, 콜럼버스 같은 탐험가들은 동방으로 직접 떠나기 시작했다.

《동방견문록》에서는 원나라에서 철과 소금이 엄청나게 많이 난다는 것과 백성들은 지폐를 사용하고 비단옷을 입고 화려한 도시에서 살고 있으며 석탄이 싸서 한증막이 많다는 내용이 실려 있다. 또 일정한 거리마다 역참을 두어 사람을 쉬게 하고 말을 갈아타게 하는 역참 제도도 자세히 설명했다. 그러나 전족, 한자, 차, 목판 인쇄술, 만리장성 같은 독특한 중국 문화에 대한 이야기가 없고, 허황된 이야기도 많아서 꾸며낸 것이라는 비난도 받는다.

> **전족** 여자 발을 작게 하기 위해 어릴 때부터 천으로 발을 죄어서 자라지 못하게 하던 풍습이다.

탐구하기 《동방견문록》은 서양에 어떤 영향을 주었을까요?

그 무렵 우리나라에서는 몽골이 고려를 침략하다

1216년 거란이 고려를 침입하자 고려는 몽골군과 함께 거란을 물리친 뒤 몽골과 외교를 맺었다. 몽골은 막대한 공물을 요구하였고, 고려는 이를 지키지 않았다. 몽골 사신 저고여가 고려에 왔다가 살해되자 1231년 몽골이 고려를 처음으로 침략하였다. 몽골은 1259년까지 일곱 차례나 고려를 침입하였다가 물러갔는데, 이에 고려 무신 정권은 강화도로 수도를 옮기며 저항하였다. 고려 원종이 몽골과 강화를 맺었으나 해산 명령을 거부한 삼별초는 강화도에서 대항하기 시작하였다. 삼별초는 전라도 진도, 제주도까지 옮겨가며 고려와 몽골 연합군에게 맞섰으나 4년 만에 무너졌다.

역사해석

해석 | 막강한 몽골 군대와 동과 서를 잇는 몽골 제국

칭기즈 칸은 예전에 있던 씨족 관계들을 다 해체하고, 10명, 100명, 1000명씩 군사들을 묶은 다음, 호장이라는 대장을 뽑아서 이끌게 하였다. 복잡한 계급과 직위를 모두 없애버리고, 지휘자와 군사로만 나눈 것이다. 누구라도 전쟁에서 큰 공을 세우면 더 많은 군사들을 주고 계급도 올려주었다. 또 그에게만 충성하는 친위 부대로 강력한 군사조직을 만들어서 권력을 중앙으로 집중시켰다.

'쿠릴타이'라는 만장일치 회의를 통해 힘을 하나로 모았고, 군법을 엄격하게 정해서 지키게 하였다. 다른 나라에서 약탈한 물건은 공평하게 나누었고, 자기 욕심을 채우기 위한 개인 약탈을 금지시켰다. 몽골 군대는 말을 빨리 달리기 위해서 전쟁 무기와 식량 무게를 가볍게 하였다. 그 덕분에 많은 군대가 먼 곳까지 가서도 쉽게 싸울 수 있었고, 갑옷을 입은 무거운 유럽 기사들보다 전쟁에서 재빠를 수 있었다. 또 다른 나라 군대보다 적은 수였지만, 포로가 원하면 차별하지 않고 몽골 군대에 넣어서 군사 수를 늘렸다.

정복한 나라마다 잔인한 약탈을 하였으나, 저항하지 않은 나라는 원래 있던 생활 방식과 관습을 그대로 인정해 주었다. 문화와 종교에 너그러웠기 때문에 그 지역에 있는 종교를 오히려 받아들이기도 했다. 또 포로 가운데 기술자나 지식인들을 우대하여 몽골 제국 운영에 참여시켰는데, 이 때문에 성을 공격하는 기술을 배울 수 있었고, 다른 나라 문자를 본떠서 몽골 문자를 만들어내어 사용할 수 있었다.

몽골 제국은 중국, 유럽, 러시아, 아시아를 하나로 묶었다. 몽골 제국은 상인들이 다니는 길을 안전하게 지켜주면서 나라 사이 무역을 크게 번창시켰다. 동서로 이어지는 비단길, 사막길, 바닷길로 많은 물건들이 오고갔다. 몽골 제국은 다른 나라 상인들에게 신분증을 주어서 지방세나 관세를 면제해 주고, 제국 안에서 보호해 주었다. 물자를 더 편하게 옮기기 위해서 황하와 양쯔 강에 있던 운하를 더 길게 연결하였다. 또 이전에 있었으나, 별로 쓰이지 않았던 종이돈을 많이 쓰게 하였다. 백성들 생활은 부유해졌고, 여유가 생기면서 서민들을 위한 소설, 노래, 춤 등이 유행하게 되었다.

유럽은 무섭게만 생각했던 몽골을 호화롭고 화려한 나라로 보게 되었고, 유럽 선교사를 비롯한 많은 사람들이 몽골로 가기 위해 탐험을 떠났다. 이런 가운데 동양에서 종이와 인쇄술, 화약과 화기, 나침반이 전해지면서 유럽에서 일어난 르네상스에도 큰 영향을 주었다.

해석하기 몽골 제국은 동양과 서양을 어떻게 연결시켜 주었을까요?

역사토론

몽골이 넓은 땅을 통치하는 강력한 제국이 될 수 있었던 까닭은 무엇일까?

토론 내용 유목민들이었던 몽골 사람들은 25년이라는 짧은 기간 동안 로마 군대가 400년 동안 정복한 것보다 많은 땅을 정복하며 대제국을 이루었다. 몽골 제국은 동서를 이었고 넓은 세계를 가깝게 만들었다. 그들은 어떻게 그토록 크고 넓은 제국을 만들 수 있었을까?

토론 1 누구도 이길 수 없는 막강한 몽골 군대 덕분이었다.

몽골 군대는 다른 나라 군대보다 수가 많지 않았지만, 말을 타고 전쟁을 치루는 데 누구보다도 강했다. 말을 타고 빠른 속도로 움직이는 그들을 당해낼 수 있는 사람들이 별로 없었다. 또 정복한 곳 포로나 항복한 병사들을 군대에 넣어 전사 수를 늘렸고, 잘 조직된 군인들은 신속하게 명령을 전달받고 움직일 수 있었다.

토론 2 지도자 칭기즈 칸이 다스린 통치 방식 덕분이었다.

칭기즈 칸은 군인들을 능력으로만 평가했고, 인종이나 신분을 차별하지 않고 대했다. 또 군사들과 같은 것을 먹고, 같은 곳에서 잤으며, 검소하게 생활했다. 정복지에서 약탈한 물건은 공평하게 나누어 군사들 불만을 줄였다. 이런 통치 방식은 백성들 지지를 얻었고, 몽골 제국을 강하게 하는 바탕이 되었다.

토론 3 상인들을 우대했기 때문이었다.

다른 나라들이 무역하는 길이 몽골 제국 안으로 다 들어왔다. 몽골 군대는 무역 길을 안전하게 지켜 주고 상인들에게 많은 혜택을 주었다. 정복할 지역에 대한 정보를 상인들에게서 미리 얻어 쉽게 전쟁에서 이길 수 있었다. 또 동양과 서양 사이에 물자가 오가면서 상업이 크게 발전하였고, 제국을 부강하게 만들어 주었다.

토론 4 대항할 만한 세력들이 분열되어 있었기 때문이다.

당시에는 서양이나 다른 지역에서 몽골 군대에 맞설만한 세력이 없었기 때문이다. 서양에 있는 크리스트교 국가들이 몽골 군대를 이용하여 이슬람 세력을 몰아내려 할 만큼 서로 분열되어 있었고 강력한 나라가 없었다.

토론하기

몽골이 넓은 땅을 통치하는 강력한 제국이 될 수 있었던 가장 큰 까닭은 무엇일까요?

역사에 비추어 보는 세계

🍭 **다음 글을 읽고, 물음에 대한 생각을 써 보세요.**

➜ 칭기즈 칸은 요즘 새로운 영웅으로 떠오르고 있습니다. 새롭게 칭기즈 칸을 평가하는 것에 대해 생각해 봅시다.

새로이 일어나고 있는 칭기즈 칸

"이 고귀한 왕의 이름은 칭기즈 칸이었으니 그는 당대에 큰 명성을 떨쳐 어느 지역 어느 곳에도 만사에 그렇게 뛰어난 군주는 없었다……. 그런 사람은 달리 어디에서도 찾아볼 수 없었다. 이 고귀한 왕……."

1390년 제프리 초서가 영어로 쓴 〈캔터베리 이야기〉에 등장하는 칭기즈 칸이다. 한때 많은 유럽 사람들이 몽골 제국에 대해 동경을 가졌다. 반면 칭기즈 칸을 약탈자, 침략자, 전쟁광, 잔인한 악마로 표현했던 유럽인들도 많았다. 프랑스 학자 볼테르는 칭기즈 칸을 문명을 파괴하고, 땅을 사막으로 만들어 놓은 약탈자로 표현하였고, 몽테스키외는 몽골 사람들을 덜 자란 인종이라고 깔보기도 했다.

그러나 1995년 미국 워싱턴포스트지와 1999년 타임지는 지난 1000년 인류 역사에서 가장 중요한 인물 첫 번째로 칭기즈 칸을 선정하였다.

워싱턴포스트지는 몽골 사람들이 인터넷이 발명되기 700여 년 전에 전 세계를 연결하는 대화 통로를 개척했다며 칭기즈 칸을 사람과 기술을 이동시켜 세계를 좁게 만든 사람이라 하였다. 또 칭기즈 칸이 제국을 다스린 통치 방식과 그가 군대를 이끈 방법들은 빠르게 변화하는 현대 사회에 필요한 리더십, CEO가 갖추어야 할 모습이라는 주장도 많다. 한국 어느 기업에서는 직원들에게 칭기즈 칸 책을 선물하며 남을 받아들이고, 적도 수용할 수 있는 자세, 자신을 낮추는 겸손한 자세 등을 배우자는 운동을 벌이기도 했다.

생각 열기

약탈자, 침략자, 잔인한 악마로 표현되었던 칭기즈 칸이 최근에 다시 중요한 인물로 떠오르기 시작한 까닭은 무엇일까요?

논술 한 단계

학습 목표 논리 펼치기 16
학습 내용 저항과 항복에 대한 생각

> 예문 1 과 예문 2 는 몽골 군대가 다른 나라를 정복할 때 몽골군에게 저항한 민족과 항복한 민족을 다르게 대한 사례입니다. 항복하는 것과 저항하는 것에 대해 생각해 보고, 자기 생각을 쓰세요.

예문 1 몽골에 저항한 민족

몽골 군대는 항복하면 살려주었고, 저항하면 잔인하게 죽였다. 몽골군이 침략하면 가장 먼저 병사들을 죽이고 귀족들을 죽였다. 그리고 사람들을 하는 일에 따라 나누어 필요한 사람들은 포로로 끌고 갔다. 직업이 없는 사람들은 다음 전쟁에 끌고 나갔다. 짐을 나르게 하고, 공사장에 끌고 가고, 전투할 때 가장 앞에 세워 인간 방패로 이용하였다. 이런 일도 할 수 없는 사람은 모두 다 죽였다. 온 도시를 약탈하였고, 항복한 뒤에도 저항하는 사람이 조금이라도 있으면 다시 돌아가 완전히 짓밟아버렸다.

한 이슬람 도시에서는 칭기즈 칸 사위가 전투를 하다가 죽었는데, 복수를 위해서 여기 사는 모든 주민들을 죽이고, 짐승까지도 모두 죽였다고 한다. 몽골 군대에게 당한 도시는 그 무서운 광경을 다른 도시로 전했고, 그 소식을 듣고 다른 도시는 몽골군이 오기도 전에 미리 항복하기도 했다.

몽골에게 항복하지 않고 맞서 싸워, 일곱 번이나 침략을 당한 고려는 수천 명이 죽고, 수십만 명이 넘는 사람들이 포로로 잡혀가며 여러 곳이 불타고 약탈당했다. 그러나 오랫동안 강하게 저항했기 때문에 몽골 사람이 직접 나라를 다스리지 않고, 조공을 바치고 정치적 간섭만 하는 것으로 지배 방식을 다르게 하기도 했다.

예문 2 몽골에 항복한 민족

몽골은 점령한 지역에 대해서 저항하지 않으면 관대한 정책을 펼쳤다. 미리 항복하면 죽이지 않았고, 지배를 잘 따르면 세금을 깎아 주기도 했다. 또 그곳에 있는 종교와 문화 그리고 제도를 모두 인정해 주었다. 거란 군인들은 전투 한번 하지 않고 몽골 제국에 항복했다. 칭기즈 칸은 거란족들이 항복하자마자 그들을 바로 군대에 넣었고, 거란족들은 몽골 군대에게 큰 힘이 되었다. 비단길 길목에 있던 위구르는 미리 몽골에 조공을 바치면서 속국이 되었다. 몽골은 서하나 호라즘, 금나라로부터 이들을 보호해 주었고 위구르 귀족들 재산과 권력을 그대로 인정해 주었다. 남송도 마찬가지였다. 남송에 있는 양양을 포위한 몽골군은 먼저 공격해 나오지 않는한 공격하지 않았다. 오히려 포위된 남송 군인들에게 물자도 넣어 주었다. 6년 동안 서로 대치하다가 몽골군이 성벽을 부수자 남송군은 바로 항복했다. 군대는 바로 몽골군으로 편입되었고 남송 군대 대장은 상까지 받으며 대우 받았다. 부패한 관리들에게 억눌렸던 남송 백성들은 오히려 몽골군을 환영하기도 하였다. 그러나 정복당한 나라들은 나라 이름을 잃고 몽골 제국에 편입되었다.

1. 예문 1 과 예문 2 를 비교·대조하고 저항과 항복하는 것에 대한 장단점과 그것에 대한 내 생각을 쓰세요.

	예문 1	예문 2
대조	(1) 저항하면 많은 사람이 죽고 도시가 약탈 당하고 파괴되었다. (2) (3)	(1) 항복하면 군대에 넣어주고 죽이지 않았다. (2) (3)
비교	몽골 군대 침략을 받았다.	

2. 저항하는 것에 대한 장단점을 써 보세요.

3. 항복하는 것에 대한 장단점을 써 보세요.

4. 저항과 항복에 대한 자기 생각을 써 보세요.

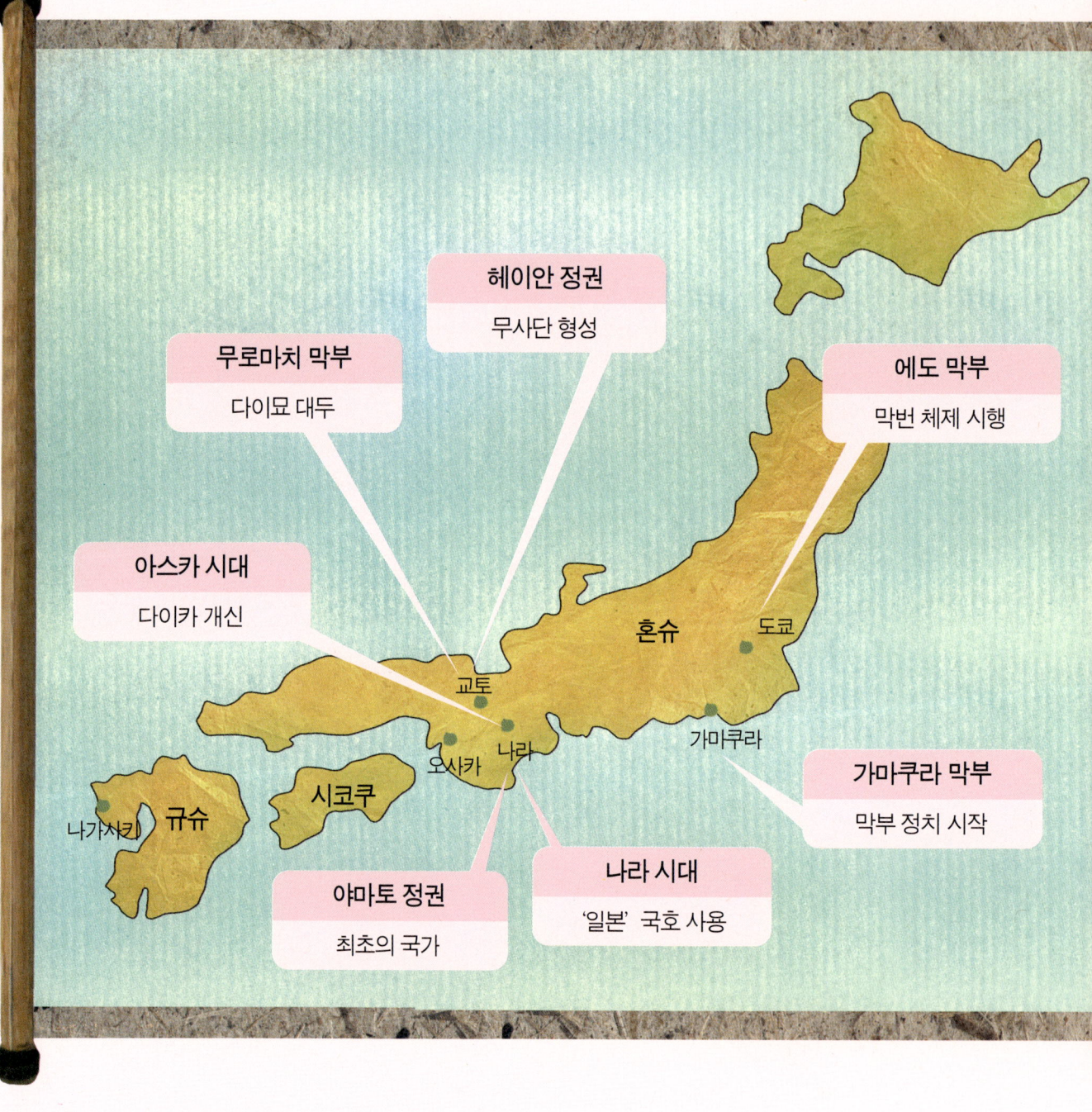

17 중세 일본, 막부 시대

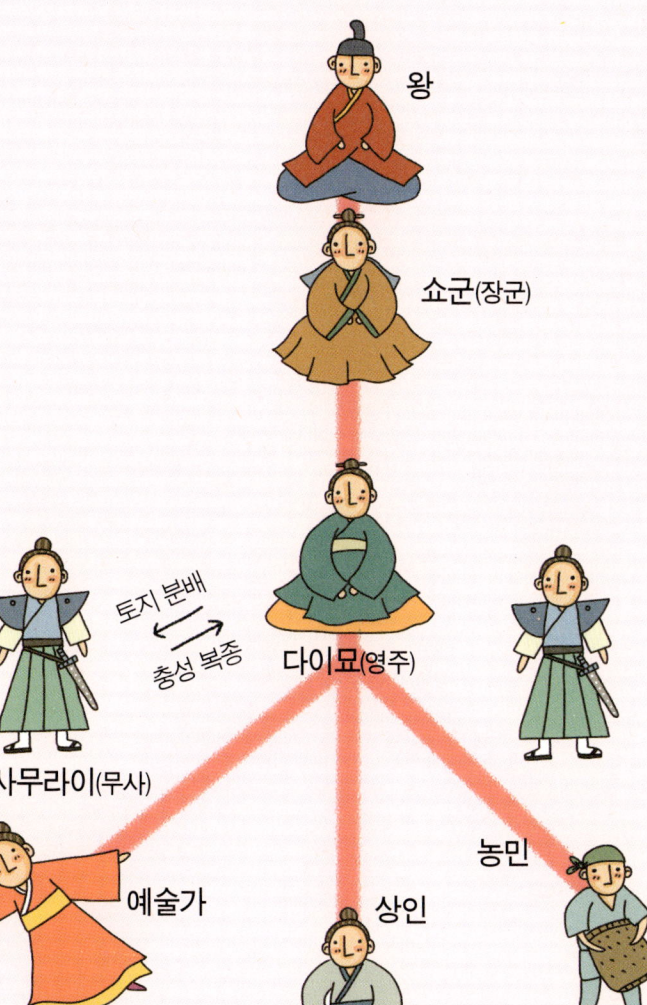

일본 중세 봉건제

역사 연대기
751년 | 당나라가 탈라스 전투에서 이슬람군에게 패배함.
843년 | 프랑크 왕국이 분열됨.
926년 | 발해가 멸망함.
936년 | 고려가 후삼국을 통일함.
1206년 | 칭기즈 칸이 몽골을 통일함.
1592년 | 일본이 조선을 침략해 임진왜란이 일어남.

학습 목표
1. 나라 시대와 헤이안 시대에 대해 알 수 있다.
2. 막부에 대해 알 수 있다.
3. 일본 통일과 세 영웅에 대해 알 수 있다.
4. 시니세에 대해 생각해 볼 수 있다.
5. 내 인생 계획표를 쓰고 논리를 펼칠 수 있다.

심화 학습
도서 읽기 • 한 권으로 읽는 일본사(양혜윤 지음/지경사)

역사탐구

탐구 1 나라(奈良) 시대, 헤이안(平安) 시대

나라 시대(710~794년) 다이카 개신으로 중앙 집권 국가 형태를 갖춘 일본은 나라 지방에 당나라 수도인 장안을 본뜬 헤이죠쿄(平城京, 평성경)를 건설하고 수도를 옮겼다. 개신으로 토지와 백성은 국가 소유가 되었다. 하지만 백성들에게 농사지으라고 나누어 줄 토지가 부족하자, 조정에서는 새로 토지를 개간한 사람에게 그 토지를 주는 법률을 만들었다. 그러자 힘 있는 귀족과 절에서는 대규모로 토지를 개간하여 사유지를 점점 넓혀서 장원을 만들었다. 또, 백성들은 무거운 세금과 심한 노역으로 생활이 어려워지자 토지를 버리고 장원에 들어가 일꾼이 되었다. 이로써 율령제가 무너졌고, 귀족과 승려가 강한 힘을 갖게 되었다. 귀족들과 승려들 사이에 다툼도 일어났다. 전국에 사원을 짓고 불상을 만드느라 백성들 삶은 더욱 힘들었고, 나라 살림도 어려워졌다. 나라 시대에는 견당사를 통해 당나라 문화가 들어왔고, 귀족 문화가 발달했다. 일본 고대 역사를 알려주는 《고사기(古事記)》와 《일본서기(日本書紀)》, 가장 오래된 시가집인 《만엽집(万葉集)》이 만들어졌다.

헤이안 시대(794~1185년) 간무 왕은 불교 세력을 밀어내고 율령 정치를 바로 세우기 위해 수도를 헤이안(교토)으로 옮겼다. 장원은 계속 늘어나서 다이카 개신 때 공을 세운 후지와라 가문이 가장 많은 장원을 차지하였다. 후지와라 가문은 딸을 왕과 결혼시키고, 손자가 왕이 되었을 때 나이가 어리면 외가에서 나이든 어른이 섭정을 하였다. 왕이 나이가 들어 어른이 되어도 외가 어른이 '관백'이라는 벼슬을 차지하고 왕 대신 정치를 했다.

> **무사(武士)** '사무라이'라고 불렸는데, '섬기다, 봉사하다'라는 말에서 나왔다.

10세기 중엽, 지방에서는 장원을 소유한 영주들이 농민을 지배하였고, 다른 영주들과 맞서기 위해 무사들을 거느렸다. 이 무사들은 점점 힘이 강해져 자기들끼리 뭉치는 조직으로 커졌다. 11세기 말이 되면서 시라카와 왕은 왕위를 넘겨 주고 상왕이 되었다. 12세기 중엽이 되자, 상왕과 왕이 맞서 서로 무사들을 많이 끌어들이면서, 이때 지방에서 온 무사들이 중앙에 자리를 잡았다. 무사들 싸움에서 미나모토 가문인 요리토모가 후지와라 가문을 물리치고 승리했다.

헤이안 시대에 한자에서 음을 빌린 가나 문자가 만들어졌다. 어려운 한자를 배우지 못했던 여자들이 이 문자를 배워 많은 글을 쓰기 시작했다. 894년부터는 견당사를 폐지하였다. 그 바람에 일본식 독자 문화가 나타나기 시작했다.

탐구하기 장원이 늘어나게 된 까닭은 무엇인가요?

탐구 2 가마쿠라(鎌倉) 막부, 무로마치(室町) 막부

가마쿠라 막부(1192~1333년) 무사 싸움에서 이긴 요리토모는 헤이안 중심이었던 귀족 정치를 무너뜨린 뒤, 가마쿠라에 무사 정권인 막부를 설치하고, 왕에게 임명받아 첫 번째 쇼군이 되었다. 이로써 왕은 형식뿐인 최고 통치자였고, 쇼군이 이끄는 막부가 나라를 맡아서 다스렸다.

1274년과 1281년 두 차례에 걸쳐 몽골군이 규슈 지방을 침략했지만, 해전 경험 부족과 태풍 때문에 제대로 싸우지도 못하고 돌아갔다. 이 태풍을 일본인들은 '가미카제(神風, 신풍)'라고 부른다. 몽골군을 막기 위해 군대와 물자를 총동원했던 가마쿠라 막부는 큰 타격을 입어 몰락하기 시작했다. 그 뒤 고다이고 왕은 막부 타도를 지시하였고, 막부까지 파벌 싸움이 생기면서 1333년에 막부는 무너졌다.

> **막부**(幕府, 바쿠후) 본래는 '대장이나 장군이 있는 진영'이라는 뜻이었으나, 무사 정치를 집행하는 곳을 가리키는 말로 쓰였다.
> **쇼군**(將軍, 장군) 각 지방 영주와 무사를 다스리면서 일본을 실제로 움직이던 최고 실력자. 임명권은 왕에게 있었고 한 가문에서 대대로 세습되었다.
> **다이묘**(大名, 대명) 처음에는 현지를 지배하는 유력한 무사를 뜻하였으나, 나중에는 쇼군에게 예속되어 있는 영주를 뜻했다.

무로마치 막부(1338~1573년) 막부를 물리치는데 앞장섰지만, 만족할 만큼 보상을 받지 못했다고 생각한 아시카가 다카우지는 조정을 배반하고 고다이고 왕을 몰아냈다. 그리고 고묘 왕을 세우고는 1338년에 쇼군이 되었다. 하지만 고다이고 왕은 1336년 유배지를 탈출하여 요시노에 정권을 세웠다. 남조에는 고다이고 왕이, 북조에는 고묘 왕이 있었던 이 시기를 남북조 시대라고 한다. 남조와 북조는 50여 년에 걸친 항쟁과 대립으로 크고 작은 싸움을 되풀이했는데, 1392년 고카메야마 왕이 교토로 올라가 북조 고코마쓰 왕에게 왕위를 넘기면서 남북조가 통일되었다.

3대 장군 아시카가 요시미쓰는 막부를 교토 근처 무로마치로 옮기고, 농민과 지방 무사들을 통제하기 위해 다이묘를 파견했다. 다이묘는 막부로부터 군사와 경찰 지휘권을 받았는데, 귀족처럼 자손에게 신분이 이어졌다. 지방에서 힘을 기른 다이묘들은 무사들을 거느리고 쇼군에게 대항했다.

1467년, 다이묘들은 쇼군 후계자를 정하는 문제와 상속 문제를 둘러싸고 동군과 서군으로 나뉘어 11년 동안이나 싸웠다. 이것을 '오닌(應仁, 당시 연호임)의 난'이라고 한다. 승패도 안 난 이 싸움으로 교토는 폐허가 되었고, 쇼군 권위는 땅에 떨어졌다. 전국에서 다이묘들이 서로 싸우는 '전국(戰國) 시대'가 약 백 년이나 이어졌다. 이런 소용돌이 속에도 1543년 포르투갈 상인이 철포 두 자루를 전해 주었고, 1549년에는 스페인 예수회 선교사가 크리스트교를 들여왔다.

탐구하기 막부 시대에 형식적인 통치자였던 왕은 쇼군에 대해 어떤 권한을 가지고 있었나요?

탐구 3 전국 통일과 세 영웅

다이묘들이 서로 싸우거나 동맹을 맺으면서 땅을 나누어 가지는 혼란 속에 세 영웅이 탄생했다.

오다 노부나가   도요토미 히데요시   도쿠가와 이에야스

오다 노부나가(織田信長, 1534~1582년)

아버지 뒤를 이어 오와리국(아이치) 다이묘가 되었다. 오와리 지방은 평야였기 때문에 생산물이 많아서 철포를 대량으로 사 들일 수 있었다. 철포와 뛰어난 전술, 그리고 직업 군인제를 실시하여 강한 군대를 만든 노부나가는 1573년 무로마치 막부를 무너뜨리고 통일 기반을 마련했다. 그는 교토와 가깝고, 교통 요충지며 선박 왕래 감시가 가능한 아즈치에 성을 쌓고, 이곳을 중심지로 삼았다. 여러 전투에서 승승장구하던 노부나가는 전쟁을 지원하기 위해 교토에 있는 혼노지로 갔다. 그런데 부하가 배신하여 혼노지에 불을 질렀고, 노부나가는 자결하였다.

도요토미 히데요시(豊臣秀吉, 1536~1598년) 노부나가 집에서 신발을 관리하던 그는 충성심과 성실함으로 노부나가로부터 신임을 얻어 참모로 승진하였다. 늘 최전선에서 싸웠는데, 군사를 이끄는 능력이 뛰어났다. 노부나가가 죽었다는 소식을 듣고 전쟁터에서 급히 돌아와 배반자를 죽이고 가장 높은 자리를 차지했다. 히데요시는 오사카에 성을 쌓고 다이묘들을 물리쳐 1590년에 전국 통일을 이루었다. 토지·호구·인구 조사를 철저하게 실시하여 농민들이 떠돌아다니지 못하게 하였다. 곡물 생산량에 맞게 세금을 물리고, 농민에게서 무기를 몰수하여 농민과 무사를 구분하는 병농 분리 정책을 썼다. 히데요시는 몰락한 다이묘와 무사들에게 해외 영토를 나누어 주어야 불만을 없앨 수 있다고 생각했다. 그래서 1592년에 임진왜란을 일으켰으나 히데요시가 사망하자 일본군은 조선에서 철수하였다.

도쿠가와 이에야스(德川家康, 1542~1616년) 작은 영지에서 영주 아들로 태어나 어려서는 세력이 큰 영주에게 인질로 가 있기도 했다. 이에야스는 노부나가와 히데요시가 전국을 통일하는 동안 그들을 도우면서 동쪽 지방에서 힘을 키웠다. 임진왜란 때는 자기 땅을 지켜야 한다며 조선으로 가지 않았다. 그 덕분에 군사를 잃지 않았다. 히데요시가 죽은 뒤 도요토미파와 세키가하라에서 맞붙어 싸워 승리하였다. 3년 뒤에 이에야스는 쇼군이 되어 에도에 막부를 세웠다.

탐구하기 도요토미 히데요시가 통일을 이룬 뒤에 병농 분리 정책을 쓴 까닭은 무엇일까요?

역사해석

해석 오다 오부나가, 도요토미 히데요시, 도쿠가와 이에야스 성격 비교

오다 노부나가는 전술에 뛰어났으며, 직접 전쟁터로 나가 싸웠고, 전국 통일을 위한 기초를 마련하였다. 도요토미 히데요시는 출신은 보잘 것 없지만, 노부나가에게 신임을 얻어 참모로까지 승진했고, 통일을 이루었다. 도쿠가와 이에야스는 임진왜란 때는 출병도 하지 않았고, 동쪽 지방에서 힘을 기르면서 때를 기다리다가, 결국 마지막에 승리자가 되었다.

일본 사람들에게 가장 존경 받는 인물들인 이 세 사람은 힘을 합쳐 천하 통일을 함께 이루었는데, 이들의 성격과 신념을 잘 보여주는 단가가 있다.

단가(短歌) 일본에서 부르는 짧은 노래이다.

> 단가 1 "두견새가 울지 않는다면?"
>
> 오다 노부나가 : 울지 않는 두견새는 죽여야 한다.
> 도요토미 히데요시 : 울지 않는 두견새는 어떤 수를 써서라도 울게 만든다.
> 도쿠가와 이에야스 : 울지 않는 두견새는 울 때까지 기다린다.
>
> 단가 2
> "오다가 쌀을 찧어, 도요토미가 반죽한 천하라는 떡, 힘 안 들이고 먹는 것은 도쿠가와!"

해석하기 세 인물 가운데 가장 마음에 드는 사람은 누구인가요? 그 까닭을 쓰세요.

우리나라에서는 고려 무신정권(1170 ~ 1271년) 집권 과정

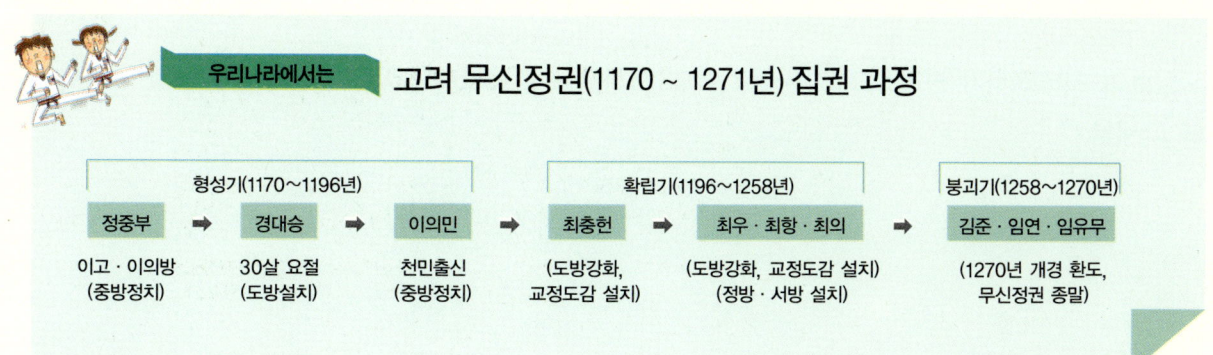

역사토론

도요토미 히데요시는 왜 크리스트교 추방령을 내렸을까?

토론 내용 우리나라에서도 크리스트교가 전해졌을 때, 많은 박해가 있었다. 1587년 히데요시는 '크리스트교도 추방령'을 내리고 20일 이내에 일본에서 떠나라고 했다. 히데요시가 크리스트교 추방령을 내린 까닭은 무엇일까?

토론 1 더 이상 크리스트교를 보호할 필요가 없었다.

노부나가는 자신에게 반기를 든 엔랴쿠지와 혼간지 승병들과 11년 동안이나 싸웠다. 그 과정에 동생이 죽었고, 또 크리스트교를 믿는 다이묘들을 자기편으로 끌어들이기 위해서 보호해야만 했다. 그러나 천하통일이 순조롭게 이루어져서 최고 1인자가 된 히데요시는 더 이상 크리스트교를 보호할 필요가 없다고 판단했기 때문이다.

토론 2 일본 전통 신앙을 부정했기 때문이다.

'신의 나라'인 일본에서 신토와 불교를 전면 부정하는 크리스트교를 받아들일 수는 없었다.

토론 3 할복을 죄악으로 여겼다.

무사들은 영혼이 복부에 있다고 믿었기 때문에, 할복(자살할 때 스스로 배를 가름)을 하면 그 사람 영혼이 순수한지 아닌지 알 수 있다고 믿었다. 그러므로 무사들은 자살할 때 할복을 많이 했다. 하지만 크리스트교 교리는 자살을 죄악으로 여겼기 때문에 할복 명령을 거부하는 무사들이 생겼다.

토론 4 봉건제 사회에서 장애가 되었다.

크리스트교는 쇼군과 다이묘에게 충성을 다해야 하는 봉건제 사회에서 주인이나 섬기는 사람에 대한 충성보다는 신에 대한 존경을 강조했다. 그래서 크리스트교를 믿지 못하게 했다.

토론하기

도요토미 히데요시가 크리스트교 추방령을 내린 까닭은 무엇일까요? 자기 생각을 밝히고, 그 까닭을 쓰세요.

역사에 비추어 보는 세계

🌀 **다음 글을 읽고, 물음에 대한 생각을 써 보세요.**

➤ 우리나라에서 가장 오래된 기업은 1896년에 창업한 '두산' 그룹입니다. 바다 건너 일본은 세계에서 장수하는 기업이 가장 많은 나라인데, 일본에 장수 기업이 많은 것에 대해 생각해 봅시다.

시니세 (老鋪, 오랜 전통을 가진 기업)

통계에 따르면 일본에서 창업을 한지 백 년을 넘어선 기업이 2만여 개에 이른다고 한다. 작은 회사나 개인 상점을 포함하면 10만 개가 넘을 것이라고 짐작하고 있다. 이 가운데 4만 5천여 개가 제조업이어서 일본 경제를 받쳐주는 힘이 된다고 한다.

가마쿠라 막부 첫 번째 쇼군이었던 미나모토 요리토모는 도로공사 현장에 나가 직접 감독했고, 요리토모 장인인 호조 도키마사도 인부들과 함께 작업했다고 한다. 권력자가 직접 몸을 움직여 일하고, 기술을 우대했기 때문에 오늘날에도 일본은 기술을 소중하게 생각하고 발전시켜 나가게 되었다.

시니세라는 말 자체가 '본래의 것과 닮게 만든다'는 뜻에서 나왔기 때문에, '품질은 물론이고 창업 정신까지 이어서 발전시킴으로써 고객들로부터 신뢰를 잃지 않는다'는 철학을 담고 있다.

시니세에는 몇 가지 공통된 특징이 있다.

첫째, 가업이라고 해서 혈통에 집착하지 않고, 우수한 인재라면 외부에서 데려온다.

둘째, 쉽게 돈을 벌 수 있는 다른 길이 있더라도, 처음 시작한 본업을 철저히 지켜나가 사회에 공헌한다는 원칙을 지킨다.

셋째, 옛 것에 집착하지 않고, 시대 변화에 신속하게 대처한다.

넷째, 시대 변화에 대응하는 제품을 생산하더라도 창업 당시 품목은 꾸준히 지켜간다.

다섯째, 신뢰를 거래하는 기반으로 삼는다.

이러한 원칙을 지켜 시니세는 오랜 세월을 두고 개발을 거듭해, 컴퓨터·이동전화기·미사일을 비롯한 최신 첨단 기기에 들어가는 핵심 부품을 만드는 기술을 만들게 된 것이다.

일본에서 가장 오래 된 시니세는 '공고구미(金剛組, 금강조)'라는 건설 회사로 578년에 백제인이 세웠다. 쇼토쿠 태자에게 초청을 받아 오사카에 사천왕사를 지으러 온 유중광이 세운 회사로, 쇼토쿠 태자는 사천왕사 유지, 관리 및 보수하는 일을 영원히 맡긴다는 특명을 내렸다. 지금도 40대 후손이 사천왕사 옆에 사무실을 두고 사업을 확장해가면서 회사를 운영하고 있다고 한다.

생각 열기 일본에 장수 기업이 많은 까닭은 무엇일까요?

논술 한 단계

학습 목표 논리 펼치기 17
학습 내용 내 인생 계획표

🍬 예문 1 과 예문 2, 예문 3 은 '성공한 사람들'을 보여 주고 있습니다. 이들이 성공한 과정을 참고로, 나는 어떻게 성공할 것인가에 대해 쓰세요.

예문 1 미국 여성 방송인, 오프라 윈프리(Oprah Winfrey, 1954~)

윈프리 어머니는 파출부로 일했지만, 너무 가난해서 생활보호 대상자였고, 결혼도 안 한 상태에서 윈프리를 낳았다. 입을 옷이 없어 감자 포대로 만든 옷을 입고 다녀 '감자포대 소녀'로 불렸다. 윈프리는 열네 살 때 미혼모가 되었고, 마약에 빠졌으며, 100킬로그램이 넘는 비만 등으로 불우한 어린 시절을 보냈다. 하지만 윈프리는 끊임없는 지식탐구와 노력으로 성공하였다. 윈프리가 "독서가 내 인생을 바꿨습니다"라고 말했듯이, 그 밑바탕은 독서였다. 어려운 환경 속에서도 일주일에 한 권 이상 꾸준히 책 읽기를 계속했다. 지방 라디오 방송국 앵커로 방송계에 진출했고, 서른두 살에 자기 이름을 내건 '오프라 윈프리 쇼'를 진행하며 '토크쇼의 여왕'이 되었다. 윈프리의 성공은 '인생에서 성공하는 것은 온전히 개인에게 달려 있다'는 오프라이즘(Oprahism)을 낳기도 했다.

예문 2 일본 계측공학자, 다나카 고이치(田中耕一, 1959~)

2002년도 노벨 화학상을 수상한 다나카 고이치는 교토에 있는 중견 기업인 시마즈 제작소에서 말단 주임 연구원으로 일했다. 대학에서 전기공학을 배운 평범한 회사원인 고이치는 이 회사에 입사하면서 화학 공부를 시작했고, 안 될 것이라는 생각이나 미리 포기하는 태도를 갖지 않고, 늘 새로운 시도를 했다. 업무가 끝난 뒤에도 회사에 남아 연구와 공부를 계속했다.

28세 때인 1987년, 다나카는 '단백질 구조 해석 방법'을 발견했고, 이것으로 노벨상을 수상했다. 실험 도중 발견한 현상을 창의성과 끝없는 도전 정신으로 연구하여 새로운 진리를 찾아낸 것이다.

예문 3 축구 선수, 박지성(1981~)

초등학교 시절 일기에는 '엄마가 주신 밥을 골고루 먹어 덩치와 키도 커져서 축구를 더욱 더 잘 할 수 있도록 노력해 중학교는 물론 고등학교, 대학교, 국가 대표까지 가겠다'는 당찬 의지가 서려 있다. 또 다른 일기에는 축구 전술 그림이 그려져 있다. 오래 달리거나 격렬한 운동을 하기 어려운 평발이었고, 체격이 작아서 축구 선수로 성공하기 어려웠다. 하지만 오직 세계 최고 축구 선수가 되기 위해 피나는 노력으로 국가 대표가 되었고, 세계에서 가장 수준 높은 축구 리그인 영국 프리미어리그 가운데서도 가장 명문 팀인 '맨체스터 유나이티드'에 진출하였다.

1. 예문의 세 인물이 성공할 수 있었던 까닭은 무엇인가요?

2. 내가 되고 싶은 것(장래 희망)은 무엇인가요?

왜냐하면,

3. 그 꿈을 이루기 위해 어떤 노력을 해야 할까요?

4. 꿈을 이루는 과정에서 부딪치게 될 어려움은 무엇일까요?

5. 그 어려움을 극복할 수 있는 방법은 무엇일까요?

연대별 흑사병 발생 지역

- ■ 1347년
- ■ 1348년 중기
- ■ 1349년 전기
- ■ 1349년 후기
- ■ 1350년
- ■ 1351년
- ■ 1351년 이후
- ■ 초기 흑사병 발병 지역

18 저무는 중세 시대

역사 연대기
1115년 | 여진족이 금나라를 세움.
1196년 | 최충헌이 이의민을 몰아내고 정권을 잡음.
1192년 | 일본에 가마쿠라 막부가 시작됨.
1206년 | 칭기즈 칸이 몽골을 통일함.
1219년 | 칭기즈 칸이 원정을 시작함.
1228년 | 제5차 십자군 전쟁이 일어남.
1234년 | 금나라가 멸망함.

학습 목표
1. 중세가 몰락한 원인을 알 수 있다.
2. 흑사병이 퍼진 까닭과 피해 상황을 알 수 있다
3. 요즘에도 유행하는 전염병에 대해서 알 수 있다.
4. 건강을 지키는 올바른 방법에 대한 논리를 펼칠 수 있다.

심화 학습
도서 읽기 • 페스트 (알베르 까뮈 지음/ 소담출판사 외)

역사탐구

탐구 중세가 몰락하다

중세(中世)는 5세기 무렵에 게르만족이 이동해 오면서 유럽이 여러 나라로 나누어지던 때부터 동로마 제국이 멸망한 15세기 무렵까지를 말한다. 중국에서는 송나라가 원나라에게 망하기까지를 중세 시대로 부른다.

중세 시대는 봉건 제도로 유지되던 시대였다. 왕이 영주들에게 땅을 나눠 주면 땅을 받은 영주들은 왕에게 충성을 바쳤다. 영주들도 자기 땅을 기사들에게 나눠 주고 충성을 바치도록 하였다. 기사들은 자기 땅에서 농사를 짓는 농민들에게서 거둔 세금을 영주에게 바치고, 영주를 위해 전쟁에 나갔다. 영주도 왕에게 세금을 내며, 자기가 거느리는 기사들을 이끌고 왕을 위해 전쟁에 나갔다. 중국에서도 왕이 친족에게 땅을 나누어 주고 다스리게 하였다.

중세에는 특별히 정해진 나라나 국경이 있었다기보다 왕이나 영주를 중심으로 서로 뭉친 세력으로 이루어졌다. 뭉치는 왕과 영주가 많으면 큰 세력이 되는 것이었다. 이런 중세가 무너진 원인은 여러 가지가 있다.

화약이 들어와 기사 계급이 몰락하였다

중세 시대에 기사나 영주 같은 귀족들은 농민들에게 세금을 받는 대신에 그들을 지켜주어야 하는 의무가 있었다. 외부에서 적이 쳐들어오면 전쟁을 해서 물리쳐 주어야 했다.

중세 시대 군대는 농기구 같이 어설픈 무기를 들고 전쟁에 나온 농민들을, 갑옷을 입고, 갑옷 입힌 말을 탄 기사가 이끌었다. 전투가 시작되면 창이나 칼이 뚫지 못하는 갑옷을 입은 기사들이 걸으면서 싸우는 보병들 사이를 마구 헤치고 다니며 마음껏 죽일 수가 있었다.

하지만 말과 사람이 입는 갑옷을 갖추는 것은 돈이 많은 귀족만이 할 수 있었다. 또 오랫동안 군사 훈련을 받으려면 역시 돈이 많아야 했다. 그러니 귀족이 아니고서는 기사가 될 수 없었고, 기사는 전쟁에서 싸움을 잘하여 지배자가 될 수 있었다.

그러나 중국에서 화약이 들어와 총이나 대포가 이용되면서 기사도 맥을 추지 못했다. 아무리 튼튼한 갑옷도 화약으로 만든 무기 앞에서는 아무 소용이 없었다. 그 전까지는 아무것도 아니었던 보병들이었지만, 그들이 들고 있는 총에서 발사된 총알은 갑옷을 쉽게 뚫고 들어왔다. 그리고 포탄은 말을 타고 달려가는 시간보다 더 빨리 날아왔기 때문에 기사에게 적과 맞서 싸울 기회도 주지 않았다. 이렇게 기사가 몰락하면서 영주도 힘을 잃었다. 그러자 봉건 제도가 무너지기 시작했다.

도시가 성장하였다

11세기에 농사짓는 방법이 발달하면서 생산량이 늘어나기 시작했다. 그러자 남는 농산물을 도시로 내다 파는 일도 활발해졌다. 이렇게 상업이 발달하면서 도시는 점점 커졌고, 동방과 무역을 통해서 부를 쌓은 사람들도 늘어났다. 또 성장하는 도시에서 성공하려는 농민들이 도시로 모여들었다. 농노들은 마음대로 사는 곳을 옮겨 다닐 수 없었으나, 자유민들은 언제든지 가고 싶은 곳으로 갈 수 있었다. 농노라고 하더라도 도시로 가서 1년 동안만 잡히지 않고 지내면 시민권을 받아서 자유롭게 살 수 있었다. 그리고 도시를 지배하는 것은 주교였는데, 상공업으로 부자가 된 사람들이 늘어나면서 주교를 밀어내고 스스로 도시를 다스려 나갔다. 영주가 다스리는 장원에서 농업을 중심으로 돌아가던 사회가 상공업으로 성장한 도시 중심으로 돌아가게 된 것이었다. 그러자 영주가 농노를 지배하기 힘들어지면서 봉건 제도도 무너지기 시작했다.

흑사병이 퍼졌다

흑사병으로 많은 사람들이 죽자 일손이 부족해졌다. 일손 부족으로 생산력이 떨어졌고, 농민과 노동자들에 대한 품삯이 높아졌다. 그러자 농민들은 품삯을 많이 주는 영주를 찾아갔고, 노동자들은 비싼 품삯을 받아서 부자가 되었다.

십자군 전쟁이 실패하면서 사상 변화가 일어났다

십자군 전쟁에 실패하여 교회가 권위를 잃은 것도 중요하지만, 더 중요한 것은 전쟁을 통해서 들여온 새로운 사상이었다. 원래 그리스와 로마에서 있었던 사상들이었으니 완전히 새로운 것은 아니었지만, 봉건 영주와 교회가 지배하던 중세 유럽을 변화시키는 활력소가 되었다.

중세 유럽을 지배하던 사상은 교회를 통한 신학이었다. 그런데 동방에서 들어온 과학 사상들은 교회에서 말하는 진리만이 완전한 진리가 아닐 수도 있다는 것을 깨닫게 해 주었다. 그러자 많은 학자들이 신학만이 진리가 아니라는 것을 주장하기 시작하였다.

> **그 무렵 우리나라에서는 만적이 난을 일으키다**
>
> 문신들이 무신을 몰아내고 정권을 잡게 되자 어지러운 권력 다툼이 벌어졌다. 천한 신분임에도 권력자를 몰아내면 자신이 권력을 잡는 일이 번번이 일어났다. 최고 권력자가 된 이의민도 경주에서 불량배 노릇을 하던 사람이었다. 그 이의민을 몰아내고 권력을 잡은 최충헌 집에서 종살이를 하던 만적도 노비들을 모아 왕이나 귀족도 원래 타고난 것이 아니라면서 난을 일으키기로 하였다. 그러나 한충유집 노비인 순정이 주인에게 고자질을 하는 바람에 난은 실패하고 말았다.

중세 교회의 분열

교회와 크리스트교를 부정하지는 않았으나 그리스·로마 문화와 학문을 되살리다보니 크리스트교 교리와 충돌하는 것들이 생겨났다. 그러자 과연 어느 것이 더 올바른 진리인가를 놓고 고민하게 되었다. 그러면서 중세 유럽을 지배하던 철학에도 변화가 일어나기 시작하였다.

교회가 분열되면서 신교가 등장하였다

중세 유럽 사회에서 교회는 모든 유럽 사람들 정신을 이끄는 역할을 하였으나, 성직자들은 기도보다는 재산을 차지하여 귀족처럼 풍요롭게 살려고만 하였고, 교황청은 프랑스 국왕에게 체포되고, 두 개로 분리되어 서로 다투었다. 그리고 십자군 전쟁이 실패하면서 사람들에게 웃음거리가 되었고, 흑사병으로 죽은 성직자 대신 자질이 형편없는 사람들이 성직자가 되었다. 그러자 교황청과 교회가 부패한 것을 바로 잡기 위하여 개혁하려는 종교인들이 나타나기 시작하였다.

사람들은 이렇게 부패하고 어수선한 교회를 더 이상 믿지 않게 되었고, 사람들 정신을 지배하면서 엄청난 권력을 독차지하던 교회는 점차 몰락하게 되었다. 사람들은 마음을 기댈 수 있는 새로운 종교가 나타나기를 바랐고, 르네상스를 거치면서 종교개혁을 통해 신교가 등장하자, 중세 교회는 완전히 몰락하고 말았다. 교회가 몰락하자 중세 지배 질서도 몰락하게 되었다

왕권이 강해졌다

봉건 영주와 성직자들이 권위를 잃어가자, 국왕은 성직자에게서 재산을 몰수하고, 세금을 거두어들여서 나라를 다스리는 기반을 닦았다. 그리고 전문 군인인 용병을 사서 군사력을 크게 키웠다. 그리고 국왕은 강력한 세력으로 성장한 도시와 연합하여 도시에서 전문직에 종사하는 사람들을 관리로 삼아 중앙 집권 통치를 시작하였다.

십자군 전쟁으로 군대를 잃고, 경제 기반도 잃은 영주들이 대규모 군대를 운영할 수 없게 되자, 국왕은 영주들보다 강한 존재가 되었다. 농촌을 기반으로 하는 봉건 영주 중심에서 도시와 상공업을 기반으로 하는 국왕 중심으로 통치 방향이 바뀌면서 중세 시대는 완전히 막을 내리게 되었다.

탐구하기 중세를 몰락하게 한 원인들을 정리해 보세요.

해석 왜 유럽에 흑사병이 널리 퍼졌나?

피부가 검게 변하여 죽는다고 흑사병(페스트)이라 부르는 이 전염병은 중세 시대에 유럽 사람 3분의 1을 죽게 만들었다.

흑사병은 1348년 1월에 튀니지 수도인 튀니스를 통하여 북아프리카로, 마르세유를 통하여 프랑스로 들어왔다. 두 달이 채 안 되어서 서쪽으로는 스페인, 북쪽으로는 프랑스 중부까지 퍼져서 나갔다. 5월이 되자 로마까지, 6월에는 파리와 리옹, 그리고 런던까지 퍼졌다. 7월에는 스위스와 헝가리까지 퍼져서 사람들 목숨을 앗아갔다. 겨울이 되면서 잠잠해지는 것 같았던 흑사병은 다음해 봄이 되자 다시 파리에서부터 나타나 네덜란드와 아일랜드까지 퍼졌다. 노르웨이에서는 모든 선원이 흑사병으로 죽은 시신을 싣고 몇 달 동안이나 바다를 떠다니던 배가 발견되기도 하였다. 1349년 말에는 스웨덴, 덴마크, 아이슬란드, 그리고 그린란드에까지도 퍼졌다.

유럽에는 집안에 화장실도 없었고, 쓰레기로 넘쳐나는 거리에는 쥐들이 우글거렸다. 흑사병으로 죽은 사람 시체를 불태워야 하는데, 그것을 몰랐던 사람들은 시체를 아무렇게나 버려두었다. 그 사이를 돌아다니던 쥐들이 흑사병에 걸렸고, 그 쥐에게서 피를 빨아먹던 벼룩이 사람에게 붙으면서 흑사병이 전염되었다. 하지만 물을 끓여 먹고 환경을 깨끗하게 하자 사라졌다.

14세기 중반까지는 파리, 플로렌스, 베네치아, 그리고 제노아 등이 유럽에서 큰 도시들이었다. 인구는 보통 십만 명을 넘었으며, 런던, 밀라노, 볼로냐, 로마, 나폴리, 쾰른 등은 약 5만 명 정도였다. 보르도, 마르세유, 세빌 같이 작은 도시들은 2만 명에서 5만 명 정도가 살았다. 흑사병은 이런 도시들에 퍼져 사람들을 죽게 하였다.

농촌에서는 흑사병으로 일손이 부족해졌다. 품삯도 비싸졌고, 많은 돈을 줄 수 없는 영주들은 생산량이 줄어들 수밖에 없어서 경제 기반이 무너졌다. 도시에서도 사람들이 많이 죽어서 공산품을 생산하는 일이 어려워졌다. 결국 도시민들도 많은 품삯을 받게 되어 부자가 되는 사람이 많아졌다. 귀족과 시민 사이에 간격이 점점 좁아졌다.

교회에서도 흑사병으로 죽은 성직자를 급하게 보충하게 되자 질 낮은 성직자가 늘어났다. 사람들은 장례식이나 예배를 제대로 진행하지 못하는 성직자를 따르지 않았고, 교회를 믿지 않게 되었다.

해석하기 흑사병이 쥐를 통해서 빠르게 퍼진 까닭은 무엇인가요?

역사토론

중세가 몰락한 가장 큰 원인은 무엇일까?

토론 내용 중세 시대가 막을 내리게 된 것은 한 가지 원인만이 아니라 여러 가지 원인이 뒤섞여진 결과이다. 그 가운데서도 가장 큰 원인은 무엇일까?

토론 1 화약이 들어와 기사 계급이 몰락한 것이다.

중국에서 화약이 들어와 총이나 대포가 나오면서 기사들이 입은 튼튼한 갑옷도 아무 소용이 없게 되었다. 이렇게 기사가 몰락하자 영주도 힘을 잃었다.

토론 2 도시가 성장한 것이다.

11세기가 되면서 상업이 발달하자 도시는 점점 커졌고, 영주가 다스리는 장원에서 상공업으로 성장한 도시 중심으로 사회가 돌아가게 되자, 봉건 제도가 무너지기 시작했다.

토론 3 흑사병이 퍼진 것이다.

흑사병으로 많은 사람들이 죽자 일손이 부족해졌다. 일손 부족으로 생산력이 떨어지자, 영주들은 경제 기반을 잃고 말았다.

토론 4 십자군 전쟁이다.

십자군 전쟁 실패로 인해 교회가 권위를 잃었고, 동방에서 들어온 그리스-로마 과학 사상들이 중세 유럽을 지배하던 철학에 변화를 일으키기 시작하였다.

토론 5 교회가 분열한 것이다.

성직자들은 기도보다는 재산을 차지하여 귀족처럼 풍요롭게 살려고만 하였고, 교황청은 프랑스 국왕에게 체포되고, 두 개로 분리되어 서로 다투었다.

토론 6 왕권이 강해진 것이다.

봉건 영주와 성직자들이 권위를 잃어가자, 국왕은 성직자에게서 재산을 몰수하고, 세금을 거두어들이고, 도시와 연합하여 전문직에 종사하는 사람들을 관리로 삼아 중앙 집권 통치를 시작하였다.

토론하기

중세가 몰락한 가장 큰 원인은 무엇일지 자기 생각을 밝히고, 그 까닭을 쓰세요.

역사에 비추어 보는 세계

🍥 **다음 글을 읽고, 물음에 대한 생각을 써 보세요.**

➡ 중세 시대에 흑사병이라는 전염병이 퍼진 것처럼 요즘에도 사람들은 여러 전염병들 속에서 살고 있습니다. 그러나 흑사병처럼 많은 사람들이 한꺼번에 목숨을 잃는 경우는 그리 많지 않습니다. 요즘도 유행하고 있는 전염병에 대해 생각해 봅시다.

감기와 독감은 달라요

독감은 '인플루엔자 바이러스' 때문에 생기는 전염병으로, 목이나 코로 침범하는 호흡기 질병이다. 전 세계에서 생기는 병으로 계절이 뚜렷한 우리나라 같은 경우에는 해마다 겨울에 유행한다. 독감은 쉽게 전염되므로 짧은 시간에 널리 퍼진다. 또 저항이 약한 노인이나 어린이, 다른 병을 앓고 있는 사람이 걸리면 목숨을 잃기도 한다.

독감은 인플루엔자 바이러스가 코나 목으로 들어와서 폐를 공격한다. 독감에 걸리면 갑자기 높은 열이 나고, 머리가 아프며 온몸이 쑤시고 힘이 빠진다.

그리고 독감은 다른 병으로 이어지는 합병증이 생기기도 하므로 젊은 사람이 걸리더라도 위험한 병이다. 노인이나 심장과 폐에 병이 있는 사람, 당뇨나 신장에 병이 있는 사람 등에게 합병증이 많이 생기며, 아기를 가진 엄마가 걸리면 뱃속에 있는 아기도 합병증이 생길 수 있다.

독감은 감기와 비슷하지만, 걸리게 하는 세균도 다르고 병에 걸렸을 때 느끼는 증상도 다르므로 같은 질병으로 보지 않는다.

독감을 예방하기 위해서는 몸을 피곤하지 않게 하여야 하고, 음식을 골고루 잘 먹어서 몸을 튼튼하게 해야 한다. 몸속에 세균을 이겨내는 힘이 강하면 걸리지 않을 뿐만 아니라 걸리더라도 쉽게 나을 수 있기 때문이다. 평소에 몸이 약한 사람이라면 독감 예방 주사를 맞는 것도 좋다. 독감 예방 주사를 맞으면 독감에 대한 면역이 강해져서 병에 걸리지 않기 때문이다.

생각 열기 요즘도 유행하는 전염병들에는 어떤 것들이 있나요?

논술 한 단계

학습 목표 논리 펼치기 18
학습 내용 올바른 건강 관리

🍬 건강을 지키기 위해 서로 다른 방법을 쓰는 두 사람에 대한 예문 1 과 예문 2 를 서로 비교·대조해 보고 장점과 단점을 각각 찾은 다음, 건강을 지키는 올바른 방법에 대해 자기 생각을 쓰세요.

예문 1   건강을 위해 운동하는 운민이

운민이는 운동을 아주 좋아합니다. 가방에는 늘 공이나 아령 같은 운동 기구가 들어 있습니다. 쉬는 시간에도 친구들이랑 장난치면서 놀지 않고 아령으로 팔 힘을 기른다고 운동만 합니다. 점심 시간에도 공을 가지고 나가서 축구나 농구를 합니다. 운민이는 날마다 여섯 시에 일어나서 동네 공원에서 달리기를 합니다.

아무리 추워도 운민이는 찬물에 세수를 하고 내의도 안 입고 다닙니다. 춥지 않냐고 하면,
"옷을 많이 입을수록 추위를 더 많이 타는 거야. 좀 추워야 감기에 걸리지 않거든."
하면서 덜덜 떨면서도 그냥 참고 다닙니다.

감기에 걸리더라도 운민이는 약을 먹지 않습니다. 약을 먹으면 몸이 더 약해진다고 합니다. 아무리 열이 펄펄 나고 머리가 아파도 약을 먹지 않고 끙끙 거리면서도 참아냅니다.

예문 2   건강을 위해 건강식품을 먹는 약민이

약민이는 약을 아주 좋아합니다. 가방에는 늘 영양제나 건강식품을 여러 가지 가지고 다닙니다. 쉬는 시간이나 심심할 때마다 약민이는 건강식품이나 영양제 같은 것을 과자처럼 먹습니다. 약민이가 먹는 약이나 건강식품은 열 가지도 넘습니다. 아침에 일어나면 밥을 먹기 전에 약부터 먹고, 밥을 먹고 나면 또 약을 먹습니다.

운동을 아주 싫어해서 약민이는 체육 시간이 괴롭다고 합니다. 그렇게 운동을 안 하면 몸이 약해지지 않느냐고 하면 몸을 강하게 해주는 약을 먹기 때문에 괜찮다고 합니다.

또 별로 춥지 않은데도 두꺼운 외투를 입고 다닙니다. 덥지 않냐고 하면,
"옷을 많이 입지 않으니까 감기 걸리는 거야. 병은 걸리기 전에 미리 막는 게 좋거든."
하면서 교실에서도 외투를 껴입고 있습니다.

감기 기운이 조금만 있거나 몸이 피곤하면 약민이는 평소보다 훨씬 더 많은 약을 먹습니다.

1. 예문 1 과 예문 2 가 가진 장점과 단점

	예문 1	예문 2
장점	(1) 몸이 튼튼해진다. (2)	(1) 약으로 병을 쉽게 고칠 수 있다. (2)
단점	(1) 운동만으로 막을 수 없는 병에 걸리면 생명이 위험해진다. (2)	(1) 약을 많이 먹으면 병에 대한 저항이 더 약해질 수도 있다. (2)

2. 건강을 지키는 올바른 방법은 무엇인가요?

살아있는 세계사 재미있는 논술

02 중세편 (게르만족 이동에서 중세 시대 몰락까지)

2009. 2. 20. 1판 1쇄 발행
2010. 11. 10. 1판 2쇄 발행
2013. 8. 29. 2판 1쇄 발행
2015. 2. 9. 2판 2쇄 발행
2018. 11. 26. 2판 3쇄 발행
2021. 11. 25. 2판 4쇄 발행

지은이	모난돌역사논술모임
펴낸이	이종춘
펴낸곳	BM (주)도서출판 성안당
주소	04032 서울시 마포구 양화로 127 첨단빌딩 3층(출판기획 R&D 센터) 10881 경기도 파주시 문발로 112 파주 출판 문화도시(제작 및 물류)
전화	02) 3142-0036 031) 950-6300
팩스	031) 955-0510
등록	1973. 2. 1. 제406-2005-000046호
출판사 홈페이지	www.cyber.co.kr
ISBN	978-89-315-8729-6 (64900) 978-89-315-7342-8 (세트)
정가	19,000원

이 책을 만든 사람들

책임	최옥현
편집·진행	박재언, 홍희정
일러스트	민재회
표지·본문 디자인	디자인 비따, 박원석
홍보	김계향, 이보람, 유미나, 서세원
국제부	이선민, 조혜란, 권수경
마케팅	구본철, 차정욱, 나진호, 이동후, 강호묵
마케팅 지원	장상범, 박지연
제작	김유석
사진제공	모난돌역사논술모임, 〈터키의 유혹〉(2007년 출간, 유토피아)의 저자 강용수님

Copyright © 2009~2021 by Sung An Dang, Inc. All rights reserved.
First edition printed in Korea.

이 책의 어느 부분도 저작권자나 BM (주)도서출판 성안당 발행인의 승인 문서 없이 일부 또는 전부를 사진 복사나 디스크 복사 및 기타 정보 재생 시스템을 비롯하여 현재 알려지거나 향후 발명될 어떤 전기적, 기계적 또는 다른 수단을 통해 복사하거나 재생하거나 이용할 수 없음.

■ **도서 A/S 안내**

성안당에서 발행하는 모든 도서는 저자와 출판사, 그리고 독자가 함께 만들어 나갑니다.
좋은 책을 펴내기 위해 많은 노력을 기울이고 있습니다. 혹시라도 내용상의 오류나 오탈자 등이 발견되면 **"좋은 책은 나라의 보배"**로서 우리 모두가 함께 만들어 간다는 마음으로 연락주시기 바랍니다. 수정 보완하여 더 나은 책이 되도록 최선을 다하겠습니다.
성안당은 늘 독자 여러분들의 소중한 의견을 기다리고 있습니다. 좋은 의견을 보내주시는 분께는 성안당 쇼핑몰의 포인트(3,000포인트)를 적립해 드립니다.
잘못 만들어진 책이나 부록 등이 파손된 경우에는 교환해 드립니다.

세계 역사를 한눈에 보는 역사 연대표
아시아와 아프리카

기원전 50만년경	자바인, 북경원인 등장 ▶
기원전 3000년경	메소포타미아 문명과 이집트 문명, 인더스 문명, 황하 문명 형성
기원전 2333년	고조선 건국
기원전 1800년경	함무라비왕 메소포타미아 통일, 법전 편찬
기원전 1500년경	페니키아, 알파벳 사용
기원전 1000년경	중국, 주왕조 시작
기원전 770년	춘추시대 시작
기원전 600년경	석가모니 탄생 ▶
기원전 551년	공자 탄생
기원전 525년	페르시아, 오리엔트 통일
기원전 403년	중국, 전국시대 시작
기원전 221년	중국, 진나라 전국 통일 ▶
기원전 202년	중국, 한나라 건국
기원전 108년	고조선 멸망
기원전 90년	사마천 《사기》 완성
기원전 57년	신라 건국
기원전 37년	고구려 건국 ▶
기원전 18년	백제 건국
25년	후한 건국
42년	가야 건국
105년	후한, 채륜 종이 발명
220년	후한 멸망, 중국 삼국시대 시작
316년	중국, 5호 16국 시대
317년	중국, 동진 성립
320년	인도, 굽타왕조 성립
376년	전진, 중국 화북지방 통일
439년	중국, 남북조 성립
500년	인도, 힌두교 성립
589년	수나라, 중국 통일
610년	마호메트, 이슬람교 창시 ▶
618년	수나라 멸망, 당나라 건국

622년	헤지라(이슬람교 원년)
642년	사산조페르시아 멸망
645년	일본, 다이카개신
660년	백제 멸망 ▶
661년	인도, 옴미아드왕조 성립
668년	고구려 멸망
676년	신라, 삼국 통일 ▶
698년	대조영 발해 건국
710년	일본, 나라 천도
720년	일본, 《일본서기》 완성
750년	인도, 압바스 왕조 건국
755년	당나라, 안녹산의 난
794년	일본, 헤이안 천도
875년	당나라, 황소의 난
907년	당나라 멸망 ▶
909년	튀니지, 파티마 왕조 성립
916년	거란, 나라 건국
918년	왕건, 고려 건국
926년	발해 멸망
946년	거란, 국호를 '요'라 함
960년	송나라 건국
1037년	셀주크 투르크 제국 건설
1069년	왕안석 신법 제정
1115년	여진족, 금나라 건국
1125년	금나라, 요 멸망시킴
1127년	북송 멸망, 남송 시작
1177년	주희, 《사서집주》 완성
1192년	일본, 가마쿠라 막부 시작 ▶
1206년	칭기즈 칸, 몽고 통일
1234년	금나라 멸망
1250년	이집트, 맘루크 왕조 성립
1251년	팔만대장경 완성 ▶
1271년	몽고, 국호를 '원'이라 함

1775~83년　미국, 독립전쟁
1776년　미국, 독립 선언
1789년　프랑스 혁명
1796년　영국 제너, 종두법 발견
1812년　나폴레옹, 러시아 원정 ▶
1814년　빈회의
1815년　나폴레옹, 워털루전투 패배
1830년　프랑스, 7월 혁명
1840~42년　아편전쟁
1848년　프랑스, 2월 혁명
1861년　러시아, 농노해방령 공포
1861~65년　미국, 남북전쟁
1863년　미국, 링컨 노예해방선언 ▶
1869년　수에즈 운하 개통
1870년　이탈리아 통일
1871년　독일 통일
1876년　미국, 벨 전화 발명
1879년　미국, 에디슨 전구 발명 ▶
1881년　프랑스, 튀니지 점령
1882년　독일, 오스트리아, 이탈리아 삼국동맹 맺음
　　　　영국, 이집트 점령
1884년　그리니치를 기준자오선으로 정함 ▶
1894년　프랑스, 드레퓌스 사건
1896년　그리스, 아테네에서 제1회 올림픽 개최
1898년　필리핀, 미국령이 됨
1902년　영일동맹 맺음
1904년　러일전쟁 시작
1905년　가쓰라-태프트 밀약
1907년　영국, 프랑스, 러시아 삼국협상 맺음
1914~18년　제1차 세계대전
1914년　파나마 운하 개통
1917년　러시아, 사회주의혁명
1918년　미국, 윌슨대통령 14개조 평화원칙 발표

1919년　독일공화국, 바이마르 헌법 공포, 베르사유 조약 체결
1920년　국제연맹 창립
1922년　이탈리아, 무솔리니 집권
1924년　레닌 사망
1926년　독일, 국제연맹 가입
1929년　소련, 스탈린 독재. 경제대공황 시작
1933년　독일, 히틀러 수상 취임 ▶
1933년　미국, 뉴딜정책
1934년　소련, 국제연맹 가입
1937년　독일, 일본, 이탈리아 협정 맺음
　　　　이탈리아 국제연맹 탈퇴
1938년　독일, 오스트리아 합병 선언
1939년　독일, 소련 불가침조약 체결
1939~45년　제2차 세계대전
1940년　독일, 일본, 이탈리아 삼국군사동맹 맺음
1941년　일본, 진주만 공격 태평양 전쟁 시작
1944년　연합군, 노르망디 상륙작전
1945년　미국, 영국, 소련 얄타회담, 국제연합 창설
1947년　마셜플랜
1948년　세계 인권 선언
1949년　북대서양 조약기구 창립
1957년　소련, 스푸트니크 발사
1959년　쿠바혁명
1979년　소련, 아프가니스탄 침공
1989년　베를린 장벽 붕괴 ▶
1990년　독일 통일
1991년　소련 붕괴
1993년　우루과이라운드 타결, 북미 자유무역협정 체결,
　　　　유럽연합 출범
1995년　세계무역기구 출범
1997년　영국, 홍콩 반환
2001년　9·11테러 발생, 아프가니스탄 전쟁 ▶
2003년　미국, 이라크 전쟁

세계 역사를 한눈에 보는 역사 연대표
유럽과 아메리카

기원전 400만년경   오스트랄로피테쿠스 등장 ▶
기원전 20만년경   네안데르탈인 등장
기원전 4만년경   크로마뇽인 등장
기원전 2000년경   그리스 문명 발전 ▶
기원전 753년   로마 건국
기원전 492~479년   페르시아 전쟁
기원전 431~404년   펠로폰네소스 전쟁
기원전 334~323년   마케도니아 알렉산더 대왕 동방원정
기원전 60년   로마 1차 삼두정치 시작
기원전 44년   카이사르 피살
기원전 27년   로마 제정 시작
기원전 4년   예수 탄생 ▶
33년   기독교 성립
313년   로마, 기독교 공인
325년   니케아 공의회
375년   게르만족 대이동 시작
395년   로마, 동서로 분열
453년   훈족왕 아틸라 사망
476년   서로마 멸망 ▶
486년   프랑크왕국 건국
529년   비잔티움 제국 유스티니아누스 법전 완성
537년   비잔티움 제국, 하기아 소피아 성당 건립
768년   프랑크왕 샤를마뉴 즉위
771년   샤를마뉴, 프랑크 왕국 통일 ▶
829년   잉글랜드 왕국 성립
843년   베르됭 조약
870년   메르센 조약
936년   독일, 오토대제 즉위
962년   신성 로마 제국 성립
987년   프랑스 카페왕조 시작
1066년   노르망디 공 윌리엄, 잉글랜드 정복
1096년   1차 십자군 출병 ▶
1163년   프랑스 노트르담 성당 건축 시작

1215년   영국 대헌장(마그나카르타) 제정
1241년   신성 로마 제목, 한자동맹 성립
1299년   마르코 폴로《동방견문록》출판
1337년   백년 전쟁 시작
1347년   흑사병 유행 시작 ▶
1378년   로마와 아비뇽으로 교회 분열
1381년   영국, 와트 타일러의 난
1429년   잔 다르크, 오를레앙에서 영국군 격파
1434년   메디치가, 피렌체 통치
1445년   포르투갈, 아프리카 서안 탐험
1450년   구텐베르크, 활판인쇄술 발명
1453년   오스만투르크, 비잔티움 제국 정복, 백년 전쟁 끝남
1455~85년   영국, 장미전쟁
1479년   아라곤, 카스티야 통합, 에스파냐 왕국 성립
1492년   콜럼버스, 아메리카 항로 발견
1498년   바스코 다 가마, 인도 항로 발견
1517년   마르틴 루터, 종교 개혁
1519~22년   마젤란, 세계일주
1524년   독일, 농민 전쟁
1533년   잉카 제국 멸망 ▶
1536년   칼뱅, 종교 개혁
1562년   프랑스, 위그노 전쟁
1588년   영국, 스페인 무적함대 격파
1598년   프랑스, 낭트칙령 발표
1600년   영국, 동인도회사 설립
1618~48년   30년 종교 전쟁
1628년   영국, 권리청원 제출
1642~49년   영국, 청교도 혁명
1651년   영국, 크롬웰 항해조례 발표
1688년   영국, 명예 혁명
1689년   영국, 권리장전 발표
1701년   프로이센 왕국 성립
1765년   제임스 와트, 증기기관 완성

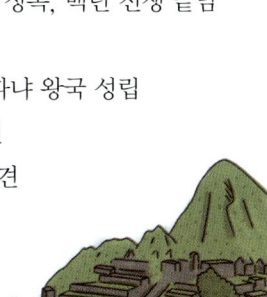

1279년	남송 멸망
1299년	오스만 투르크 건국
1338년	일본, 무로마치 막부 성립
1368년	원나라 멸망, 명나라 건국
1369년	티무르제국 성립
1388년	이성계 위화도 회군
1392년	고려 멸망, 조선 건국
1393년	오스만 투르크, 불가리아 정복
1393년	티무르, 일한국 정복
1395년	티무르, 서아시아 통일, 킵차크한국 정복
1405~33년	명나라, 정화의 해외 원정
1443년	훈민정음 창제 ▶
1467년	일본, 전국시대 시작
1590년	도요토미 히데요시, 일본 통일
1603년	일본, 에도 막부 성립
1616년	여진족, 후금 건국
1623년	조선, 인조반정 ▶
1627년	정묘호란
1644년	명나라 멸망, 청나라 중국 통일
1850년	청나라, 태평천국 운동 일어남
1854년	일본, 미국에 의해 개국
1858년	인도, 무굴제국 멸망
1860년	베이징 조약
1868년	일본, 메이지유신 ▶
1869년	이집트, 수에즈 운하 개통
1876년	강화도 조약
1884년	청프 전쟁
1885년	청-일, 톈진조약 맺음
1894년	청일전쟁
1899년	청, 의화단 운동
1909년	청-일 간도협약 체결
1910년	한일합병 ▶
1911년	중국, 신해혁명

1912년	청 멸망, 중화민국 성립
1919년	중국, 5·4운동
1921년	중국 공산당 결성
1923년	터키 공화국 성립
1924년	중국, 1차 국공합작
1926년	중국, 국민당 북벌 시작
1931년	일본, 만주사변 일으킴
1934년	중국 공산당 대장정 시작
1937년	중-일전쟁, 2차 국공합작
1945년	중국, 국공내전 시작
	8·15 해방, 조선 건국준비위원회 발족 ▶
	아랍 연맹 결성
1948년	이스라엘 건국, 1차 중동전쟁
1949년	중화인민공화국 성립
1950년	6·25 한국전쟁
1953년	6·25 한국전쟁 휴전협정 체결
1955년	반둥회의
1956년	2차 중동전쟁
1957년	가나, 영국으로부터 독립
1963년	아프리카통일기구 창설
1964년	팔레스타인해방기구 창설
1967년	3차 중동전쟁
1972년	미국 닉슨 대통령, 중국 방문
1973년	4차 중동전쟁
1975년	베트남, 남북 통일
1979년	이란, 이슬람 혁명
1980~88년	이란-이라크 전쟁
1991년	남북한 동시 UN 가입
1994년	남아프리카공화국,
	넬슨 만델라 대통령 당선 ▶
2000년	6·15 남북 공동 선언
2001년	탈레반의 바미얀 불상 파괴
2002년	동티모르 독립, 한일 월드컵 개최 ▶